Dieter Wunderlich
WageMutige Frauen

PIPER

Zu diesem Buch

Schon immer gab es Frauen, die Leistungen vollbrachten, von denen manche glaubten, sie seien Männern vorbehalten. Die sechzehn in diesem Buch porträtierten Frauen wurden zwischen 1697 und 1972 geboren, verfolgten die unterschiedlichsten Lebensentwürfe und gingen dabei Wege abseits der ausgetretenen Pfade: Sie waren Premierministerin oder Ärztin, engagierten sich als Frauenrechtlerin oder Friedensnobelpreisträgerin, eroberten die Welt als Ballonfahrerin, Flugpionierin und Orientreisende und machten Schlagzeilen als Tänzerin, Revuestar oder Stierkämpferin. Dabei gingen sie bewußt das Risiko ein, sich den gesellschaftlichen Erwartungen zu widersetzen. Von Bertha von Suttner bis Margarete Steiff, von Amelia Earhart bis Indira Gandhi oder Cristina Sánchez, der 1972 geborenen Stierkämpferin – in einer einzigartigen Auswahl hat Dieter Wunderlich fesselnde Lebensbilder wagemutiger Frauen versammelt.

Dieter Wunderlich, geboren 1946 in München, Diplompsychologe, war von 1973 bis 2001 im Management eines großen internationalen Unternehmens tätig. Seit 1999 hat er sich mit Büchern wie »Vernetzte Karrieren. Friedrich der Große, Maria Theresia, Katharina die Große«, »EigenSinnige Frauen« und »WageMutige Frauen« als Autor farbiger und
sorgfältig recherchierter Biographien einen Namen gemacht. Er lebt in Kelkheim am Taunus.
Weiteres zum Autor: www.dieterwunderlich.de

Dieter Wunderlich

WageMutige Frauen

16 Porträts aus drei Jahrhunderten

Mit 16 Abbildungen

Piper München Zürich

Mehr über unsere Autoren und Bücher:
www.piper.de

Von Dieter Wunderlich liegen bei Piper im Taschenbuch vor:
EigenSinnige Frauen
WageMutige Frauen

Mix
Produktgruppe aus vorbildlich bewirtschafteten
Wäldern und anderen kontrollierten Herkünften
www.fsc.org Zert.-Nr. GFA-COC-001223
© 1996 Forest Stewardship Council

Ungekürzte Taschenbuchausgabe
Piper Verlag GmbH, München
1. Auflage Januar 2008
4. Auflage April 2010
© 2004 Verlag Friedrich Pustet, Regensburg
Umschlag: semper smile, München
Umschlagabbildungen: Gilles Petard/Redferns/Getty Images (Josephine Baker),
Granger Collection/ullstein bild (Amelia Earhart)
Satz: Friedrich Pustet, Regensburg
Papier: Munken Print von Arctic Paper Munkedals AB, Schweden
Druck und Bindung: CPI - Clausen & Bosse, Leck
Printed in Germany   ISBN 978-3-492-24772-6

Inhalt

Vorwort   8

Friederike Caroline Neuber (1697–1760)
Schauspielerin und Theaterreformerin   9

Dorothea Erxleben (1715–1762)
Promovierte Ärztin 25

Wilhelmine Reichard (1788–1848)
Ballonfahrerin 38

Mathilde Franziska Anneke (1817–1884)
Pionierin der Frauenbewegung 50

Bertha von Suttner (1843–1914)
Nobelpreisträgerin 65

Margarete Steiff (1847–1909)
Unternehmensgründerin 89

Emilie Kempin-Spyri (1853–1901)
Juristin 102

Camille Claudel (1864–1943)
Bildhauerin 117

Gertrude Bell (1868–1926)
Orientreisende und Regierungsberaterin 132

Isadora Duncan (1877–1927)
Begründerin des modernen Ausdruckstanzes 156

Amelia Earhart (1897–1937)
Flugpionierin 177

Josephine Baker (1906–1975)
Revuestar 194

Indira Gandhi (1917–1984)
Regierungschefin 211

Beate Uhse (1919–2001)
Gründerin eines Erotik-Konzerns 243

Barbara Schock-Werner (geb. 1947)
Dombaumeisterin 255

Cristina Sánchez (geb. 1972)
Stierkämpferin 269

Anhang
    Dank 282
    Literatur 283
    Bildnachweis 286

„Ich habe mich wie ein Vogel in einem sehr kleinen Käfig gefühlt; wie auch immer ich mich bewegte, meine Flügel schlugen gegen die Gitterstäbe."

Indira Gandhi

„Von Zeit zu Zeit sollen Frauen all das tun, was Männer bereits getan haben – und gelegentlich etwas, das Männer noch nicht getan haben, um sich als Persönlichkeiten zu bestätigen und vielleicht andere Frauen zu größerer Unabhängigkeit in Gedanken und Taten zu ermutigen."

Amelia Earhart

Vorwort

Schon immer gab es Frauen, die Leistungen vollbrachten, von denen man glaubte, sie seien Männern vorbehalten. Mit mehr als hundert solcher wage**mutig**en Frauen befasste ich mich, bevor ich eine Auswahl traf. Eine möglichst große Bandbreite war dabei mein Ziel. Die sechzehn in diesem Buch porträtierten Frauen wurden zwischen 1697 und 1972 geboren, verfolgten die unterschiedlichsten Lebensentwürfe und gingen dabei Wege abseits der ausgetretenen Pfade. Auch wenn es riskant ist, sich den gesellschaftlichen Erwartungen zu widersetzen – einige der vorgestellten Frauen zerbrachen daran –, sollen Leserinnen und Leser sich durch die eindrucksvollen Vorbilder er**mutig**t fühlen, persönliche Ziele anzustreben.

Kelkheim, Oktober 2003   Dieter Wunderlich
                                                         www.dieterwunderlich.de

Friederike Caroline Neuber

1697–1760

FRIEDERIKE CAROLINE NEUBER war die erste große Schauspielerin und Theaterleiterin. Um das Niveau der Aufführungen in Deutschland zu heben, verbannte sie die populäre Figur des „Hans Wurst" von der Bühne. Damit eilte sie jedoch ihrer Zeit voraus: Die „Neuberin" galt zwar als Berühmtheit, aber das Publikum bevorzugte andere Komödiantentruppen, die nach wie vor derbe Possen und schaurige Spektakel inszenierten. Einer der wenigen, die ihre theatergeschichtliche Bedeutung bereits zu ihren Lebzeiten erkannten, war Lessing.

GERÜCHTE ÜBER DIE VATERSCHAFT

Daniel Weißenborn studiert in Leipzig und Straßburg Jura, bevor er 1692, im Alter von sechsunddreißig Jahren, Gerichtsdirektor in der südwestlich von Zwickau gelegenen Stadt Reichenbach wird und Anna Rosine Wilhelm heiratet, die Tochter eines Gutsverwalters aus Rothenthal bei Greiz. Sie kommt am 9. März 1697 mit ihrem einzigen Kind nieder: Friederike Caroline.

Die Leute wundern sich, wieso Adam Friedrich von Metzsch, der Erb-, Lehns- und Gerichtsherr der Grafschaft Reichenbach-Friesen, die Patenschaft des Mädchens übernimmt. Dass Daniel Weißenborn nach dessen Tod 1702 seine gute Stelle in Reichenbach aufgibt, mit seiner Familie nach Zwickau zieht und sich in seiner Geburtsstadt als Notar niederlässt, werten viele als Bestätigung des Gerüchts, nicht er, sondern der Verstorbene sei der leibliche Vater Friederikes gewesen. Man munkelt, Adam Friedrich von Metzsch habe den Gerichtsdirektor gezwungen, die schwangere Anna Rosine Wilhelm zu heiraten, damit sein Kind nicht in Schande geboren werde.

In Weißenborns umfangreicher Bibliothek stehen ausschließlich philosophische Schriften und juristische Fachliteratur. Belletristik hält er für schädlich, denn die erfundenen Geschichten bringen seiner Meinung nach nur die Gefühle der Leserinnen und Leser durcheinander. Anna Rosine leiht allerdings heimlich bei den Nachbarn Romane aus. Wenn er sie bei der Lektüre ertappt, wirft er jähzornig den nächstbesten Gegenstand nach ihr – einmal sogar einen schweren Hammer –, oder er jagt sie mit der Hundepeitsche durchs Haus. Auch seine Tochter verprügelt er häufig, und von einem Schlag mit dem Schlüsselbund behält sie eine Narbe im Gesicht zurück. Im November 1705 stirbt Anna Rosine Weißenborn unvermittelt. Die Leute tuscheln, ihr Mann sei daran schuld, aber niemand kann etwas Zuverlässiges darüber sagen.

Flucht

Vermutlich besuchte Friederike – die von ihrer Mutter Lesen, Schreiben und sogar Französisch gelernt hatte – nie eine Schule. Ihr Vater beschäftigt sie als Gehilfin in seiner Kanzlei, und sie eignet sich dabei auch Kenntnisse über das Formulieren von Geschäftsbriefen an. Sobald ihr ein Fehler unterläuft, tobt der cholerische Kleinkrämer. Weil sie das Gebrüll und die Raserei ihres Vaters nicht mehr aushält, läuft die Vierzehnjährige am Neujahrstag 1712 von zu Hause fort. Die Tante, bei der sie Zuflucht sucht, schickt sie jedoch wieder weg. Drei Monate lang lebt Friederike daraufhin bei der Familie einer früheren Magd ihrer Eltern – bis ein Diakon zwischen ihr und ihrem Vater vermittelt und sie notgedrungen ins Elternhaus zurückkehrt. Nicht ohne Grund befürchtet sie, der Vater werde sie trotz seiner Versprechungen gegenüber dem Geistlichen auch zukünftig misshandeln.

Nach einem weiteren Zornesausbruch des Vaters flieht Friederike am 14. April 1712 erneut, diesmal zu dem vierundzwanzig Jahre alten Jurastudenten Gottfried Zorn, der für

FRIEDERIKE CAROLINE NEUBER
Holzstich, 19. Jahrhundert, nach einem zeitgenössischen Gemälde

ihren Vater gearbeitet, sich nach einem dreiviertel Jahr aber im Streit von ihm getrennt hatte. Erschrocken rät er dem Mädchen, noch einmal alles zu überdenken, aber Friederike redet solange auf ihn ein, bis er sie begleitet. Am 13. Mai lässt der Zwickauer Stadtvogt einen Steckbrief aushängen, demzufolge der Student Gottfried Zorn die einzige Tochter Daniel Weißenborns entführt „und dem Verlaut nach wirklich geschwängert habe".

Die erste Nacht verbringen die zu Fuß Flüchtenden in Lichtentanne südwestlich von Zwickau. Das Mädchen hat überhaupt kein Geld dabei, und die Barschaft des jungen Mannes reicht gerade noch für eine Übernachtung im Greizer Gasthof „Zum kalten Frosch". In Zwönitz gewährt ihnen eine Schwester Gottfried Zorns, die Ehefrau eines Gastwirts, ein paar Tage Unterschlupf. Ängstlich setzen die beiden ihren Weg fort, bis sie am 19. Mai aufgegriffen und in der Festung Hartenstein eingesperrt werden. Nachdem die Stadt Zwickau die Kosten für Kost und Bewachung bezahlt hat, lässt man die Delinquenten am 25. Mai dem dortigen Gericht überstellen. Friederike nimmt alle Schuld auf sich und beteuert, Gottfried Zorn habe sie weder entführt noch unehrenhaft berührt. Trotzdem bleiben beide inhaftiert. Gottfried wird erst am 19. Juni 1713, nach dreizehn Monaten, aus der Haft entlassen; einige Tage später kommt auch Friederike frei.

Vier Monate lang wohnen sie nun bei der Mutter Gottfrieds, und Friederike hofft auf eine Zukunft mit ihm. Aber als er nach Dresden geht und sich bei der sächsischen Armee meldet, sieht sie in ihrer Verzweiflung keinen anderen Weg, als zu ihrem Vater zurückzukehren. Drei Jahre hält sie es nochmals bei ihm aus, dann flieht sie 1716 zum dritten Mal. Heimlich klettert sie durch ein Fenster und läuft zu Johann Neuber, dem gleichaltrigen Sohn eines Gutsbesitzers aus Reinsdorf östlich von Zwickau. Der Junge hatte die Lateinschule besucht, konnte aber nach dem Tod des Vaters aus Geldmangel nicht mehr studieren. Wie sich die beiden kennen lernten, ist nicht überliefert.

WANDERKOMÖDIANTEN

Am 5. Februar 1718 heiraten Johann Neuber und Friederike Weißenborn in der Hof- und Domkirche Sankt Blasius in Braunschweig. Geschieht es aus Liebe, oder geht es der Zwanzigjährigen, die nun endgültig nicht mehr zu ihrem Vater zurück will, in erster Linie um den Schutz eines Mannes? Wir wissen es nicht. Statt ein bürgerliches Leben zu führen, wollen die frisch Vermählten zum fahrenden Volk der Komödianten – wie viele erlebnishungrige Studenten, denen das Geld für ein Universitätsstudium fehlt. Für eine Frau ist das allerdings ein wagemutiger Schritt, denn Schauspielerinnen werden wie Huren verachtet und eine Wiederaufnahme in die bürgerliche Gesellschaft ist undenkbar. Frauen auf der Bühne gibt es überhaupt erst seit wenigen Jahrzehnten. Bis dahin wurden auch die weiblichen Rollen von Männern verkörpert.

Nach Deutschland kamen die zunächst aus Italien und England stammenden Komödianten Ende des 16. Jahrhunderts. Sie sind als Familien oder in kleinen Gruppen unterwegs und spielen auf Jahrmärkten und Plätzen im Freien – wenn das Wetter es zulässt und man sie nicht fortjagt. Solange die Kasse voll ist, übernachten die Komödianten in Gasthöfen, aber nach schlecht besuchten Vorstellungen müssen sie meist mit Scheunen vorlieb nehmen oder unter ihrem Fuhrwerk schlafen. Die *Commedia dell'Arte* ist inzwischen zum Klamauk verkommen, und selbst die Stücke Shakespeares werden von geschäftstüchtigen Prinzipalen zu ebenso pompösen wie lärmenden und grausigen Spektakeln verzerrt, bei denen Tierblut aus versteckt getragenen Schweinsblasen spritzt. Dass die Zuschauer die Sprache der ausländischen Schauspieler nicht verstehen, stört niemand, denn die meist simple Handlung bekommt das Publikum durch die pantomimisch-theatralische Mimik und Gestik der Darsteller auch so mit. In Deutschland und Österreich ist vor allem der „Hans Wurst" populär. Die Figur vereint Charakterzüge des schelmischen *Arlecchino* und des durchtriebenen *Pulcinella* der *Commedia dell'Arte* mit Eigenschaften des komischen Bauerntölpels *Pickelhering* aus dem elisabethanischen Theater. Der Hanswurst kennt kein

Tabu, er rülpst, furzt und wendet sich mit obszönen Bemerkungen an das Publikum.

Möglicherweise war Johann Neuber 1715 beim Gastspiel der von Christian Spiegelberg geleiteten Komödiantentruppe im Zwickauer Gewandhaus unter den Zuschauern. Jedenfalls schließen er und seine unternehmungslustige Frau sich diesem Prinzipal an, der bereits in Dänemark, Schweden und Norwegen gastierte. Endlich darf die schlanke, langbeinige Einundzwanzigjährige mit den blonden Locken singen, tanzen und lachen. 1719 wechselt das Paar zu Johann Caspar Haacks Truppe, die für ihre schwülstigen Stücke im englischen Stil bekannt ist, und reisen mit ihren neuen Kollegen nach Dresden, Leipzig, Hannover, Hamburg, Frankfurt am Main, Braunschweig, Breslau und Nürnberg. Nach dem Tod Haacks im Jahr 1722 heiratet seine Witwe Sophie Julie den Komödianten Carl Ludwig Hoffmann, der dadurch zum Prinzipal wird. Doch als Sophie Julie drei Jahre später stirbt und Gläubiger auftauchen, setzt Hoffmann sich ab und lässt die Gruppe im Stich.

THEATERLEITERIN

Über diese Verantwortungslosigkeit sind die Neubers nicht weniger verärgert als die anderen Betroffenen, aber statt zu lamentieren, gründen sie in Dresden eine eigene Komödiantentruppe. Faktisch leitet Friederike den fahrenden Theaterbetrieb, doch offiziell fungiert Johann Neuber als Prinzipal, denn Ehefrauen unterstehen der Vormundschaft ihrer Gatten. Der hagere, unscheinbare und bedächtige Mann führt die Korrespondenz, und auf der Bühne liefert er seiner Gemahlin die Stichworte.

In einer Eingabe vom 15. Februar 1727 an August den Starken bewirbt sich die Neuber'sche Truppe um das „Königlich-Polnische und Churfürstlich-Sächsische Hoff-Comödianten Privileg", das durch die Auflösung der Truppe von Carl Ludwig Hoffmann frei geworden war. Am 8. August wird es ihr gewährt. Damit ist keine Anstellung am Hof verbunden, wie man aufgrund der Bezeichnung meinen könnte, sondern es handelt sich um eine Art Gewerbeschein: Das Privileg gestattet es den Komödianten, im Kurfürstentum Sachsen aufzutreten. Allerdings gilt auch für sie das allgemeine Spielverbot an Sonn- und Feiertagen, in der Advents- und der Fastenzeit sowie in Zeiten der Staatstrauer.

Während der Frühjahrsmesse 1727 tritt Friederike Neuber erstmals mit ihrer Truppe in Leipzig auf. Dafür lässt sie hinter dem Rathaus den ersten festen Theaterraum in der Stadt errichten, eine primitive Bretterbude mit ein paar gemalten Kulissen. Einige Zuschauer sitzen auf Bänken, andere stehen; sie plaudern, schreien, lachen, und die Vornehmen unter ihnen stolzieren während der Vorstellung sogar auf der Bühne herum, um die Darsteller – besonders natürlich die jungen Aktricen – aus der Nähe zu betrachten.

Gottsched

Die Zuschauer sehen am liebsten Possen und so genannte „Haupt- und Staatsaktionen", pseudohistorische Spektakel mit viel Klamauk und Tamtam. Weil Friederike Neuber auch übersetzte französische Schauspiele in Versen aufführt, wird Johann Christoph Gottsched in Leipzig auf die dreißigjährige Frau aufmerksam, und er besucht so viele ihrer Aufführungen wie möglich. Der hoch gewachsene Pfarrersohn aus Juditten bei Königsberg war nach dem Philosophiestudium, im Alter von vierundzwanzig Jahren, vor den preußischen Rekruteuren nach Sachsen geflohen – ein früher Kriegsdienstverweigerer. In Leipzig hatte er 1726 den Vorsitz der „Teutschübenden-poetischen Gesellschaft" übernommen, die eine einheitliche deutsche Hochsprache zur Überwindung der Kleinstaaterei und als Grundlage eines deutschen Nationalbewusstseins anstrebt. Gottsched verabscheut die „pöbelhaften Fratzen und Zoten" der Hanswurstiaden ebenso wie die barocke Schwülstigkeit der „Haupt- und Staatsaktionen"; stattdessen schätzt er die französischen Klassiker Pierre Corneille und Jean Racine. Gottsched vertritt den Standpunkt, dass es nicht auf Gefühl, Fantasie und Unterhaltung, sondern auf die Vernunft ankomme, und er wünscht sich ein nationales Theater, das zur Verbesserung der Moral beiträgt. „Gottscheds Theaterreform stellt sich die Aufgabe, die ungestaltete Menge des traditionellen Theaterpublikums umzuformen zum empfangsbereiten, bildungsfähigen Publikum, und sich ein neues Publikum dadurch zu erwerben, dass man die Gebildeten, die bis anhin die Schaubühne gemieden haben, für das neue Theater begeistert. Im neuen Publikum sollen sich die Gelehrten, das Publikum der bürgerlichen Lesegesellschaften [...] und das Publikum der Ungebildeten, aber Bildungswilligen zu einer Vernunft- und Geschmacksgemeinschaft amalgamieren." (Ruedi Graf in: Bärbel Rudin und Marion Schulz (Hg.), Vernunft und Sinnlichkeit)

1727 schlägt der Gelehrte Friederike Neuber vor, mit ihm gemeinsam an der erstrebten Theaterreform zu arbeiten. Während er auf Schauspieler angewiesen ist, um seine Theorien in die Praxis umzusetzen, benötigt die „Neuberin" – wie sie inzwischen genannt wird – gute deutsche Stücke, die Gottsched ihr in Form von Übersetzungen und eigenen Werken zu liefern verspricht. Aber zu ihrem Verdruss bleiben sie zunächst aus. Stattdessen veröffentlicht Gottsched eine theoretische Schrift über die Theaterreform und wird 1730 außerordentlicher Professor für Poesie in Leipzig. Erst zur Leipziger Herbstmesse 1731 kann die Neuber'sche Truppe ein von Gottsched selbst verfasstes Drama uraufführen: „Der sterbende Cato".

„DENN SIE IST NICHTS ALS EINE KOMÖDIANTIN"

Dem guten Ruf, den die Neuberin sich inzwischen erworben hat, folgen einige der besten Komödianten Deutschlands. Außer in Leipzig spielt Friederike Neuber in Nürnberg, Freiberg, Weißenfels, Merseburg, Wittenberg, Blankenburg, Braunschweig, Hannover und Hamburg. Die Leitung einer Theatergruppe stellt auch ein finanzielles Wagnis dar, denn der Prinzipal muss die Komödianten und die Aufführungsgebühren bezahlen, die Reisekosten tragen, Kostüme, Kerzen

16

und Kulissen besorgen, Theaterzettel drucken und Rollentexte abschreiben lassen. Dementsprechend hoch sind die Eintrittspreise, auf die das Ehepaar Neuber angewiesen ist. Um dennoch ausreichend Zuschauer anzulocken, führt Friederike nicht nur elitäre gereimte Tragödien auf, sondern auch Possen und Burlesken, wobei sie allerdings derbe Zoten streicht. Mit volkstümlicheren Stücken könnte sie reich werden, aber sie kommt dem allgemeinen Geschmack nur so weit entgegen, wie es zur Aufrechterhaltung des Betriebs unbedingt erforderlich ist. „Da wir einmal etwas Gutes angefangen", schreibt sie in einem Brief aus Nürnberg, „will ich davon nicht lassen, solange ich noch einen Groschen daranzuwenden habe."

Mit dem Tod Augusts des Starken am 1. Februar 1733 erlischt das Privileg der Neuber'schen Komödianten, und während der monatelangen Staatstrauer dürfen sie in Sachsen ohnehin nicht auftreten. Es kommt noch schlimmer: Ausgerechnet der populäre Hanswurst-Darsteller und Prinzipal Joseph Ferdinand Müller erhält unter dem Sohn und Nachfolger des verstorbenen polnischen Königs und sächsischen Kurfürsten am 8. September das Hofkomödianten-Privileg. Als die Neuberin eine Woche später zur Herbstmesse nach Leipzig kommt, macht Müller ihr aufgrund des Privilegs ihre Theaterbude streitig. Eingaben und Protestschreiben gehen zwischen den Kontrahenten, der Stadt Leipzig und dem Hof in Dresden hin und her. Wider Erwarten darf Friederike Neuber am 20. Mai 1734 ihre Bude in Leipzig erneut in Besitz nehmen. Da aber begleitet Johann Neuber ihren Gegenspieler – der ihm wohl Geld dafür versprochen hat – ins Rathaus und erklärt in eigenem Namen und als Vormund seiner Frau, er verzichte auf das Theater.

Friederike kann kaum glauben, was ihr Mann getan hat. Entsetzt wendet sie sich an den Leipziger Stadtrat und den sächsischen Kurfürsten. Sie dichtet sogar rasch ein Stück, mit dem sie den Fall auf die Bühne bringt. Darin spielt sie die Rolle der Melpomene: Die Muse der Tragödie verteidigt sich vor Apoll gegen verleumderische Anklagen, die von Thalia (Muse der Komödie) und dem Satyr Selenus vorgebracht werden. Natürlich entscheidet Apoll sich am Ende für Melpomene.

„Das deutsche Vorspiel" – so heißt das Stück – wird noch im selben Jahr gedruckt. Der Text beginnt mit den Worten: „Lieber Leser. Hier hast du was zu lesen. Nicht etwa von einem großen gelehrten Manne; nein! nur von einer Frau, deren Namen du außen wirst gefunden haben, und deren Stand du unter den geringsten Leuten suchen musst: Denn sie ist nichts als eine Komödiantin; von Geburt eine Deutsche. Sie kann nichts, als von ihrer Kunst Rechenschaft abgeben [...]" Friederikes Bemühungen sind umsonst: Der sächsische Hof entscheidet zugunsten von Joseph Ferdinand Müller. Die Neuberin muss mit ihrem Mann und den Komödianten Leipzig verlassen. Wie verkraftet sie diesen schweren Schlag? Macht sie ihrem Mann Vorwürfe, der diese demütigende Niederlage verschuldet hat? Leider ist nichts überliefert, was Aufschluss über ihre Reaktion geben würde.

Zum Glück verfügt sie seit zwei Jahren über das „Hochfürstlich Braunschweig-Lüneburg-Wolfenbüttel'sche Privilegium", und im Karneval 1735 lädt Herzog Ludwig Rudolf sie in sein Opernhaus in Braunschweig ein. Aber Braunschweig ist keine Messestadt wie Leipzig. Außerdem stirbt Herzog Ludwig Rudolf am 1. März 1735, und sein Nachfolger hat für Komödianten nicht viel übrig.

THEATERREFORMEN

Den Rest des Jahres, vom 18. April bis 5. Dezember, gastiert Friederike Neuber in Hamburg, in einer von der Hansestadt zur Verfügung gestellten festen „Comoedien Bude". Sie lässt nicht nur die üblichen Theaterzettel drucken, sondern auch Programmhefte mit Inhaltsangaben und Ankündigungen weiterer Stücke. Das ist etwas völlig Neues. Im Dezember folgt sie einer Einladung des theaterbegeisterten schleswig-holsteinischen Herzogs Karl Friedrich nach Kiel, wo sie trotz der Adventszeit im Ballhaus neben der Nicolaikirche spielen darf. Am 28. Februar 1736 wird die Gruppe zu „Hoch-Fürstlichen Schleßwig-Holsteinischen Hoff-Comoedianten" erhoben und obendrein von allen Gebühren befreit.

Nach der Idee mit den Programmheften denkt die Neuberin sich für das Gastspiel während und nach der Herbstmesse 1736 in Frankfurt am Main eine weitere Neuerung aus und stellt einigen Patriziern die Abhandlung des Gottsched-Schülers Johann Friedrich May „Über die Schaubühne" zu, in der sie lobend erwähnt wird. Auf diese Weise sorgt sie für Neugier und lockt die Zuschauer in ihre Aufführungen.

Zur Herbstmesse 1737 kommt Friederike Neuber nach drei Jahren erstmals wieder nach Leipzig und lässt sich vor dem Grimmaischen Tor eine 40 Meter lange und 19 Meter breite Holzhütte bauen. Vergeblich protestiert Joseph Ferdinand Müller dagegen. Sie feiert die Premiere ihres Stücks „Der alte und neue Geschmack", in dem sie einen Hanswurst spielt, der auf einem Wundertier geflogen kommt, aber durch ein Gericht von der Bühne verbannt wird. Damit kritisiert sie das Possentheater im Allgemeinen und meint zugleich den Prinzipal Müller im Besonderen. „Der alte und neue Geschmack" erweist sich als Kassenschlager. Offenbar erfährt auch das sächsische Kurfürstenpaar von dem Erfolg, denn als es sich während der Herbstjagd im Jagdschloss Hubertusburg östlich von Leipzig aufhält, lädt es diesmal nicht Müller, sondern die Neuberin ein. Die führt der Hofgesellschaft im November 1737 fünf Tage lang Komödien und Tragödien vor und rezitiert selbst verfasste Huldigungsgedichte. Aber ihre Hoffnung auf eine Protektion durch den Herrscher oder seine Gemahlin erfüllt sich nicht.

Im Jahr darauf mietet Friederike Neuber für ihr Gastspiel in Hamburg das inzwischen leer stehende Opernhaus. Das Publikum merkt nichts von der bahnbrechenden Verbesserung, die sich die Theaterleiterin und der seit 1736 in Hamburg tätige Komponist Johann Adolph Scheibe haben einfallen lassen. Während nämlich üblicherweise örtliche Stadtpfeifer, die von den Komödianten gemietet werden, vor und nach den einzelnen Akten spielen, was ihnen gerade einfällt – da folgt auf einen tragischen Bühnentod schon mal ein fideler Tanz –, achten Scheibe und die Neuberin auf einen inneren Zusammenhang zwischen Theatermusik und Bühnengeschehen.

Von April 1739 bis Januar 1740 spielt Friederike Neuber

erneut in der ehemaligen Hamburger Oper, obgleich die Zuschauerbänke leer bleiben, das Geld in der Theaterkasse deshalb nicht einmal für ein Mietfuhrwerk nach Leipzig reichen würde und die Komödianten zu murren beginnen. Dann spricht sich herum, dass die Neuberin von Zarin Anna nach Sankt Petersburg eingeladen wurde. Aufgrund dieser Sensation strömen viele Hamburger ins Theater – aber da vernehmen sie von der Prinzipalin Sätze wie diesen: „Hier hält mich wenig Gunst und kein Verdienst zurück, darum gönnt wenigstens euch und mir dieses Glück, dass ihr uns nicht mehr seht." Nach diesem Affront zieht der Magistrat sofort die Spielerlaubnis zurück.

AM HOF DER ZARIN

Ernst Johann Graf Biron, der Günstling der Zarin Anna Iwanowna und heimliche Herrscher Russlands, will seine Geliebte durch die beste deutsche Komödiantentruppe unterhalten und hat deshalb die Neuber'sche engagiert. Nach einer sechswöchigen Reise treffen die Theaterleute Anfang Mai 1740 in Sankt Petersburg ein. Zarin Anna ist begeistert, ernennt die Gäste zu Hofkomödianten und bezahlt sie gut. Endlich scheint die dreiundvierzigjährige Prinzipalin am Ziel ihrer Wünsche zu sein. Umso schlimmer ist die Enttäuschung, als die Zarin am 28. Oktober stirbt und den Thron ihrem zweijährigen Großneffen Iwan Antonowitsch hinterlässt, denn die neuen Machthaber verbannen Biron nach Sibirien und schicken die Komödianten fort. Weil allerdings die Straßen durch das Winterwetter nahezu unpassierbar sind, muss die Neuber'sche Gruppe bis zum Frühjahr 1741 in Russland ausharren – und verbraucht dabei das in Sankt Petersburg verdiente Geld.

ZERWÜRFNIS MIT GOTTSCHED

In Leipzig wartet eine weitere unliebsame Überraschung auf Friederike Neuber. Joseph Ferdinand Müller spielt nach wie vor in ihrer ehemaligen Komödiantenbude hinter dem Rathaus. Das Publikum bevorzugt aber mittlerweile die Aufführungen der von Johann Friedrich Schönemann geleiteten Komödiantengruppe, und der Magistrat verlangt von der Neuber'schen ab jetzt doppelt so hohe Standgelder wie von Schönemanns Truppe. Es ist schlimm genug, dass ein langjähriger Schüler der Neuberin – Schönemann gehörte ihrer Truppe von 1730 bis 1740 an – zum Konkurrenten wurde, aber noch mehr ärgert sie sich darüber, dass Gottsched – der inzwischen Rektor der Universität Leipzig ist – den neuen Prinzipal protegiert. Sie fühlt sich verraten.

Gottsched bemängelt, dass die Neuberin ihre Schauspieler unabhängig von der historischen Zeit, in der ein Stück spielt, in Kostümen auftreten lässt, die der aktuellen Mode bei Hof entsprechen. Das sei zwar allgemein üblich, aber falsch. Aus Rache geht die Prinzipalin auf die Kritik ein. Im dritten Akt des Stücks „Der sterbende Cato", den sie als Nachspiel zu einer Burleske aufführt, kleidet sie die Darsteller in schlichte Togen und sorgt dafür, dass alle erfahren, wessen Vorschlag sie damit befolgt. Zum Schluss lässt sie ihren Ehemann in der Rolle des pontischen Königs Pharnazes sarkastisch sagen: „Nun, das war der Versuch!"

Der Streit spaltet die Leipziger Theatergemeinde, füllt erfreulicherweise die Zuschauerbänke der Neuberin in einer umgebauten Reithalle und bringt Gottsched eine Menge Spott ein. Aber damit gibt Friederike Neuber sich nicht zufrieden. Am 18. September 1741 kündigt sie in dem neuen, selbst geschriebenen Stück „Der allerkostbarste Schatz" den Auftritt eines Kritikers an, der alles besser weiß. Jeder versteht sofort, dass sie damit Gottsched meint. Seine Anhänger im Publikum protestieren, aber sie werden von den übrigen Anwesenden regelrecht aus dem Theater geprügelt. Tagelang reden die Leipziger über den Skandal. Vergeblich versucht Gottsched, weitere Aufführungen zu verhindern.

Weil die Eintrittsgelder trotz des vorübergehenden Andrangs die Unkosten nicht decken, ersucht die Neuberin den Leipziger Stadtrat, sie von den Spielgebühren zu befreien. Als das Gesuch abgelehnt wird, löst sie ihre Truppe 1743 entnervt auf. Ein Amtmann in Oschatz nimmt sie und ihren Mann vorübergehend bei sich auf.

IHRER ZEIT VORAUS

Irgendwie schafft Friederike Neuber es im folgenden Frühjahr, eine neue Komödiantengruppe zusammenzustellen, mit der sie unter anderem in Leipzig und Frankfurt am Main gastiert. Zwei Gesuche an die seit Dezember 1741 regierende Zarin Elisabeth um eine Spielerlaubnis in Russland bleiben allerdings unbeantwortet. Die Neuberin gilt zwar nach wie vor als Berühmtheit, was aber nicht unbedingt zur Folge hat, dass die Zuschauerbänke gut besetzt sind. Sie ist ihrer Zeit voraus und kommt gegen die Possenreißer nicht an. Einer der wenigen, die ihre theatergeschichtliche Bedeutung erkennen, ist Gotthold Ephraim Lessing, der kaum eine ihrer Aufführungen in Leipzig versäumt. Am 8. Januar 1748 debütiert er auf ihrer Wanderbühne mit seinem Lustspiel „Der junge Gelehrte", in dem er seine eigene Gelehrsamkeit verspottet. Der Erfolg ist zwar nicht sensationell, doch immerhin ermutigend für den achtzehnjährigen Dichter.

Seit Jahren schuldet Friederike Neuber der Stadt Leipzig nun schon die Spielgebühren. Der Eigentümer der von ihr bespielten Halle ist schließlich nicht mehr bereit, ihr die Miete weiterhin zu stunden und überlässt den Raum deshalb im März 1749 Johann Friedrich Schönemann, der – nicht zuletzt mit Gottscheds Hilfe – versucht, seine Konkurrentin aus Leipzig zu verdrängen. Doch sie gibt nicht auf und eröffnet im Oktober wieder eine kleine Bühne in der Stadt. Einige Wochen später kommt Gottfried Heinrich Koch, der ihre Truppe nach einundzwanzig Jahren verlassen hatte, aus Wien zurück und erhält am 15. Dezember das kurfürstliche Privileg, obwohl sein Ensemble noch gar nicht vollzählig ist. Für den Saal, den seine frühere Prinzipalin gerade hergerichtet hat, bietet er eine höhere Miete. Daraufhin muss Friederike Neuber Leipzig endgültig verlassen. Sie kann nicht verstehen, dass ausgerechnet zwei ihrer ehemaligen Schüler sie ruiniert haben.

Nach vielen Rückschlägen gesteht sie sich ein, dass sie mit ihrem anspruchsvollen Programm allenfalls vorübergehende Erfolge erzielen kann. Um den Lebensunterhalt für sich und ihren Ehemann zu verdienen, reist die ehemalige Prinzipalin als einfaches Mitglied anderer Komödiantentruppen durch Deutschland, und es bleibt ihr nichts anderes übrig, als auch in Possen aufzutreten. Natürlich leidet sie unter der Schmach, aber sie ist auf das Geld angewiesen. Für Extragagen nimmt sie sogar Rollen an, in denen sie mit Ohrfeigen und Fußtritten traktiert wird.

Königin Maria Theresia lädt die trotz des beruflichen Abstiegs noch immer berühmte Komödiantin 1753 nach Wien ein. Doch im Theater am Kärntnertor werfen unzufriedene Zuschauer mit faulem Obst nach ihr. Mit Schadenfreude liest Gottsched, was ihm ein Augenzeuge am 27. Juni in einem Brief berichtet: „Die Frau Neuberin ist von Frankfurt berufen worden, und als sie auftrat, so nahm man zwar eine vernünftige Aktrice wahr, allein ihre Stimme war so schwach, dass man sie fast nicht verstand. Ein andermal schrie sie und polterte über die Maßen, dass sich die Stimme überschlug. Dann will sie sich im Aufputz nicht nach Wien richten. Sie kam als Königin wie eine neapolitanische aufgeputzte Prinzessin zum Vorschein. Ihr Kopf sah dem Kamme eines Schlittenpferdes gleich." Erfolgreich verläuft dagegen die Aufführung des von ihr verfassten gereimten Lustspiels „Das Schäferfest oder Die Herbstfreude" an Maria Theresias Namenstag – aber davon profitiert vor allem der Prinzipal der Komödiantengruppe; die Dichterin muss mit einem bescheidenen Honorar vorlieb nehmen.

Bis Ende 1754 bleiben Johann und Friederike Neuber in Wien. Dann versuchen sie es noch einmal selbst mit einem kleinen Ensemble. Sie spielen in Dresden und den umliegenden Kleinstädten. Vergeblich bewerben sie sich um die herzogliche Bühne in Weimar. Zu Beginn des Siebenjährigen Kriegs im Herbst 1756 geben sie endgültig auf.

DAS TRAURIGE ENDE

Unterschlupf finden sie bei dem kurfürstlich-königlichen Leibarzt Dr. Löber in Dresden, einem Bewunderer der Neuberin, der ihnen eine Kellerkammer zur Verfügung stellt. Dort stirbt Johann Neuber am 3. März 1759. Zu diesem Zeitpunkt führen Friedrich der Große und Maria Theresia bereits seit zweieinhalb Jahren wieder Krieg gegeneinander. Am 9. September 1759 gelingt es zwar den Österreichern, die Preußen aus Dresden zu vertreiben, aber der preußische König versucht natürlich, die sächsische Residenzstadt zurückzugewinnen. Löbers Haus wird am 19. Juli 1760 durch preußischen Beschuss zerstört. Die Familie flieht in das Dorf Laubegast, nimmt auch Friederike Neuber mit und besorgt ihr eine Stube. Doch als sie krank wird, setzt der Hausbesitzer sie vor die Tür, weil er nicht will, dass eine fremde Frau unter seinem Dach stirbt. Das bringe Unglück, behauptet er. Ein einfacher Bauer namens Georg Möhle erbarmt sich der Dreiundsechzigjährigen und nimmt sie auf. Friederike Caroline Neuber stirbt in der Nacht auf den 29. November 1760 und wird noch am selben Tag in einem von Möhle gezimmerten Sarg beerdigt.

Eine Inschrift an dem 1776 errichteten und 1897 neu gestalteten Denkmal in Laubegast lautet: „Dem verdienten Andenken einer Frau voll männlichen Geistes, der berühmtesten Schauspielerin ihrer Zeit, der Urheberin des guten Geschmacks auf der deutschen Bühne."

Dorothea Erxleben

1715–1762

DOROTHEA ERXLEBEN war die erste und für eineinhalb Jahrhunderte auch die einzige Ärztin, die in Deutschland promovieren und ihren Beruf offiziell ausüben durfte.

AUS „HASE" WIRD „LEPORIN"

Justus Hase, der Sohn eines Schlachters, wird Theologe und latinisiert den Familiennamen zu „Leporin(us)". Sein Enkel Christian Polycarp Leporin studiert Medizin. 1714 beginnt er, in Quedlinburg zu praktizieren, wo er seit drei Jahren mit Anna Sophia verheiratet ist, der jüngsten Tochter des angesehenen Konsistorialrats Albert Meinecke. Im zweiten Jahr seiner Tätigkeit in Quedlinburg gerät Leporin mit dem Stadtphysikus Johann Heinrich Bollmann in einen heftigen, öffentlich ausgetragenen Streit über die richtige Behandlung einer Schussverletzung an der Hand eines Jungen. Leporin scheint nicht sonderlich beliebt zu sein, denn nach Bollmanns Tod erhält er bei der Wahl des Nachfolgers keine einzige Stimme.

Als seine acht Jahre ältere Ehefrau am 13. November 1715 mit Dorothea Christiana niederkommt, ist die Tochter Maria Elisabeth bereits drei Jahre alt; die Söhne Christian Polycarp und Johann Christian Justus kommen knapp zwei beziehungsweise fünf Jahre später zur Welt.

WISSENSDURSTIGES MÄDCHEN

Dorothea ist kränklich wie der jüngere ihrer beiden Brüder: „Oft war eine Krankheit noch nicht völlig überstanden, wenn sich eine andere bereits wieder einfand", wird sie später in ihrem Lebenslauf berichten. Als der Vater beobachtet, dass Dorothea von ihren Unpässlichkeiten abgelenkt wird, wenn sie zuhören darf, wie er Christian unterrichtet, erlaubt er ihr häufiger, dabeizusitzen, und es kommt bald vor, dass sie anstelle ihres Bruders eine Frage beantwortet, wenn der nicht schnell genug ist. Angespornt durch Dorotheas offensichtliche Begabung bezieht Dr. Leporin sie in den systematischen Unterricht mit ein, der eigentlich dazu dient, Christian auf den Besuch der Lateinschule vorzubereiten. Während Dorothea in Religion, „Gelehrsamkeit" und „nützlichen Wissenschaften" unterwiesen wird und Deutsch, Latein und Französisch lernt, muss ihre kräftigere und gesündere Schwester der Mutter im Haushalt helfen. Obwohl Maria es eher langweilig finden würde, an den Unterrichtsstunden teilzunehmen und ihr längst erklärt wurde, dass es für ein Mädchen viel wichtiger sei, einkaufen und kochen, spinnen und weben, waschen und putzen zu können, ärgert sie sich immer wieder über die Bevorzugung Dorotheas, besonders wenn nach einem langen Waschtag Rücken und Hände schmerzen. So kommt es nicht selten zu Reibereien zwischen den Schwestern, und Leporin muss hin und wieder ein Machtwort sprechen. Aufgrund der Tatsache, dass er ein Mädchen am häuslichen Unterricht seines älteren Sohnes teilnehmen lässt, könnte man annehmen, er vertrete unkonventionelle Ansichten. Aber das ist nur bedingt richtig: In einer der Schriften, die er auf eigene Kosten drucken lässt, betont er, dass sich selbst eine gebildete Frau ihrem Vater beziehungsweise Ehemann unterordnen müsse.

Da Dr. Leporin sich bei seinen Krankenbesuchen von Christian und Dorothea begleiten lässt, führt er sie schon früh ins medizinische Grundwissen ein. Während Christian schließlich die Lateinschule besucht, wird Dorothea – der wie allen anderen Mädchen der damaligen Zeit eine höhere Schulbildung versagt bleibt – weiter zu Hause unterrichtet, jetzt auch

DOROTHEA ERXLEBEN
Porträtbüste in Halle an der Saale von Marianne Traub 1994

von ihrem Bruder, der beispielsweise seine Sprachlektionen mit nach Hause nimmt und sie mit ihr durchgeht. Offenbar zeigt er Dorotheas Arbeiten dem Rektor und Lateinlehrer Tobias Eckhart, denn der lobt die Fünfzehnjährige in einem Brief: „Nicht ohne Vergnügen habe ich deine lateinischen Übungen gelesen. Ich habe diese so vorbereitet gefunden, dass sie die jungen Männer, die allein darauf bedacht sind, die Wissenschaft zu behandeln, zu einem Wettstreit reizen können. Ich gratuliere dir deshalb und bewundere die Fähigkeiten deines Geistes, auch die Begierde, diese Wissenschaft zu behandeln und bewundere deine Fortschritte [...]"

„DASS DIESES GESCHLECHT DER GELEHRSAMKEIT SICH BEFLEISSIGE"

Auch als Christian 1736 zum Marwitz'schen Regiment in Quedlinburg eingezogen wird, hört der Vater nicht auf, Dorothea medizinische Kenntnisse und Erfahrungen zu vermitteln. Wenn er – was jetzt häufiger vorkommt – bettlägrig ist, kümmert sie sich auch schon mal allein um eine seiner Patientinnen. Trotzdem beneidet sie ihren Bruder, der im April 1740 beurlaubt wird, damit er sein Medizinstudium an der 1694 gegründeten, vom Pietismus geprägten Universität Halle beginnen kann. Sie hätte so gern studiert. „Wie oft habe ich mir gewünscht, mit ihm gleiches Glück zu genießen [...]" Aber die Universitäten sind männlichen Studenten vorbehalten. Es gibt noch immer Gelehrte, die über die Frage disputieren, ob Frauen überhaupt Menschen sind (F. H. Hoeltichius: Femina non est homo. 1672). Zwar hatte ein Professor in Halle 1707 die Gründung einer „Jungfern Akademie" vorgeschlagen, aber verwirklicht wurde nichts dergleichen. Bis in die zweite Hälfte des 19. Jahrhunderts geht die vorherrschende Meinung davon aus, dass Frauen nicht für höhere Bildung geeignet seien und „eine Überbeanspruchung des Gehirns" zum „Nachlassen der Fortpflanzungsfähigkeit" führen könne (Herbert Spencer).

Damit findet Dorothea sich nicht ab. 1738 verfasst die Zweiundzwanzigjährige eine Schrift, die später gedruckt wird.

Im Vorwort vom 29. Januar 1742 heißt es dazu: „Als ich vor mehr als vier Jahren diesen Aufsatz zu Papier brachte, hatte ich keinesfalls im Sinn, ihn zu veröffentlichen. Es war mir genug, dass ich Gelegenheit fand, mich darin zu üben, meine Gedanken in Ordnung zu bringen. [...] Mein lieber Vater versetzte mich in große Angst, denn nachdem er alles gelesen hatte, beschloss er, es drucken zu lassen." Der Titel lautet: „Gründliche Untersuchung der Ursachen, die das weibliche Geschlecht vom Studieren abhalten, darin deren Unerheblichkeit gezeigt, und wie möglich, nötig und nützlich es sei, dass dieses Geschlecht der Gelehrsamkeit sich befleißige, umständlich dargelegt wird". Ohne die traditionell untergeordnete Rolle der Frau in der Familie in Frage zu stellen, versucht Dorothea auf 240 Seiten Vorurteile über eine prinzipielle Unvereinbarkeit von Weiblichkeit und Bildung zu widerlegen. So erläutert sie beispielsweise, Frauen seien nur solange gefühlsbetonter, unkonzentrierter und unbeständiger als Männer, wie man sie daran hindere, ihren Verstand zu schulen. Sie fordert die Zulassung von Frauen zur „Gelehrsamkeit", damit sie nicht länger „dieses herrlichen und kostbaren Gegenstandes beraubt werden". Die Schrift sorgt für Aufsehen, und sieben Jahre später erscheint sogar ein Raubdruck. In diesem Zusammenhang schreibt die „Staats- und Gelehrte Zeitung des Hamburgischen unpartheyischen Correspondenten" am 11. Oktober 1749: „Diese Schrift hat ihren Wert und verdient Beifall, weil sie aus der Feder eines vernünftigen Frauenzimmers geflossen ist."

BITTSCHRIFT AN DEN KÖNIG

Als die Quedlinburger am 24. November 1740 dem preußischen König Friedrich II. huldigen, der vor einem halben Jahr seinem verstorbenen Vater auf den Thron folgte, sieht Dorothea eine Gelegenheit, auf ihr persönliches Anliegen aufmerksam zu machen. Die Fünfundzwanzigjährige überreicht dem Regierungspräsidenten von Halberstadt, der den Monarchen bei dem Festakt vertritt, eine Supplik. Darin bittet sie zunächst darum, ihren Bruder Christian weiter studieren zu lassen. Offenbar befürchtet sie, dass seine Beurlaubung vom Militärdienst widerrufen wird, sobald der preußische König das seit 20. Oktober von Maria Theresia regierte Habsburger Reich angreift. Dass eine junge Frau es wagt, sich mit einer Bittschrift an den König zu wenden, sorgt für Erstaunen, aber vor allem der zweite Teil des Gesuchs ist ganz und gar außergewöhnlich: Dorothea möchte sich ihrem Bruder anschließen und an der medizinischen Fakultät der Universität Halle eine Abschlussprüfung machen dürfen. Wo nimmt sie nur den Mut für so eine Bitte her, deren Gewährung mehr als unwahrscheinlich ist? Noch nie hat eine Frau in Deutschland einen akademischen Grad erworben! Die Romanautorin Regina Hastedt geht davon aus, dass Dorothea von Maria Elisabeth, der Äbtissin des Quedlinburger Damenstifts, protegiert wurde, aber diese Darstellung lässt sich nicht belegen.

DIE MÄNNER AUF DER FLUCHT

Das Vorgehen seiner Tochter ermutigt Leporin offenbar zu einer eigenen Eingabe. Da er mit seiner Arztpraxis in Wernigerode nur wenig verdient, wendet er sich an den Stiftshauptmann Georg Otto Edler von Plotho. Der schreibt am 20. Dezember 1740 an Friedrich II., der vier Tage zuvor mit seinen Truppen in Schlesien einmarschiert ist, um Maria Theresia die reiche Provinz Schlesien zu rauben: „Man gibt diesem Dr. Leporin hier das Zeugnis, dass er nicht nur ein guter Medikus, sondern auch in verschiedenen anderen nützlichen Dingen geschickt, bei der hiesigen schlechten Praxis aber und durch öftere Krankheiten, auch andere gehabte Unglücks-Fälle von zeitlichem Vermögen ganz entblößt sein soll." Die gewünschte finanzielle Unterstützung erhält Dr. Leporin jedoch nicht. Stattdessen verlangt der Kommandant der Quedlinburger Garnison Ende Januar 1741 von ihm, seinen Sohn Christian herbeizuschaffen, der inzwischen als Deserteur gesucht wird. Wie von Dorothea befürchtet, sollen nämlich auch die Studenten der Universität Halle in den Krieg ziehen, obwohl der Senat auf ein königliches Reskript vom 1. Dezember 1740 verweist, in dem es heißt, „[...] dass alle auf hiesiger Universität sich befindende, auch ab- und zureisende Studiosi nicht allein von aller Werbung und Zwingung zum Soldaten gänzlich befreit sein, sondern auch denjenigen, welche in letzteren Jahren zu Soldaten angeworben sind, aber ihre *studia* kontinuieren wollen, die Pässe abgenommen und sie losgelassen werden sollen." Leporin versteckt sich zehn Wochen lang außerhalb von Quedlinburg. Christian flieht ins Kurfürstentum Sachsen, um dem gefürchteten Spießrutenlaufen zu entgehen, bei dem der Delinquent mehrmals durch ein Spalier von dreihundert Soldaten getrieben wird, die mit Haselruten auf seinen nackten Rücken einpeitschen, bis ihm die Haut in blutigen Fetzen vom Leib hängt. Weil seinem jüngeren Bruder die Rekrutierung als Packknecht droht, taucht auch dieser unter. Anna Sophia Leporin und ihre beiden Töchter wissen zeitweise nicht, wo sich die Männer aufhalten und warten besorgt auf Nachricht von ihnen.

KÖNIGLICHES PRIVILEG

Auf Dorotheas Eingabe an den König erhält von Plotho im April 1741 vom „Departement der Geistlichen Affairen" ein Antwortschreiben. Man wolle „mit dem allergrößten Vergnügen" dazu beitragen, dass Christian Leporin sein Studium fortsetzen und seine Schwester einen akademischen Grad erwerben könne. Sobald die beiden bereit seien und sich wieder meldeten, werde man der Universität Halle eine entsprechende Empfehlung übermitteln. Am 2. Mai unterrichtet der Stiftshauptmann Dr. Leporin darüber. Für Christian kommt die Antwort zu spät, denn er studiert bereits seit März an der vor vier Jahren eröffneten Georg-August-Universität in Göttingen und kehrt nicht nach Preußen zurück. Aber Dorothea erhält damit die Chance, sich als erste Frau in Deutschland für einen Doktortitel zu qualifizieren. Leider ist nicht überliefert, wie von Plotho, Dr. Leporin oder Dorothea auf dieses Privileg reagiert haben; wir können uns jedoch gut Dorotheas Jubel vorstellen. Allerdings ist die Freude nicht ungetrübt: Da ihr Bruder nun in Göttingen studiert, müsste sie nämlich ohne männliche Begleitung mit der Postkutsche nach Halle fahren. Das gilt als unschicklich und ist nicht ungefährlich, weil ein Mitreisender sich dadurch wie von einer Dirne animiert fühlen könnte.

FAMILIENSORGEN

Doch zunächst kann Dorothea trotz des königlichen Privilegs ohnehin nicht daran denken, sich an der Universität Halle einzuschreiben. Am 21. September 1741 stirbt nämlich ihre Cousine Sophie und lässt ihren Mann Johann Christian Erxleben, einen vierundvierzigjährigen Diakon, nach zehn Jahren Ehe mit fünf kleinen Kindern zurück. Dorothea nimmt sich der Halbwaisen an, und einige Wochen vor dem Ablauf des Trauerjahrs, am 14. August 1742, heiratet sie den gut achtzehn Jahre älteren Witwer – vermutlich nicht aus Liebe, sondern damit die Kinder zumindest eine Stiefmutter haben.

In den Jahren 1744 bis 1753 bringt Dorothea Erxleben vier Kinder zur Welt, drei Söhne – von denen einer im Alter von neun Jahren stirbt – und eine Tochter. Bei neun Kindern reißen die Sorgen nicht ab. Dazu kommt, dass Dorotheas Vater der Familie 1747 bei seinem Tod nichts als Schulden hinterlässt und Dorothea einige Zeit später ihren ernstlich erkrankten Mann pflegen muss.

KLAGE GEGEN DIE „FRAU DOKTORIN"

Für Dorothea selbst ist der angestrebte akademische Abschluss in weite Ferne gerückt und sie sieht kaum noch eine Möglichkeit, das königliche Privileg zu nutzen. Wurde sie, wie viele andere Frauen auch, von widrigen Umständen eingeholt? Dabei schien sie 1741 schon so nah am Ziel zu sein! Immerhin nimmt sie sich neben ihrer Arbeit als Mutter und Hausfrau immer wieder Zeit, Kranke zu behandeln – und gerät dadurch in Konflikt mit approbierten Ärzten in Quedlinburg, die nicht zuletzt um ihre Einnahmen fürchten. Nachdem eine ihrer älteren Patientinnen an Fleckfieber gestorben ist, reichen Johann Tobias Herweg, Henricus Wilhelmus Graßhoff und Andreas Adolph Zeitz am 5. Februar 1753 bei Stiftshauptmann Paul Andreas Baron von Schellersheim, der inzwischen von Plotho abgelöst hat, eine Beschwerde über Kurpfuscher in Quedlinburg ein. Sie zeigen an, dass „des Herrn Diak. Erxlebens Eheliebste innerlich kurieren, wie die Letztere mit einer unverschämten Verwegenheit in der medizinischen Pfuscherei sich sonderlich signalisiert, da sie die Patienten öffentlich besucht, und sich ohne Scheu Fr. Doktorin grüßen lässt". Dorothea Erxleben soll das niedergelassenen Ärzten vorbehaltene „innere Kurieren" untersagt werden. Gleichzeitig fordern die Antragsteller den Stiftshauptmann auf, den Bürgern Quedlinburgs bei Strafe zu verbieten, sich von ihr behandeln zu lassen.

Von Schellersheim gibt dem Antrag am 16. Februar statt. Eine Abschrift der Eingabe schickt er Dorothea Erxleben und fordert sie auf, innerhalb von acht Tagen dazu Stellung zu nehmen. Am 21. Februar erhält er ihre fünfseitige Antwort. Die Siebenunddreißigjährige verweist auf das vor zwölf Jahren gewährte königliche Privileg und beteuert, sie habe die Promotion nur aufgeschoben, weil sie sich um die Kinder und ihren kranken Mann kümmern musste. Sie sei gerade wieder schwanger und könne die Promotion jetzt nicht nachholen, aber nach der Niederkunft wolle sie sich gern gemeinsam mit den drei Klagestellern examinieren lassen. Geschickt weist sie darauf hin, dass sie vorwiegend Arme behandele, die ohnehin nichts dafür zu zahlen bräuchten und bittet darum, das Verbot ihrer ärztlichen Tätigkeit aufzuheben, damit sie den Bedürftigen weiterhin helfen könne.

Eine gemeinsame Prüfung lehnen die drei betroffenen Ärzte Anfang März ab: „[...] was käme denn dabei heraus? Gewiss ein leeres Gezänk und Gewäsch, die liebe Fr. judiziert nach ihrem femininischen Verstande, wann sie etwa mit geborgtem Latein und Französisch könne um sich werfen, als wäre sie schon doktormäßig [...]" Von Schellersheim fordert Dorothea nun auf, sich innerhalb von drei Monaten in Halle zur Promotion zu melden. Am 14. Juni bittet sie erfolgreich darum, die Frist zu verlängern, da sie wegen Komplikationen in den letzten Wochen der Schwangerschaft nicht in der Lage gewesen sei, sich vorzubereiten.

PROMOTION

Können wir ermessen, was es für eine Mutter von neun Kindern bedeutet, in einer Zeit ohne Staubsauger, Waschmaschine und Geschirrspüler spätabends bei flackerndem Kerzenlicht medizinische Fachbücher zu studieren? Am 6. Januar 1754 schickt Dorothea dem Stiftshauptmann den Antrag auf Promotion und ihre Dissertation, in der sie verschiedene Therapien beschreibt und kritisiert, dass einige Ärzte „weniger auf die Sicherheit der Kur, als auf Geschwindigkeit und Gefälligkeit" bedacht seien. In ihrem Begleitschreiben ersucht sie darum, man möge ihr die üblichen Promotionskosten und die öffentliche Disputation erlassen, damit die erforderlichen Reisen nach Halle auf ein Minimum beschränkt bleiben. Von Schellersheim leitet die Unterlagen an den preußischen König weiter. Am 18. Februar ordnet der „Königliche Preußische wirkliche Geheime Staats-Minister" Freiherr von Danckelmann als Chef des „Departements der Geistlichen Affairen" an, dem Gesuch stattzugeben und die Bittstellerin anzuweisen, sich wegen der Einzelheiten selbst mit der Universität in Verbindung zu setzen. Von Schellersheim erhält am 27. März eine Kopie der „auf seiner Majestät allergnädigsten Spezial-Befehl" von vier Herren unterzeichneten Empfehlung an die medizinische Fakultät in Halle, Dorothea Erxleben zur Promotion zuzulassen und unterrichtet darüber drei Tage später die Antragstellerin.

Das Rigorosum findet am 6. Mai 1754 statt. Dorothea reist entsprechend aufgeregt nach Halle. Dort übernachtet sie in der Kammer ihres Stiefsohns Friedrich Georg Christian, der mit einem Stipendium des Quedlinburger Damenstifts Theologie studiert. Ihr Mann ist zu Hause geblieben. Es ist nicht überliefert, was er von ihrem Ehrgeiz hielt, ob er sich von den gängigen Rollenmodellen freimachte und seine Frau unterstützte, oder ob er er nur darauf lauerte, sie bei einer Nachlässigkeit im Haushalt zu ertappen. Schließlich wird Dorothea in den Fächern Physiologie, Pathologie und Pharmakologie geprüft. Johann Juncker, der Dekan der medizinischen Fakultät, berichtet darüber: „Sie hat allein zwei ganze Stunden hindurch die an sie getanen Fragen mit einer bewundernswürdigen Bescheidenheit und Fertigkeit angenommen, gründlich und deutlich darauf geantwortet, und die vorgelegten Zweifel mit der größten Richtigkeit aufgelöst. Hierbei bediente sie sich eines so schönen und zierlichen Lateins, sodass wir glaubten, eine alte Römerin in ihrer Muttersprache reden zu hören. Ebenso geschickt und geschwind zeigte sie ihre zusammenhängende und gründliche Erkenntnis in der Lehre von der Gesundheit des Körpers, in der Wissenschaft von den Krankheiten desselben, und in ihrer Heilung; so war ihr auch gleichfalls die Materia medica, und die Art Rezepte zu verschreiben, nicht unbekannt [...]"

Ungeachtet des ausgezeichneten Eindrucks, den die Doktorandin bei den Prüfern hinterlässt, zögern sie mit einer Entscheidung, und Dorothea muss weiter bangen, ob all die Anstrengungen erfolgreich waren oder nicht. Die Fakultät unterrichtet den König fünf Tage später über das Rigorosum. Die Kandidatin hätte den Doktortitel ohne weiteres verdient, heißt es in dem Schreiben, doch weil es sich bei der Promotion einer Frau um einen Ausnahmefall handelt, der noch an keiner deutschen Universität vorgekommen ist, bittet man um Anweisungen.

Friedrich der Große antwortet der Universität Halle am 18. Mai, man möge Dorothea Erxleben den Doktorhut verleihen. Endlich ist die Achtunddreißigjährige am Ziel: Sie ist die erste Doktorin in Deutschland. Stolz und glücklich und wegen des zu erwartenden Rummels auch ein wenig nervös besteigt sie erneut die Postkutsche nach Halle, wo am 12. Juni die Promotionsfeier stattfindet, und zwar nicht, wie üblich, in einem öffentlichen Hörsaal, sondern in der Wohnung des Dekans der medizinischen Fakultät. Vor den anwesenden Professoren,

Würdenträgern und Kommilitonen bedankt sie sich in einer lateinischen Rede, mit der sie zeigt, wie sehr sie vom traditionellen Bild der Frau geprägt ist: „Heute, da ich mich zwischen verschiedene und geradezu gegensätzliche Gefühle gestellt sehe, weiß ich kaum, was ich tun, was ich lassen, wohin ich mich wenden soll. So empfinde ich meine Schwäche, nicht nur die, von der sich kein Mensch frei glauben darf, sondern auch jene, die alle dem schwächeren Geschlecht nachzusagen pflegen."

Die Dissertation erscheint – von Dorothea aus dem Lateinischen ins Deutsche übersetzt – im Jahr darauf in Halle unter dem Titel „Akademische Abhandlung von der gar zu geschwinden und angenehmen, aber deswegen öfter unsicheren Heilung der Krankheiten".

„DURCH GRÜNDLICHE WISSENSCHAFTEN BERÜHMTE FRAU"

Bedauerlicherweise ist so gut wie nichts über Dorothea Erxlebens weiteres Wirken als Ärztin bekannt. In einer Familienchronik heißt es: „Sie übte hierauf [nach der Promotion] in Quedlinburg mit Anerkennung die Heilkunst, mit besonderem Glücke bei Frauen und Kindern, wurde auch mit als Leibarzt der Äbtissin genannt. Sie studierte ferner fleißig, namentlich auch Physik und Naturgeschichte, in welchen Fächern sie ihrem berühmt gewordenen Sohn [Johann Christian Polycarp Erxleben (1744–1777)], dem nachmaligen Professor in Göttingen, den ersten Unterricht erteilte." Es ist anzunehmen, dass sie aufgrund der Tatsache, dass es sich bei ihr um die erste promovierte Ärztin in Deutschland handelte, über Quedlinburg hinaus bekannt war, also auch Patientinnen von weither zu ihr kamen. Wieviele Männer sich ihr wohl anvertraut haben?

Johann Christian Erxleben stirbt am 26. März 1759. Gut drei Jahre später, am 13. Juni 1762, erliegt Dorothea Erxleben im Alter von sechsundvierzig Jahren einer Brustkrebs-Erkrankung oder – anderen Angaben zufolge – einem Blutsturz infolge einer Lungentuberkulose. Im Nachruf der „Berlinischen privilegierten Zeitung" heißt es: „Diese Stadt bedauert den Verlust einer Seltenheit des schönen Geschlechts, den sie durch den frühzeitigen Tod der hochgelehrten und hocherfahrenen Frau, Frau Dorothea Christiane Erxlebin, geborene Leporinin, der Arzneigelehrtheit Doktor erlitten. Diese sowohl durch ihren edlen Charakter und ungeheuchelte Gottesfurcht würdige, als durch schöne und gründliche Wissenschaften berühmte Frau, schrieb mit gleicher Leicht- und Gründlichkeit in deutscher, französischer und lateinischer Sprache [...] und erhielt den Doktorhut den 12. Jun. 1754 auf der Universität Halle. Unermüdet das Elend des armen Nächsten zu lindern, exerzierte sie *praxio medicam* mit Ruhm, Glück und göttlichem Segen. So wie diese außerordentliche Frau voller Mut bei allen Vorfällen des Lebens, so hat sie sich auch im Sterben erwiesen."

Wilhelmine Reichard

1788–1848

WILHELMINE REICHARD war die erste Deutsche, die es wagte, mit einem Ballon aufzusteigen. Obwohl sie bei der dritten Alleinfahrt in über 7000 Meter Höhe das Bewusstsein verlor und abstürzte, führte die Mutter von acht Kindern insgesamt siebzehn Ballonfahrten durch. Dann zog Wilhelmine Reichard sich ins Familienleben zurück.

HERKUNFT UND FAMILIENGRÜNDUNG

Wilhelmine, das dritte Kind von Siegmund David und Juliane Wilhelmine Henriette Schmidt, wird am 2. April 1788 in Braunschweig geboren. Ihr Vater übt als Mundschenk von Herzog Karl Wilhelm Ferdinand von Braunschweig und Lüneburg ein zwar ehrenvolles, aber nicht sehr einträgliches Amt aus. Da fällt es ihm schwer, die neun Kinder zu ernähren, die seine Frau zwischen 1785 und 1808 zur Welt bringt.

Über Wilhelmines Kindheit und Jugend ist nichts bekannt. Wir wissen nur, dass sie mit siebzehn oder achtzehn dem zwei Jahre älteren Gottfried Reichard begegnete, der in der Buchdruckerei seines Bruders das Setzerhandwerk erlernt und danach in Berlin Chemie studiert hatte. 1805 kehrt er in seine Heimatstadt Braunschweig zurück und verliebt sich dort in Wilhelmine. Als sie von ihm schwanger wird, bestellt das Paar das Aufgebot und heiratet am 6. August 1807. Nach der Hochzeit ziehen die Eheleute nach Berlin, wo Wilhelmine Reichard am 16. Oktober von ihrem ersten Kind entbunden wird: der Tochter Siegmundine Caroline Friederike Christiane Elisabeth, die sie „Lina" ruft. Den Lebensunterhalt verdient

WILHELMINE REICHARD
Zeitgenössische Lithografie von Kunicke

Gottfried Reichard durch Privatunterricht und physikalische Experimental-Vorträge.

ERSTE BALLONFAHRT

Während des Studiums hatte er am 23. Mai 1804 in Berlin einen – allerdings missglückten – Ballonstart miterlebt. Am 16. September 1805 stieg der Mathematiklehrer Wilhelm Jungius als erster Deutscher mit einem „Luftball" auf. Ob Reichard auch dabei zusah, ist nicht überliefert; jedenfalls begeisterte er sich für die Ballonfahrt, und aus seinem regen Gedankenaustausch mit Wilhelm Jungius sollte sich eine lebenslange Freundschaft entwickeln.

Am 27. Mai 1810, knapp vier Monate nach der Geburt seines Sohnes Carl August Eusebius, steigt Gottfried Reichard mit einem nach Anleitung von Wilhelm Jungius aus Mantuaner Taft angefertigten Gasballon auf. Die erforderlichen Wasserstoffmengen gewinnt der Chemiker an Ort und Stelle durch das Mischen und Erhitzen von Schwefelsäure, Eisenspänen und Wasser. Für eine einzige Füllung der Hülle mit einem Durchmesser von 8,70 Meter sind acht Hundertliterfässer Schwefelsäure, fast eine Tonne Eisenspäne und neun Hektoliter Wasser erforderlich! Das Material kostet nicht nur sehr viel Geld, sondern muss auch mühsam mit Fuhrwerken transportiert werden. Es dauert Stunden, bis das Gas die an einem Holzgestänge aufgehängte Stoffhülle zum Ballon aufbläht. Gießt man nämlich die Schwefelsäure zu rasch ein, braust die Flüssigkeit auf und quillt über. Allerdings darf das Nachgießen auch nicht zu langsam erfolgen, sonst entweicht zu viel Gas ungenutzt aus den Spundlöchern.

Wilhelmine Reichard kann es kaum erwarten, bis sie selbst eine Ballonfahrt unternehmen darf. „Schon bei dem ersten Aufsteigen meines Mannes lag ich ihm an, mich zur Begleiterin zu nehmen", erzählt sie den „Berlinischen Nachrichten", die darüber am 20. April 1811 berichten. „Allein da er die mit einem solchen Unternehmen verbundene Gefahr noch nicht aus eigener Erfahrung kannte, so trug er Bedenken, dass ich sie mit ihm teilen sollte, versprach mir aber, dass sobald er mich mit allen erforderlichen Vorsichtsmaßregeln praktisch bekannt machen könne, er alsdann meinen Wunsch zu erfüllen bereit sei." Gottfried Reichard hält sein Versprechen: Nach der erfolgreichen Erprobung des Ballons zeigt er seiner Frau, wie man damit umgeht und vermittelt ihr das nötige Wissen über chemische, physikalische und meteorologische Zusammenhänge. Da der zur Verfügung stehende Ballon nicht mehr als eine Person trägt, muss die Unterweisung allerdings theoretisch erfolgen. Reichard schärft seiner Frau ein, dass der Einfüllschlauch geöffnet bleiben muss, weil sich das Gas bei abnehmendem Luftdruck ausdehnt. Sobald die Leinen los sind, kann sie schaufel- oder sackweise Sand abwerfen, um rascher zu steigen. Wenn sie dann über den Wolken nicht mehr sicher ist, ob sie steigt oder fällt, soll sie ein Stück Papier fliegen lassen und aufpassen, ob es nach unten oder oben abdriftet. Umständlicher ist es, die jeweilige Höhe zu ermitteln, denn dabei reicht es nicht aus, auf dem mitgeführten Barometer die Abnahme des Luftdrucks zu protokollieren, sondern die Werte müssen auch noch mit den gemessenen Temperaturunterschieden verrechnet werden. Um schließlich ein weiteres Steigen zu verhindern oder den Abstieg einzuleiten, kann Wilhelmine eine Ventilklappe öffnen und Gas ablassen.

Sie ist mutig genug, es zu versuchen und so vernünftig, dass sie sich gründlich darauf vorbereitet. „Mit allerhöchster Erlaubnis wird Madame Reichard, dienstags am 16. April, nachmittags um 3 Uhr, vom Garten der Königlichen Tierarzneischule aus, ihre erste Luftreise unternehmen", heißt es am 4. April 1811 in den „Berlinischen Nachrichten". Die Zeitung kommentiert: „Da Madame Reichard die erste deutsche Frau ist, welche es wagt, zum ersten Male und allein, das Luftschiff zu besteigen, so wird diese Unternehmung gewiss sehr interessant sein." Die zierliche, dunkelhaarige Frau, die gerade ihren dreiundzwanzigsten Geburtstag feierte, muss jetzt zeigen, was sie gelernt hat, zumal ihr während der Fahrt niemand beistehen kann. Bei nebligem Wetter klettert sie in den geflochtenen, mit Blumengirlanden und Fähnchen geschmückten Korb. Kein leichtes Unterfangen mit einem langen Rock und gestärkten Unterröcken! Benjamin Lebegott Waetzmann aus Großdorf bei Buk, 30 Kilometer westlich von Posen, der während einer Geschäftsreise Augenzeuge des spektakulären Unternehmens wird, berichtet seiner Frau darüber in einem Brief: „[...] machte ich mich wieder zu Fuß auf den Weg und kam um zwei Uhr wohlbehalten und munter wieder in Berlin an. Hier traf es sich, dass eine gewisse Madame Reichard mit einem Ballon in die Luft stieg. Es ist die erste deutsche Frau, die dieses Wagestück unternahm; und das kann ich dir nicht schildern, wie mich die ansehnliche Menge Zuschauer in Erstaunen setzte. Es waren nach dem Urteil von Sachkundigen wohl sechzig- bis achtzigtausend Menschen versammelt [...]"

Wilhelmine erreicht mit ihrem Ballon eine Höhe von 5171 Meter und fährt 33,4 Kilometer weit, bis sie nach 85 Minuten in Genshagen südlich von Berlin aufsetzt. Abgesehen von Ohrensausen aufgrund der Luftdruckschwankungen übersteht sie ihre erste Fahrt unbeschadet. Später berichtet sie, wie zehn Minuten nach der Landung ein Schäfer vorbeikam, „der, ohne alle Verwunderung über mein Fahrzeug, mir, als wäre ich ihm zu Fuße begegnet, freundlich einen guten Abend bot".

„GLEICH EINEM SONNENSTÄUBCHEN IM WELTALL SCHWEBEND"

Viele Beobachter befürchten, bei Ballonfahrerinnen und -fahrern könne es durch das Aufsteigen und Sinken sowie das Passieren verschiedener Luftschichten und die rasche Fortbewegung zu gesundheitlichen Schäden kommen. Wilhelmine glaubt das nicht. Sie genießt das Ballonfahren: „Gleich einem Sonnenstäubchen im Weltall schwebend, seiner Winzigkeit sich so augenscheinlich bewusst werdend – ein Augenblick, der, wie oft er sich mir auch noch erneuen möge, nie mich kalt lassen wird."

Bei ihrer zweiten Ballonfahrt am 2. Mai 1811 gerät sie in einen Gewittersturm und wird völlig durchnässt, aber sie kommt mit dem Schrecken davon – bis sie beim Aufsetzen heftig mit dem Gesicht gegen den vom Ballonnetz getragenen

Ring prallt, an dem der Korb hängt. Trotz der Verletzung denkt sie nicht daran, das Ballonfahren aufzugeben.

Im Sommer zieht die Familie Reichard von Berlin nach Dresden. Mit Erlaubnis des sächsischen Königs bereitet sich Wilhelmine auch dort auf eine Ballonfahrt vor, obwohl sie schwanger ist. Neugierige, die bereit sind, Eintritt zu zahlen, können sich von ihr ab 6. September im Hof des Hotels „de Pologne" den Ballon zeigen und erklären lassen.

Der zunächst für den 22. September angekündigte Start muss wegen ungünstiger Witterung um eine Woche verschoben werden. Am 29. September trifft die Schwefelsäure verspätet ein, und das gelieferte Eisen ist von so schlechter Qualität, dass die Hülle sich erst in der Abenddämmerung bläht. Am nächsten Morgen regnet es. Ein Sturm zerfetzt Teile des über den Ballon gespannten Hanfnetzes, das den Korb tragen soll. Trotz des schlechten Wetters stehen tausende Schaulustige auf den Feldern, weil sie den Start „der ersten deutschen Luftschifferin" („Dresdner Anzeiger") miterleben möchten. Um das Publikum nicht durch eine weitere Verschiebung des Ereignisses zu verärgern, wagt Wilhelmine Reichard um 15.30 Uhr trotz der ungünstigen Bedingungen den Aufstieg. Sobald die Leinen los sind, reißen heftige Windböen den Ballon abwechselnd nach oben, nach unten und zur Seite. Der Korb pendelt beängstigend hin und her. Wilhelmine wirft Ballast ab, um möglichst rasch der Gefahr zu entgehen, in Baumkronen getrieben zu werden. Sogar den Anker schleudert sie über Bord. Nach zwölf Minuten verschwindet der Ballon in den Regenwolken.

In 6931 Meter Höhe notiert Wilhelmine Reichard noch einmal den Barometerstand und die Temperatur. Sie versucht, ein Ventil zu öffnen, also Gas entweichen zu lassen, um nicht weiter zu steigen. Vergeblich. Es klemmt. Ihr Mann wird später behaupten, sie habe eine Höhe von 7800 Meter erreicht. Sie verliert das Bewusstsein. Die Ballonhülle reißt. Wilhelmine Reichard stürzt ab. Sie kommt noch einmal zu sich, erkennt den zerfetzten Ballon über sich und begreift, was geschieht. „Mein Blick fiel sogleich auf den Ball. Man denke sich, welches Entsetzen mich ergriff, als ich ihn gänzlich zersprengt, alles Gases entledigt, und stückweise durch das zerrissene Netz flattern sah." An einem Hang des Wachbergs bei Saupsdorf in der Sächsischen Schweiz bremsen junge Fichten den Aufschlag ab. Ein Bauer, der in der Nähe gearbeitet hat, findet in dem zerbrochenen Korb eine aus einigen Platzwunden blutende Frau, die mit blauen Lippen und weit geöffneten Augen auf dem Rücken liegt und kein Lebenszeichen von sich gibt. Als zwei Männer die Ohnmächtige in die Wohnung des Erbund Lehnrichters Johann Christlieb Thiermann tragen, erbricht sie sich heftig. Aber schon am übernächsten Tag hat sie sich soweit erholt, dass ihr Mann sie nach Dresden bringen kann.

Einen Teil des finanziellen Schadens, der durch den Verlust des Ballons entstanden ist, gleicht Gottfried Reichard durch den Verkauf von Broschüren aus, in denen er die Unglücksfahrt seiner Frau schildert. Um den Absatz der Hefte zu fördern, wirbt er auch bei seinen populärwissenschaftlichen und durch Demonstrationen aufgelockerten Vorträgen über chemisch-physikalische Erscheinungen im Hotel „de Pologne" dafür.

Trotz dieses Unfalls während der Schwangerschaft bringt Wilhelmine Reichard am 10. März 1812 eine gesunde Tochter zur Welt: Minna Angelika.

BALLONFAHRTEN ZUR FINANZIERUNG EINER FABRIKGRÜNDUNG

Einige Monate nachdem Napoleon in der Völkerschlacht bei Leipzig (16.–19. Oktober 1813) besiegt und die Kriegsgefahr gebannt wurde, kauft Gottfried Reichard ein entlegenes, baufälliges Haus mit Garten in der Gemeinde Döhlen (Freital) südwestlich von Dresden und richtet sich mit seiner Familie dort ein. Aufgrund seines Gesuchs vom 8. Juni 1814 erteilt ihm die „Königlich Sächsische Hohe Landes-Regierung" am 10. Mai des folgenden Jahres die Genehmigung, auf seinem Grundstück eine chemische Fabrik zu eröffnen.

Um das erforderliche Startkapital aufzutreiben, kehren die Reichards ins „Ballongeschäft" zurück. Weder der eigene Unfall noch der tödliche Absturz von Sebastian Bittorf am 16. Juli 1812 in einem Heißluftballon über Mannheim schreckt sie ab. Gottfried Reichard gibt einen neuen Ballon in Auftrag. Material und Konstruktion entsprechen dem zerstörten; nur den Durchmesser reduziert er aus Kostengründen von 8,70 Meter auf 7 Meter. Mit einer Fahrt von Berlin nach Fürstenwalde weiht er den Ballon am 12. Juli 1816 ein. Zehn Tage später steigt seine Frau damit in Berlin auf. Mit dreieinhalb Stunden wird es ihre längste Fahrt. Bis nach Fürstenwalde treibt sie.

Eine Schwester der Ballonfahrerin kümmert sich währenddessen um die Kinder – die achtjährige Lina, den sechsjährigen August, die vierjährige Minna Angelika und die am 4. Februar geborene Hedwig. Der Säugling stirbt nach einem halben Jahr, am 5. August.

Dass Kinder früh sterben, ist zu jener Zeit zwar nicht ungewöhnlich, dennoch ist der Verlust eines Kindes für die Eltern eine leidvolle Erfahrung. Deshalb ist es erstaunlich, dass Wilhelmine bereits acht Tage später den Senat der Hansestadt Hamburg um die Genehmigung einer Ballonfahrt ersucht. Vor fünfzigtausend Zuschauern steigt sie am 29. August trotz schlechten Wetters in Hamburg auf. Bei dichten Wolken, Sturm und Regen droht sie auf die Ostsee hinauszutreiben, wo sie kaum rechtzeitig geborgen werden könnte. Als ihr übel wird, greift sie zu einer Flasche Madeira, die sie für diesen Zweck dabei hat und trinkt ein paar Schlückchen. Nach einer 223 Kilometer weiten Fahrt – ihrer weitesten überhaupt – landet sie bei Malchin in der Mecklenburgischen Schweiz inmitten von splitternden Ästen und Zweigen eines Laubwalds. „Man weiß nicht, wie in ein so zartes, junges Frauenzimmer diese Kühnheit eingekehrt ist", kommentiert die „Staats- und Gelehrte Zeitung des Hamburgischen unpartheyischen Correspondenten" tags darauf, „aber sicher begleiten alle fühlenden Herzen diese merkwürdige Luftschifferin, so wie sie den redendsten Beweis ablegt, dass auch Frauenseelen zu Zeiten mit beherzten Männern an Mut wetteifern."

Die Hamburger feiern am 16. September 1816 ein Fest zu Ehren des dreiundsiebzigjährigen Generalfeldmarschalls Blücher, der zusammen mit Wellington am 18. Juni des Vorjahres bei Waterloo den aus seiner Verbannung auf Elba zurückgekehrten Napoleon endgültig besiegt hatte. Wilhelmine steigt mit dem Fesselballon etwa 30 Meter weit auf und wirft dabei Blumen in die Luft. Dann holt man den Ballon wieder ein, und sie überreicht Blücher vom Korb aus einen Ehrenkranz.

Aus kommerziellen Erwägungen verfällt Gottfried Reichard auf die Idee, künftig zahlende Gäste mit an Bord zu holen. Damit sein Ballon zwei Personen tragen kann, lässt er ihn am „Äquator" zerschneiden und einen 3,74 Meter hohen Zylinder einsetzen. Wieder probiert er die neue Konstruktion erst selbst aus, und zwar mit Hermann Fürst von Pückler-Muskau als Gast. Seine Frau und ein holländischer Graf steigen zweieinhalb Wochen später, am 27. Oktober 1816, in Berlin vor den Augen des preußischen Königs Friedrich Wilhelm III. mit dem Ballon auf, werfen Papierblätter mit Gedichten aus dem Korb und lassen zwei Friedenstauben aufflattern. In den folgenden Monaten finden sich offenbar nicht genügend wagemutige und zahlungskräftige Passagiere, denn im Mai 1817 lässt Reichard den eingesetzten Zylinder aus der Ballonhülle wieder heraustrennen.

Wegen einer weiteren Schwangerschaft unternimmt Wilhelmine im Jahr 1817 keine Ballonfahrten. Am 15. Oktober wird die Neunundzwanzigjährige von ihrem zweiten Sohn entbunden. Es ist ihr fünftes Kind.

Die Saison 1818 eröffnet Gottfried Reichard mit einem Aufstieg in Dresden, aber die restlichen drei Ballonfahrten in diesem und die vier im folgenden Jahr überlässt er wieder seiner Frau. Braunschweig, Aachen und Brüssel, Hamburg, Lübeck, Doberan und Bremen sind die Ausgangsorte.

Wilhelmine Reichard hat selbst erlebt, wie gefährlich jede dieser Ballonfahrten ist und lehnt es ab, wegen der Sensationsgier der Zuschauer zusätzliche Risiken einzugehen, wie es Sophie Blanchard tut. Die Witwe des französischen Ballonfahrers Jean-Pierre Blanchard, der am 7. Januar 1785 zusammen mit dem amerikanischen Arzt John Jeffries den Kanal von Dover nach Calais im Ballon überquerte, wirft hin und wieder Feuerwerkskörper aus dem Korb. Als bei ihrer 67. Ballonfahrt am 6. Juli 1819 in Paris eine der Raketen den Ballon in Brand setzt, halten die Zuschauer das zunächst für einen besonderen Effekt. Sophie Blanchard stürzt jedoch aus 300 Meter Höhe ab und wird auf einem Hausdach zerschmettert.

Am 30. Juni 1820 startet Wilhelmine Reichard in Prag vor den Augen des österreichischen Kaisers Franz Joseph. Als sie nach einer Stunde zur Landung ansetzt, versuchen Hirten ihr Vieh in Sicherheit zu bringen, bis die Ballonfahrerin die verängstigten Menschen durch den Abwurf von Heiligenbildchen beruhigen kann. Nach zwei Aufstiegen in Wien am 16. Juli und 10. August folgt Wilhelmine einer Einladung des bayrischen Königs Maximilian I. Joseph zur Zehnjahresfeier des Münchner Oktoberfestes, das aus einem Pferderennen am 12. Oktober 1810 anlässlich der Hochzeit des Kronprinzen Ludwig mit Prinzessin Therese von Sachsen-Hildburghausen hervorging. Vor dem Aufstieg am 1. Oktober auf der – inzwischen nach der Kronprinzessin benannten – Festwiese nimmt Wilhelmine im Dirndl eine Fahne mit dem Stadtwappen in Empfang. Die Widmung lautet: „Die Bürger von München an die geprüfte und mutvolle Luftschifferin Wilhelmine Reichard, bei der Luftfahrt am Oktober-Feste 1820, auf der Theresens-Wiese."

Am Ende dieser Saison reicht endlich das Geld, um mit der bereits vor fünf Jahren genehmigten Fabrikgründung zu beginnen. Gottfried Reichard kauft weitere Wiesen und Felder in Döhlen auf und richtet eine Fabrik für „technisch- und pharmazeutisch-chemische Produkte" ein. In Bleikammern und Platinkesseln produziert er Schwefelsäure, Salpetersäure, Salzsäure, Vitriolöl, Soda und andere Produkte, die vor allem von Druckereien und Färbereien benötigt werden.

Rückzug ins Familienleben

Wilhelmine Reichard wird 1821 und 1822 noch einmal von zwei Töchtern entbunden: Betty und Hermine. Nach zehn Jahren in der Öffentlichkeit zieht sie sich ins Familienleben zurück – und zwar in einer entlegenen Ortschaft, die erst durch die Fabrikgründung in den Vierzigerjahren auf sechzig Wohngebäude und knapp tausend Bewohner anwächst. Vermisst sie die Reisen, die Aufmerksamkeit, mit der Könige und andere berühmte Persönlichkeiten ihre Ballonfahrten verfolgten, den Jubel Zehntausender beim Start? Leider äußert sie sich nicht dazu, und wir können nur vermuten, dass sie hin und wieder einen alten Zeitungsausschnitt in die Hand nimmt und sich an die aufregende Zeit erinnert.

Gut zwei Monate vor ihrem sechsundvierzigsten Geburtstag, am 24. Januar 1834, kommt sie zum achten und letzten Mal nieder: Louise heißt ihre jüngste Tochter. Lina, die älteste, wird in diesem Jahr schon siebenundzwanzig. Im selben Jahr fertigt Gottfried Reichard einen weiteren Ballon an, größer als die beiden früheren, mit 9 Meter Durchmesser und Tragkraft für drei Personen. Statt Taft verwendet er diesmal einen zwar schwereren, aber auch billigeren Baumwollstoff. Damit steigt er am 7. September 1834 vom Dresdner Zwinger auf. Weil niemand mitkommen und dafür zahlen möchte, darf eine seiner Töchter ihn begleiten.

Anlässlich des 25. Münchner Oktoberfestes lädt der Stadtrat das Ehepaar Reichard 1835 nochmals ein. Das bayrische Königspaar – Ludwig I. und Therese – feiert zugleich silberne Hochzeit. Gottfried steigt allein auf, mit seinem neuen Ballon; es handelt sich um seine sechzehnte und letzte Ballonfahrt. Auch Wilhelmine wird umjubelt, als sie dem königlichen Paar und den Prinzen und Prinzessinnen kleine, mit Fähnchen geschmückte Luftballons überreicht.

Epilog

Am 27. März 1844, einen Tag nach seinem achtundfünfzigsten Geburtstag, starb Gottfried Reichard nach zwei Wochen Bettlägerigkeit an einer Lungenembolie. Sechs Wochen später schrieb die Witwe ihrer Tochter Minna nach Leipzig: „Dein Schmerz ist gewiss groß gewesen, aber wer kann meinen ermessen, die ich 38 Jahre Not, Kummer, Sorgen (nicht allein Nahrungssorgen), Freude und Glück mit ihm genossen, kein

Geschäft, keine Erfahrung, die er nicht erst mit mir besprochen hätte, wir haben zusammen gezeichnet, gemauert, gebaut, und nun alles umsonst!" – Wilhelmine Reichard wurde fast sechzig Jahre alt: Sie erlag am 23. Februar 1848 einem Schlaganfall.

Die Fabrik in Döhlen wurde von den Söhnen August und Gottfried weitergeführt und 1874 von Augusts Sohn Otto übernommen. Der stürzte 1891 in einen mit Schwefelsäure gefüllten Bleikessel und konnte nicht mehr gerettet werden. Einige Jahre später musste die „Chemische Fabrik in Döhlen" den Betrieb einstellen, und die Fabrikgebäude wurden abgerissen. Das Wohnhaus der Familie Reichard steht noch in der 1993 nach Gottfried und Wilhelmine Reichard benannten Straße in Freital-Döhlen, und um es vor dem Verfall zu bewahren, gibt es Bestrebungen, darin ein Museum über Ballonfahrerinnen einzurichten.

Mathilde Franziska Anneke

1817–1884

NACH DER GEBURT ihres ersten Kindes ließ Mathilde Franziska von Tabouillot sich scheiden, obwohl allein erziehende Mütter von der Gesellschaft damals geächtet wurden. Mit Fritz Anneke, ihrem zweiten Mann, beteiligte sich die aus dem Ruhrgebiet stammende Journalistin und Schriftstellerin an der revolutionären Bewegung von 1848/49 und floh nach dem gescheiterten Aufruhr in die USA. Dort gründete sie eine Mädchenschule und engagierte sich an führender Stelle in der Frauenbewegung.

EHEFRAU EINES TRUNKSÜCHTIGEN WEINHÄNDLERS

Verwundet kehrt Karl Giesler aus den Freiheitskriegen gegen Napoleon auf das Gut Oberleveringhausen seiner Eltern in Hiddinghausen (heute Sprockhövel) im Ruhrgebiet zurück. Einige Zeit später heiratet er Elisabeth Hülswitt. Mathilde Franziska, das erste ihrer zwölf Kinder, wird am 3. April 1817 geboren.

1820 zieht Karl Giesler mit seiner Familie ins sechs Kilometer entfernte Blankenstein. Nach einiger Zeit beteiligt er sich an einer geplanten Pferdeeisenbahn des Maschinenfabrikanten Friedrich Hartkort, aber das Vorhaben scheitert und er verliert den größten Teil seines Vermögens; es kommt zu Zwangsversteigerungen. Aufgrund seiner finanziellen Notlage hält er es für eine glückliche Fügung, dass der Sohn einer vornehmen und begüterten Aristokratenfamilie um die Hand seiner neunzehnjährigen Tochter Mathilde anhält. Der Altersunterschied von zehn Jahren ist nicht ungewöhnlich. Es gefällt Karl und Elisabeth Giesler zwar nicht, dass Alfred von

MATHILDE FRANZISKA ANNEKE BEI DER BADISCH-PFÄLZISCHEN REVOLUTIONSARMEE 1849
Kolorierte Lithografie von 1849

Tabouillot in Mülheim an der Ruhr sein Geld als Weinhändler verdient, denn das ist für einen Adeligen nicht standesgemäß, entscheidend ist jedoch die Bürgschaft seiner Eltern für den überschuldeten Brautvater.

Bald nach der Eheschließung wird Mathilde von ihrem Mann zum ersten Mal misshandelt. Auch als sie schwanger ist, schlägt er sie, wenn er zu viel getrunken hat. Sie hält die ständige Angst zwar kaum aus, wartet jedoch ab, bis sie am 27. November 1837 von ihrer Tochter entbunden worden ist. Im Dezember trennt sie sich von Alfred von Tabouillot, zieht mit dem Baby Johanna („Fanny") nach Wesel und reicht beim Kreisgericht in Duisburg die Scheidung ein. Mathilde muss jahrelang mit der Unsicherheit über den Ausgang des Verfahrens leben und zugleich damit fertig werden, dass sie von gutbürgerlichen Damen gemieden wird. Eine Ehescheidung ist zwar in der Rheinprovinz aufgrund des von Napoleon eingeführten *Code civil* rechtlich möglich, doch allein erziehende Mütter gelten als anstößig. Ihre Klage wird abgewiesen. Das Oberlandesgericht Hamm schließt sich diesem Urteil an, weil die Klägerin eigenmächtig ihren Mann verließ und auch während des Gerichtsverfahrens nicht zu ihm zurückkehrte. Als Mathilde erklärt, sie wage sich „aus Besorgnis vor neuen Tätlichkeiten" nicht mehr in die Nähe ihres Ehemanns, sanktioniert das Gericht endlich die Scheidung, befindet aber beide Partner für schuldig. Die Revision, die Mathilde gegen dieses in ihren Augen ungerechte Urteil einlegt, verschlimmert ihre Situation, denn das Geheime Obertribunal in Berlin gibt ihr 1843 wegen „böslicher Verlassung" des Ehemanns die Alleinschuld. Damit ist der Rechtsweg ausgeschöpft. Ihr einziger Trost am Ende dieser aufreibenden Auseinandersetzung ist, dass man ihr wenigstens das Kind lässt. In einem Brief schreibt sie später: „Nach dem Ausgang eines unglücklichen Scheidungsprozesses meiner ersten Ehe, worin ich ein Opfer der preußischen Justiz wurde, war ich zum Bewusstsein gekommen und zur Erkenntnis, dass die Lage der Frauen eine absurde und der Entwürdigung der Menschheit gleichbedeutende sei."

FRITZ ANNEKE

Seit Februar 1839 lebt Mathilde von Tabouillot mit ihrer Tochter in Münster. Mit der Veröffentlichung von Gedichten und katholischer Erbauungsliteratur verdient sie ein wenig Geld. In der westfälischen Stadt begegnet sie 1841 zum ersten Mal dem zehn Monate jüngeren Seconde-Lieutenant Carl Friedrich Theodor („Fritz") Anneke.

Der wird im Jahr darauf nach Wesel versetzt. Von dort aus fährt er häufig nach Köln, um als Gast am „Montagskreis" der „Rheinischen Zeitung" teilzunehmen, deren Redaktion Karl Marx leitet, bis sie 1843 verboten wird. Fritz Annekes Kontakte zu politischen Gruppen wie dieser veranlassen seine Vorgesetzten, ihn 1844 als Feuerwehroffizier nach Minden abzuschieben. Uneingeschüchtert befreundet er sich mit dem Mindener Arzt Dr. Otto Lüning, dem Herausgeber der oppositionellen Monatszeitschrift „Westfälisches Dampfboot", und schließt sich Demokraten und Sozialisten an, die auf Schloss Holte bei Bielefeld über politische Themen debattieren. Nachdem zwei weibliche Gäste den Schlossherrn Julius Meyer im Herbst 1845 einer nächtlichen Belästigung bezichtigt haben, behauptet jemand während einer Diskussion über den Skandal, Lünings Schwester Luise habe verächtlich geäußert, ein emanzipiertes Frauenzimmer nehme jeden ehrlichen Kerl mit ins Bett. Deren mit Anneke befreundeter Verlobter verwahrt sich gegen die „infame Lüge"; ein Wort gibt das andere, bis der Verleumder Fritz Anneke zum Duell fordert. Der aber lehnt dieses „barbarische Überbleibsel des Mittelalters" ab und muss sich deshalb vor einem Ehrengericht verantworten. Untersucht wird nicht nur seine „unwürdige" Duellverweigerung, sondern auch sein Umgang mit „Demagogen" und „Kommunisten" sowie die Verbreitung von Schriften „auflösenden Inhalts". König Friedrich Wilhelm IV. bestätigt am 19. August 1846 Fritz Annekes unehrenhafte Entlassung aus der Armee.

Mathilde Franziska von Tabouillot veröffentlicht weiterhin Gedichte, schreibt Artikel für die „Kölnische Zeitung" und die „Augsburger Allgemeine Zeitung" und beteiligt sich an westfälischen Sozialistenzirkeln. Aufgrund einer Eingabe an den

König von Preußen erhält sie eine kleine finanzielle Unterstützung. Ihr Kontakt zu Fritz Anneke ist nicht abgerissen. Am 31. Januar 1847 ergreift sie die Initiative, überreicht dem Arbeitslosen eine Rose und ermutigt ihn zur Verlobung. Nachdem er im Frühjahr von der Feuerversicherungsgesellschaft „Colonia" für Büroarbeiten eingestellt worden ist, zieht Mathilde zu ihm nach Köln, und am 3. Juni heiraten die beiden.

DIE REVOLUTION VON 1848

„Das Weib im Konflikt mit den sozialen Verhältnissen" lautet der Titel einer im selben Jahr von Mathilde Anneke verfassten Flugschrift. Weil in ihren Augen die Kirche maßgeblich dazu beitrage, die Herrschaft der Männer aufrechtzuerhalten, verwirft sie ihren katholischen Glauben und bekennt sich zum Atheimus. In ihrer Wohnung gründet sie einen Zirkel, den sie „unser kommunistisch-ästhetisch Clübchen" nennt. Das klingt harmlos, aber die Mitglieder streben einen politischen Umbruch an.

Als die Franzosen im Februar 1848 ihren „Bürgerkönig" Louis Philippe stürzen und zum zweiten Mal in ihrer Geschichte eine Republik ausrufen, heizt das auch die Stimmung in Deutschland und Österreich an, wo liberale Bestrebungen seit dem Wiener Kongress durch die Restaurationspolitik unterdrückt werden. Allerdings streben die Liberalen in Deutschland nicht etwa einen Sturz der Monarchien an, sondern eine konstitutionelle Beschränkung absolutistischer Gewalten. Mit politischen Versammlungen, Petitionen und Demonstrationen beginnt die März-Revolution. König Friedrich Wilhelm IV. von Preußen sieht sich gezwungen, am 18. März Reformen zu versprechen, kann damit aber blutige Unruhen nicht mehr verhindern. Das revolutionäre, vom 31. März bis 3. April tagende Frankfurter „Vorparlament" wird am 7. April vom Bundestag nachträglich legalisiert. Eine Nationalversammlung, die einen gesamtdeutschen Staat schaffen und eine Verfassung verabschieden soll, tritt am 18. Mai 1848 in der Frankfurter Paulskirche zusammen.

Das Revolutionsjahr 1848 bringt auch für das Ehepaar Anneke persönlich Aufregungen. Im Frühjahr wird Fritz Anneke wegen „Aufreizung zum Aufruhr" festgenommen und vorübergehend inhaftiert. Am 3. Juli frühmorgens verschaffen sieben Gendarmen sich Zugang zu seiner Wohnung. Drei warten im Vorzimmer, vier dringen ins Schlafzimmer ein und stoßen Anneke vor den Augen seiner hochschwangeren Frau die Treppe hinunter. Zusammen mit zwei Mitangeklagten wird er wegen der Verbreitung eines umstürzlerischen Flugblatts eingesperrt, und der preußische König sorgt persönlich dafür, dass der Fall zur Abschreckung anderer Oppositioneller publik gemacht wird. Am 21. Juli wird Mathilde von ihrem zweiten Kind entbunden. Sobald sie dazu in der Lage ist, eilt sie mit dem Säugling ins Gefängnis, doch der Vater darf ihn nicht auf den Arm nehmen, sondern nur durch Gitterstäbe ansehen. Auf den Tag genau fünf Monate nach der Geburt seines gleichnamigen Sohnes wird Fritz Anneke freigesprochen und am 23. Dezember aus der Haft entlassen.

Obwohl es für Mathilde Anneke nicht einfach war, sich um Fanny und den Säugling zu kümmern, während sie gleichzeitig um ihren eingesperrten Mann bangte, brachte sie den Mut und die Tatkraft auf, maßgeblich an der Gründung der „Neuen Kölnischen Zeitung" mitzuwirken, deren erste Nummer am 10. September erschien. Nach dem sofortigem Verbot des Arbeiterblattes brachte sie am 27. September die „Frauen-Zeitung" heraus, die jedoch ebenfalls gleich wieder eingestellt werden musste.

Nach wie vor unterdrücken die Obrigkeitsstaaten jede Opposition. Die seit Mai 1848 tagenden Abgeordneten in der Frankfurter Paulskirche haben daran nichts ändern können. Am 27. März 1849 beschließen sie eine Verfassung und wählen tags darauf Friedrich Wilhelm IV. zum Staatsoberhaupt. Als der preußische König die Krone des neuen deutschen Nationalstaats zurückweist, steht die Versammlung vor den Trümmern ihres Werkes. Alle Hoffnungen auf einen legalen und friedlichen Aufbau eines deutschen Nationalstaats sind zerstört.

„So bin ich denn in manchem Kugelregen gewesen"

Nach dem Scheitern der Paulskirchenversammlung kommt es zu Volkserhebungen. Fritz Anneke verabschiedet sich am 14. Mai 1849 von seiner Frau, um sich als Artilleriekommandeur am Aufstand in Südwestdeutschland zu beteiligen. Zwei Tage später wird in der Rheinprovinz der Belagerungszustand verhängt. Preußische Beamte durchsuchen auch die Wohnung der Familie Anneke in Köln nach Waffen und unerlaubten Schriften. Karl Marx muss Preußen innerhalb von vierundzwanzig Stunden verlassen. Die meisten Abgeordneten geben auf. Nur einige wenige Unerschrockene ziehen am 6. Juni von Frankfurt nach Stuttgart, wo das Rumpfparlament zwölf Tage später vom württembergischen Militär auseinander gejagt wird.

Mathilde lässt ihre Kinder bei Verwandten zurück und folgt ihrem Mann. „Ich schied mit blutendem Herzen von meinen Kindern, doch in der sicheren Hoffnung auf höchstens vierzehn Tage nur", schreibt sie einer Freundin. An Bord eines niederländischen Dampfers fährt sie rheinaufwärts. Vor Kaiserslautern findet sie Fritz. Sie weicht nicht mehr von seiner Seite und reitet sieben Stunden lang neben ihm nach Neustadt an der Weinstraße, wo die Aufständischen sich formieren. Von dort geht es weiter nach Karlsruhe. „So bin ich denn auf dem vier Wochen langen Zug in manchem Kugelregen, insbesonders in dem heißen Gefecht bei Ubstadt [nördlich von Bruchsal] gewesen, ohne von einer Kugel getroffen zu sein", berichtet sie in einem Brief. Von einem Festungswall in Rastatt aus beobachtet sie die Kämpfe. Bevor das preußische Militär Anfang Juli den Belagerungsring um Rastatt schließt, gelingt es dem Ehepaar, zu fliehen. Ein Fischer bringt sie ans linke Rheinufer, und sie schlagen sich nach Straßburg durch. Unter falschen Namen gelangen sie weiter nach Zürich. Unterwegs treffen sie Carl Schurz, einen zwanzigjährigen Liberalen, der sich wie Fritz Anneke am pfälzisch-badischen Aufstand beteiligt hatte und ebenfalls gerade noch rechtzeitig aus Rastatt entkam.

Verwandte bringen ihnen die Kinder nach. Die Familie trifft

Ende September 1849 in Le Havre ein und geht einige Tage
später an Bord eines Handelsseglers, der sieben Wochen unterwegs ist, bis er im Hafen von New York einläuft. Wie zahlreiche andere vom Scheitern der Revolution enttäuschte
Oppositionelle auch, hoffen sie auf einen Neuanfang in den
Vereinigten Staaten von Amerika.

NEUANFANG IN WISCONSIN

In den USA schreibt Mathilde Anneke ihre jüngsten Erlebnisse
auf und bietet das Manuskript Verlegern in Deutschland
an, aber keiner wagt es, die „Memoiren einer Frau aus dem
badisch-pfälzischen Feldzuge" zu drucken. Mit Honoraren für
Zeitungsartikel und andere Veröffentlichungen hält sie die
Familie einigermaßen über Wasser. Fritz beabsichtigt, sich mit
einem in Cedarburg, Wisconsin, ansässigen Cousin als Unternehmer zu betätigen, aber schon nach wenigen Wochen müssen sie sich die Aussichtslosigkeit ihrer Pläne eingestehen. Danach versuchen die Annekes ihr Glück in Milwaukee. Dort
hält Mathilde am 16. April 1850 ihren ersten öffentlichen
Vortrag, und zwar über zeitgenössische deutsche Literatur.
Weil jeder dritte Einwohner des ehemaligen Indianerdorfs aus
Deutschland stammt und sich Angehörige anderer Nationen
ohnehin nicht für das Thema „deutsche Gegenwartsliteratur"
interessieren, kann sie das in ihrer Muttersprache tun.

Am 20. August wird die Dreiunddreißigjährige von ihrem
Sohn Percy entbunden. Bald darauf zieht die Familie in ein
Häuschen mit Garten in Elgin, Illinois, wo Fritz Anneke eine
Stelle als technischer Zeichner bei der Eisenbahn gefunden
hat. Im Jahr darauf kommt Mathildes inzwischen verwitwete
Mutter mit ihren Töchtern Maria und Johanna nach. Sie wollen ebenfalls in den USA eine neue Heimat finden und freuen
sich mit Mathilde, die mit Zwillingen niederkommt. Doch
eines der beiden Mädchen stirbt nach drei Monaten, das andere zwei Jahre später.

Fritz Anneke wechselt die Stelle und beginnt als Biblio-
thekar in der Staatsbibliothek von Wisconsin in Madison zu

arbeiten. Zwei Monate lang ziehen die Annekes von Pension zu Pension, bis sie endlich eine Wohnung finden. Doch als im Januar 1852 ein neuer Gouverneur sein Amt antritt, erhält Anneke die Kündigung und kehrt enttäuscht mit seiner Familie nach Milwaukee zurück.

Am 1. März erscheint die erste Nummer von Mathildes „Deutscher Frauen-Zeitung". Das „Central-Organ der Vereine zur Verbesserung der Lage der Frauen" ist das erste Blatt dieser Art in den USA und beschäftigt anfangs unter dem Protest der Männer ausschließlich weibliche Setzerinnen. Amerikanische Frauengruppen, die durch die Zeitung auf Mathilde Anneke aufmerksam werden, laden sie zu Vorträgen in Detroit, Cleveland, Boston, Pittsburgh, Philadelphia, New York und anderen Städten ein.

TRENNUNG

Fritz Anneke gelangt auf einer Vortragsreise im August nach Newark, New Jersey, mietet dort eine Wohnung und gründet einen Zeitungsverlag, in dem ab 9. Februar 1853 seine deutschsprachige „Newarker Zeitung" erscheint. Nach einer eigenen Vortragstournee durch die USA folgt ihm Mathilde, verlegt den Sitz ihrer „Frauen-Zeitung" allerdings nicht nach Newark, sondern ins benachbarte New York, wo sie am 6. September 1853 mithilfe einer Dolmetscherin erstmals eine Rede vor einem amerikanischen Frauenkongress hält. Am Ende wird sie in ein Komitee gewählt, das die politischen Forderungen der Frauen in den USA vertritt.

Die mittlerweile Achtunddreißigjährige kommt am 6. Dezember 1855 erneut mit Zwillingen nieder. Eine weitere Tochter, die sie Anfang 1858 zur Welt bringt, erkrankt kurz nach der Geburt an Pocken und steckt ihre Geschwister an. Das Baby, die zwei Jahre alte Tochter Irla und der neunjährige Sohn Fritz sterben daran. Es leben also nur noch drei von Mathildes acht Kindern: Irlas Zwillingsschwester Hertha, der vor siebeneinhalb Jahren in Milwaukee geborene Percy und Fanny, die zwanzigjährige Tochter aus erster Ehe. Mathilde verbringt oft

Stunden am Grab der Kinder. Offenbar kommt es zwischen ihr und Fritz zu Spannungen, denn sie trennen sich zumindest vorübergehend. Mathilde fühlt sich von ihm zurückgesetzt und leidet unter seiner herabwürdigenden und besserwisserischen Art. Im Mai 1858 kehrt sie mit Fanny, Percy und Hertha nach Milwaukee zurück und nimmt eine Einladung des Journalisten Sherman Booth und seiner Frau Mary an, bei ihnen im Haus zu wohnen. Mit der vierzehn Jahre jüngeren Schriftstellerin Mary Booth verbindet Mathilde bald eine enge Freundschaft. An ihren Mann schreibt sie im Jahr darauf: „Wir hätten uns nicht vermählen, wir hätten Freunde bleiben sollen, lieber Fritz. Wir wären beide vielleicht glücklicher geworden."

Als im April 1859 zwischen Österreich und dem von Frankreich unterstützten Königreich Sardinien, dessen Ministerpräsident, der Conte di Cavour, für die Bildung eines unabhängigen italienischen Nationalstaats kämpft, der Krieg ausbricht, beabsichtigt Fritz Anneke, für mehrere amerikanische Zeitungen darüber zu berichten. Doch bevor er in Frankreich von Bord seines Schiffes geht, sind die Österreicher ihren Gegnern am 24. Juni in der blutigen Schlacht bei Solferino unterlegen. Deshalb beginnt er, in der Schweiz als Korrespondent zu arbeiten.

Weil der wegen mehrerer Sittlichkeitsdelikte vorbestrafte Sherman Booth einem entlaufenen Sklaven zur Flucht verholfen hat, wird er im Oktober 1859 zu einer Haftstrafe verurteilt. Während er sie verbüßt, begleiten seine Frau Mary und seine Tochter Lilly die Freundin Mathilde und deren drei Kinder nach Europa: Ende Juli 1860 verlassen sie Milwaukee; einige Wochen später treffen sie bei Fritz Anneke in Zürich ein.

SEZESSIONSKRIEG

Fritz und Mathilde Anneke versuchen, ihre Ehe zu retten – erfolglos. Einen Monat nach der Amtseinführung des republikanischen US-Präsidenten Abraham Lincoln am 4. März 1861 kehrt Fritz Anneke in die USA zurück.

Bis Mai treten elf Südstaaten, die sich durch die von Lincoln geplante Abschaffung der Sklaverei wirtschaftlich benachteiligt fühlen, nacheinander aus der Union aus; aber der Präsident ist nicht bereit, die Sezession hinzunehmen: Am 12. April kommt es zum Krieg. Fritz Anneke meldet sich bei der Nordstaatenarmee, der es an erfahrenen Offizieren mangelt, und übernimmt das Kommando über das 1. Artillerie-Regiment von Wisconsin. Dass er nur organisatorische Kommandos erhält, statt wunschgemäß an der Front eingesetzt zu werden, macht ihn noch mehr zum rechthaberischen Nörgler. Ständig beschwert er sich über die ungenügende Ausbildung und Versorgung der Truppen und schreckt dabei nicht einmal vor Eingaben an Präsident Lincoln zurück. So verschafft er sich natürlich Feinde. Aufgrund von Intrigen wird Fritz Anneke am 13. September 1863 zum zweitenmal in seinem Leben unehrenhaft aus einer Armee entlassen. Ein Jahr später zieht er nach Saint Louis, Missouri, und wird dort Redakteur beim deutschsprachigen „Anzeiger des Westens". Natürlich freut er sich über die Kapitulation der Südstaaten am 9. April 1865 und ihre Wiedereingliederung in die USA, denn damit akzeptieren sie die Sklavenbefreiung wenigstens auf dem Papier. Doch einige Tage später erfährt er aus der Presse, dass Präsident Lincoln am 14. April in seiner Theaterloge von einem Rassenfanatiker erschossen wurde.

SCHULGRÜNDUNG

Auch nach der Abreise ihres Mannes ist Mathilde mit Mary Booth in der Schweiz geblieben. Im Oktober 1863 fährt sie auf Einladung ihrer alten Freundin Franziska Hammacher zu einer Taufe nach Essen. Im Gegensatz zu ihrem Mann hat sie die Hoffnung auf eine Revolution in Deutschland aufgegeben. Sie schreibt ihm: „Der Michel kann zu viele Fußtritte vertragen und fürchtet sich zu sehr vor den Gendarmen. Und wenn er sich auch gerade nicht davor fürchtet, so flößt doch der ‚Gendarm in der eigenen Brust' [...] ihm einen zu heiligen Respekt ein."

Als Mary Booth im Sommer 1864 schwer krank in ihre Heimat zurückkehrt, befreundet Mathilde sich mit Cäcilie

Kapp, der Tochter eines in die Schweiz emigrierten deutschen Professors, die sie mit schwärmerischen Zeilen wie diesen umwirbt: „Schön bist du und geschmückt und reich wie je ein Weib es auf Erden ist und war. Dein Herz strahlt oft so betäubenden Duft aus auf das meinige, dass ich meine, vergehen zu müssen, weil alle meine Liebe nicht ausreichen wird, dich zu erfassen und festzuhalten und glücklich zu machen. Das ist die Todestraurigkeit, die ich sonst nirgend gekannt habe. [...] Du bist himmlisch und einzig und so lind und bezaubernd, dass es nicht in eines Menschen Gewalt ist, reizender zu sein." Im Winter 1864/65 verlässt Mathilde ihr Domizil in der Schweiz und folgt Cäcilie Kapp nach Paris. Dort erfährt sie im Mai 1865, dass Mary Booth nach langer Krankheit gestorben ist. Am 18. Juli schifft sie sich mit ihrer neuen Freundin in Le Havre nach Southampton ein, wo am nächsten Tag der Dampfer nach New York ausläuft. Gleich nach der Ankunft schaut sie kurz bei ihrer inzwischen siebenundzwanzigjährigen Tochter Fanny vorbei, die einen Maschinenarbeiter geheiratet hatte, aber inzwischen getrennt von ihm mit ihren Kindern in Newark wohnt. Dann eilt sie weiter nach Milwaukee, denn ihre Mutter ist schwer erkrankt und die Ärzte befürchten, dass sie nicht mehr lange zu leben hat.

Gemeinsam gründen Mathilde Anneke und Cäcilie Kapp in Milwaukee eine „Mädchenerziehungsanstalt", die sie kurz darauf in „Milwaukee Töchter-Institut" umbenennen. Es handelt sich um eine Tagesschule mit angeschlossenem Pensionat für amerikanische und deutsche Mädchen. Durch umfassende Bildung wollen die Gründerinnen zur „Emanzipation des weiblichen Geschlechts" beitragen. Cäcilie übernimmt die Schulleitung und den Großteil des Unterrichts, während Mathilde sich um die Abc-Schützen und die wirtschaftlichen Belange der Einrichtung kümmert. Weil es anfangs an Geld fehlt, fährt Mathilde persönlich mit dem Einspänner zum Schlachthaus, um preiswerter als beim Fleischer einzukaufen.

Fritz Anneke, der zur Beerdigung seiner Schwiegermutter im Dezember 1865 anreist, lehnt es ab, seine journalistische Arbeit in Saint Louis aufzugeben und wieder nach Milwaukee zu ziehen. „Du willst ja nicht mehr bei mir sein", schreibt er seiner Frau. „Du hast wieder eine Freundin, die Marys Stelle eingenommen hat, die dir näher steht als ich. Ich sage nichts dagegen, bist du glücklich, so bin ich zufrieden." Aber Mathilde ist nicht glücklich: Wegen unterschiedlicher Auffassungen gestaltet sich ihre Zusammenarbeit mit Cäcilie Kapp immer schwieriger. Natürlich ärgert es sie, wenn sie erfährt, dass Cäcilie Mütter ihrer Schülerinnen hinterrücks gewarnt hat, Mathilde wolle die Mädchen vom Atheismus überzeugen. Als die Streitigkeiten zunehmen, beschließen die beiden Frauen vernünftigerweise, sich zu trennen, solange sie dazu noch freundschaftlich in der Lage sind. Während Cäcilie Kapp 1867 als Deutsch-Professorin an das *Vassar College* in New York wechselt, übernimmt Mathilde allein die Leitung der Schule. Obwohl das eine noch stärkere Belastung für sie bedeutet, gibt sie die Einrichtung nicht auf, weil sie vom Sinn ihrer Tätigkeit überzeugt ist. Sogar aus anderen Bundesstaaten kommen nun Schülerinnen. In einem Zeitungsinserat heißt es: „Der Unterricht [...] umfasst die deutsche und englische Sprache, deren Grammatik, Aufsatzübungen, Literatur und Konversation. Auf Welt- und Kulturgeschichte sowie auf geografische, naturwissenschaftliche und arithmetische Fächer wird besonderer Fleiß verwendet, und große Aufmerksamkeit gilt dem Zeichnen, der Musik und Rhetorik."

Vizepräsidentin der Frauenwahlrechts-Vereinigung

Am 15. März 1869 bringt George W. Julian, ein Abgeordneter des Staates Pennsylvania, im amerikanischen Kongress eine Resolution über die Einführung des Wahlrechts für Frauen ein. Um für den vorgeschlagenen Zusatzartikel zur Verfassung zu werben, organisiert Mathilde Anneke zusammen mit den Frauenrechtlerinnen Susan B. Anthony und Elisabeth C. Stanton eine Landeskonferenz der Frauen in Milwaukee. Während der Veranstaltung steht ein kleiner, schmächtiger Pfarrer auf und bringt als Argument gegen die Gleichstellung der Frau vor, Gott habe die Männer absichtlich größer und stärker gemacht. Da tritt die 1,83 Meter große und inzwischen aufgrund der medikamentösen Behandlung eines chronischen Leberleidens korpulent gewordene Veranstalterin neben ihn, und alle lachen.

Als eine von sieben Rednerinnen wird die Zweiundfünfzigjährige zu einem Frauenkongress am 12. und 13. Mai 1869 in New York eingeladen. Die Teilnehmerinnen gründen die „National Women's Suffrage Association", wählen Elisabeth C. Stanton zur Präsidentin und eine Stellvertreterin für jeden Bundesstaat. Mathilde empfindet es als besondere Anerkennung, dass sie zur Vizepräsidentin für Wisconsin ernannt wird, obwohl sie keine Amerikanerin ist.

TÖDLICHER UNFALL

Aufgrund eines Zerwürfnisses mit den Zeitungsleuten in Saint Louis zieht Fritz Anneke im November 1869 nach Chicago. Er arbeitet auch dort als Journalist, bis er im Februar 1870 eine Schreibtischtätigkeit in der „Deutschen Gesellschaft" übernimmt. Bei einem Großbrand am 8. Oktober 1871 verliert er sein gesamtes Hab und Gut; nicht einmal Wäsche zum Wechseln bleibt ihm. Auch die Büroräume der „Deutschen Gesellschaft" sind zerstört. Seine Frau lädt ihn ein, nach Milwaukee zu kommen und verspricht, ihm ein Zimmer gemütlich „mit Teppich und Ofen" einzurichten, in dem er schreiben könne. Obendrein bietet sie an, ihm beim Redigieren der Texte zu helfen. Aber er zieht es vor, in Chicago zu bleiben.

Den Abend des 6. Dezember 1872 verbringt Fritz Anneke mit Freunden. Auf dem Heimweg stürzt der kurzsichtige Vierundfünfzigjährige am Rand des vom Großbrand zerstörten Stadtteils in eine vier Meter tiefe Baugrube und verletzt sich am Kopf. Drei Tage später findet die Polizei seine Leiche. Die Nachricht schockiert Mathilde; sie trauert um ihren Mann, denn obwohl sie sich auseinander gelebt hatten, war er stets ein verlässlicher Freund gewesen und außerdem der Vater ihrer Kinder.

„ICH BIN DAZU VERURTEILT, MEIN LEBENSWERK AUFZUGEBEN"

Trost findet sie im unermüdlichen Einsatz für ihre Schule und die Frauenbewegung. Aus Anlass der Hundertjahrfeier der USA am 4. Juli 1876 beabsichtigt Mathilde Anneke, der Bundesregierung eine von Millionen Frauen unterschriebene Liste mit Forderungen zu überbringen. Weil jedoch nur enttäuschend wenige Unterschriften zusammenkamen, formulieren die Aktivistinnen eine „Women's Independence Declaration". Susan B. Anthony stürmt mit drei anderen Frauen in eine Versammlung auf dem Kapitol und verliest die Erklärung. Mathilde lässt sich in Washington von ihrer zwanzigjährigen Tochter Hertha vertreten, denn kurz zuvor verletzte sie sich mit Scherben einer zerbrochenen Blumenvase an der rechten Hand und zog sich eine schwere Blutvergiftung zu. Obwohl sie mehrmals operiert wird, bleibt die Hand gelähmt, und sie kann kaum noch schreiben. Da sie ihre Stärke in der schriftlichen Formulierung politischer Botschaften sieht, leidet sie besonders unter der Behinderung.

Trotz ihres Engagements können die Frauenrechtlerinnen nicht verhindern, dass der 1869 eingebrachte Verfassungszusatz über die Einführung des Wahlrechts für Frauen nach jahrelangen Auseinandersetzungen zwischen Befürwortern und Gegnern 1878 im Kongress abgelehnt wird.

Bei der Jahrestagung der „National Women's Suffrage Association" Anfang Juli 1880 in der Musikakademie von Milwaukee hält Mathilde Anneke noch einmal eine öffentliche Rede. Als Susan B. Anthony im Januar 1884 von einer Europareise zurückkehrt, kann Mathilde Anneke sie nicht empfangen. Resigniert lässt sie ihr schreiben: „Sie erfahren hiermit aus der Hand einer anderen, dass ich seit 1 1/2 Jahren unfähig war, irgendetwas zu tun. Ich bin dazu verurteilt, mein Lebenswerk des Lehrens und Schreibens aufzugeben und fast ununterbrochen große körperliche Schmerzen zu ertragen. Meine Kinder umsorgen mich liebevoll [...]"

Am 25. November 1884 stirbt Mathilde Franziska Anneke im Alter von siebenundsechzig Jahren in Milwaukee.

Bertha von Suttner

1843–1914

MIT IHREM ROMAN „Die Waffen nieder!" wurde Bertha von Suttner
im Alter von sechsundvierzig Jahren zur Symbolfigur der Friedensbewegung. 1905 erhielt sie als erste Frau den Friedensnobelpreis.

BERÜHMTE VORFAHREN

Der ehemalige k. k. Feldmarschallleutnant Franz Joseph Graf
Kinsky von Chinic und Tettau stirbt im Alter von vierund-
siebzig Jahren kurz vor der Geburt seiner Tochter Bertha am
9. Juni 1843. Der Verstorbene gehörte einem seit dem 13. Jahrhundert nachweisbaren böhmischen Adelsgeschlecht an. Ritter Ulrich von Kinsky war einer der Rebellen, die am 23. Mai
1618 zwei kaiserliche Ratsherren aus einem Fenster der Prager
Burg warfen. Der Aufstand, mit dem die böhmischen Stände
sich gegen die Rekatholisierungpolitik von König Ferdinand II.
wehrten, löste den Dreißigjährigen Krieg aus, in dessen Verlauf
der Obrist Wilhelm Graf von Kinsky – also ein weiterer Vor-
fahr Berthas – am 25. Februar 1634 an der Seite Wallensteins
ermordet wurde.

Die sechsundvierzig Jahre jüngere Witwe Sophie Wilhelmine, die aus der nicht standesgemäßen Familie von Körner
stammt, verlässt das Rokoko-Palais der Kinskys in Prag bald
nach dem Tod ihres Mannes und zieht mit der kleinen Bertha
und ihrem sechsjährigen Sohn Arthur nach Brünn. Da eine
Frau nicht für unmündige Kinder einstehen kann, übernimmt
Friedrich Landgraf zu Fürstenberg, ein unverheirateter Freund
des Verstorbenen – und vielleicht auch heimlicher Verehrer
der achtundzwanzigjährigen Witwe –, die Vormundschaft.

„Die jugendliche Bertha war doch eine rechte Null"

Erbschaft und Apanage erlauben es der lebenshungrigen Gräfin, den Haushalt Angestellten zu überlassen und Gouvernanten einzustellen, die mit den Kindern englisch oder französisch sprechen. Bertha, die später auch noch Italienisch lernt, liest schon als Schülerin außergewöhnlich viel, nicht nur Klassiker, sondern auch naturwissenschaftliche Bücher. Weitere Anregungen erhält sie ab dem zwölften Lebensjahr von ihrer ein Jahr älteren und außergewöhnlich belesenen Cousine Elvira Büschel, deren Mutter Lotti ebenfalls verwitwet ist und viel zusammen mit ihrer Schwester Sophie Wilhelmine unternimmt. 1856 übersiedeln die beiden Damen mit den Kindern nach Wien. Leichtsinnig glauben sie, an den Spieltischen in Wiesbaden ihr Glück machen zu können. Stattdessen verlieren sie sehr viel Geld, müssen ihre Suiten in der teuren Donaustadt aufgeben und mieten gemeinsam eine preiswertere Wohnung in Klosterneuburg. Sich einzuschränken, fällt der Gräfin schwer, denn für sie gehören Bälle, Empfänge und Diners zum Leben. Sparen hat sie nie gelernt.

Mit ihren Gedichten macht Elvira sogar Franz Grillparzer und Marie von Ebner-Eschenbach auf sich aufmerksam. Durch den Erfolg ihrer Cousine angespornt, schreibt Bertha mit sechzehn eine Novelle – und jubelt, als sie in einer Zeitschrift veröffentlicht wird. Aber der Erfolg bildet keineswegs den Auftakt zu einer Karriere als Schriftstellerin. „Die jugendliche Bertha war doch eine rechte Null", urteilt sie später selbstkritisch.

Demütigungen und Enttäuschungen

Im Alter von achtzehn Jahren wird Komtess Kinsky traditionsgemäß von ihrer Mutter auf einem Ball in die Gesellschaft eingeführt, denn für eine junge Dame kommt es vor allem darauf an, einen Bräutigam zu finden, der ihr zu Status und Ansehen verhilft. Doch die aus hochadeligen Familien stammenden Damen ignorieren Sophie Wilhelmine, weil sie

BERTHA VON SUTTNER
Foto um 1912

ihren gräflichen Titel nur durch Heirat erworben hat; und ihre in einem weißen Kleid mit aufgestickten Rosenknospen herausgeputzte Tochter muss sogar einen hässlichen, von anderen Mädchen abgewiesenen Infanterieoffizier als Tanzpartner akzeptieren, um nicht sitzen zu bleiben. Später erinnert sich Bertha: „Voll freudiger Erwartung betrat ich den Saal. Voll gekränkter Enttäuschung habe ich ihn verlassen." Diese Demütigung macht ihr schwer zu schaffen. Noch auf dem Nachhauseweg beschließt das Mädchen, den Antrag anzunehmen, den ihr der Zeitungsverleger Gustav Baron von Heine-Geldern wenige Tage zuvor gemacht hat. Doch als der Zweiundfünfzigjährige sie zum ersten Mal küsst, ekelt sie sich vor ihm, stößt ihn von sich und löst ungeachtet des Eklats die Verlobung.

Ein Musikprofessor vom Wiener Konservatorium, der im Sommer 1864 während eines Aufenthalts in Baden zufällig neben den Damen Kinsky wohnt, hört Bertha singen und empfiehlt daraufhin ihrer Mutter, sie zur Sängerin ausbilden zu lassen. Sophie Wilhelmine folgt dem Rat bedenkenlos: Vielleicht erreicht ihre Tochter das, was ihr versagt blieb. Als Jugendliche hatte Berthas Mutter nämlich selbst von einer Gesangskarriere geträumt, war aber von ihren Eltern daran gehindert worden, denn in der Aristokratie und im Großbürgertum feierte man zwar die Bühnenstars, hielt sie deshalb aber noch lange nicht für gesellschaftsfähig. Täglich vier Stunden dauert Berthas Musikunterricht. Nach eineinhalb Jahren schickt der Professor seine Schülerin – die er mit der berühmten schwedischen Sopranistin Jenny Lind vergleicht – zu Pauline Viardot-García nach Baden-Baden. Obwohl die gefeierte Mezzosopranistin – übrigens die Schwester von Jenny Linds Gesangslehrer Manuel García – Berthas Talent für unzureichend hält („Sie können in der Tat gar nichts"), drängt der übereifrige Musikprofessor Bertha zum Weitermachen. Sie soll sich bei dem Operntenor, Komponisten und Gesangslehrer Gilbert-Louis Duprez in Paris vorstellen. Bertha kann sich die Reise dorthin leisten, weil sie von ihrem inzwischen verstorbenen Vormund Friedrich Landgraf zu Fürstenberg 60 000 Gulden geerbt hat, ein Vermögen, dessen Zinserträge allein beinahe dem Gehalt eines Universitätsprofessors entsprechen. Tatsächlich versichert Gilbert-Louis Duprez der dreiundzwanzigjährigen Komtess: „Aus Ihnen werde ich etwas machen."

1869 fährt Bertha mit ihrer Mutter nach Baden-Baden, wo sie bei einer Soiree dem zweiundsiebzigjährigen König Wilhelm I. von Preußen auffällt, der diesen Sommer ebenfalls in dem Kurort am Rand des Schwarzwalds verbringt. Vor seiner Abreise ersucht Bertha ihn um ein signiertes Bild und revanchiert sich wunschgemäß am nächsten Tag mit einem Porträt von sich, für das der König sich handschriftlich bedankt. Auch ein achtzehn oder zwanzig Jahre alter Australier wird in dem Kurort auf die Komtess aufmerksam. Er wirbt um sie mit täglichen Blumensendungen und folgt ihr sogar nach Paris. Dort hält sein greiser Vater für ihn bei Gräfin Kinsky um die Hand ihrer Tochter an. Ihm gehöre in Melbourne ein ganzer Straßenzug, prahlt er und kündigt den Kauf eines Pariser Palais an. Sein Sohn lässt Bertha während einer Spazierfahrt in einem Juweliergeschäft ein dreireihiges Perlenhalsband anprobieren, vertröstet sie dann aber auf ein noch viel wertvolleres Collier aus dem Besitz seines Vaters. Auf diesen Schmuck wartet Bertha bei der Verlobungsfeier ebenso vergeblich wie auf den Bräutigam. Bei ihm und seinem Vater handelte es sich nämlich um Hochstapler, die verschwanden, als sie merkten, dass Mutter und Tochter über ihre Verhältnisse leben und nicht so vermögend sind, wie die Gauner zunächst angenommen hatten.

Ihren Gesangsunterricht setzt Bertha in Mailand fort. Durch den Vergleich mit den Mitschülerinnen begreift sie allmählich, dass ihre Aussichten auf eine erfolgreiche Karriere als Sängerin gering sind – und sie beendet nach sieben Jahren resigniert die Ausbildung.

Im Sommer 1872 lernt die Neunundzwanzigjährige bei einem Aufenthalt in Wiesbaden Adolf Prinz zu Sayn-Wittgenstein-Hohenstein kennen und verliebt sich in ihn. Er schwärmt ihr von einem zukünftigen Leben in den USA vor, gesteht ihr allerdings nicht, dass sein Vater ihn wegen hoher Schulden entmündigt hat und von der beabsichtigten Eheschließung seines Sohnes nichts wissen will. Mit dem Versprechen, Bertha nachzuholen und sie zu heiraten, schifft der Prinz sich Mitte Oktober nach New York ein, doch während der Überfahrt stirbt er an einem Schwächeanfall, und seine Leiche wird im Meer versenkt.

HEIMLICHE LIEBE

Berthas Erbschaft ist inzwischen ebenso aufgebraucht wie die ihrer Mutter. Die Witwen-Apanage allein reicht vorn und hinten nicht. Eine Eheschließung Berthas mit einem reichen Mann würde sie finanziell retten, doch über das Alter, in dem sie eine gute Partie hätte erwarten können, ist sie längst hinaus. Für eine Komtess, also eine unverheiratete Gräfin, schickt es sich weder allein – ohne die Mutter oder eine andere ältere Verwandte – zu wohnen noch eine bezahlte Stellung anzunehmen, aber Bertha sieht sich gezwungen, eine der beiden unerfreulichen Alternativen zu wählen. Mutig entscheidet sie sich für die Eigenständigkeit. Später wird sie diesen Schritt als entscheidende Weichenstellung in ihrem Leben betrachten und in ihren Memoiren schreiben: „Jener Tag [...] öffnete die Pforte, durch die jene Bertha Suttner treten sollte, als die [...] ich mich heute fühle [...]" Während Gräfin Kinsky zu einer Schwester nach Graz zieht, nimmt Bertha 1873 bei Karl Baron von Suttner und seiner Frau Karoline eine Stelle als Gouvernante an. Sie kümmert sich um die Erziehung der vier zwischen fünfzehn und zwanzig Jahre alten Töchter und erteilt ihnen Musik- und Sprachunterricht. Rasch finden sie Gefallen aneinander. Auch zwei der drei Söhne leben bei den Eltern, einer von ihnen mit seiner Ehefrau. Zum Hausstand gehören ferner Köche und Küchenhilfen, Diener und Hausmädchen, Kutscher, Jäger und Gutsverwalter. Im Winter wohnt die Familie in einem Palais in Wien, während der Sommermonate im barocken Wasserschloss Harmannsdorf bei Eggenburg im Waldviertel, etwa 80 Kilometer nördlich von Wien. Eigentlich kann Baron von Suttner sich diesen Aufwand gar nicht mehr leisten, aber das verschweigt er sogar der Familie.

Dass Komtess Kinsky zum Personal gehört, hält den jüngsten Sohn, den dreiundzwanzigjährigen Arthur Gundaccar von Suttner, nicht davon ab, sich in die sieben Jahre ältere Frau zu verlieben, und Bertha erwidert seine Gefühle. Zweieinhalb Jahre lang gelingt es ihnen, ihre Romanze vor Arthurs Eltern zu verheimlichen. Als die Baronin schließlich die Liaison entdeckt, muss Bertha das Haus verlassen, aber die von Suttners geben ihr immerhin noch Zeit, sich eine neue Stelle zu suchen.

Alfred Nobel

Wenn es nicht um die Trennung von Arthur gegangen wäre, hätte Bertha sich leicht mit der Kündigung abgefunden, denn sie plant schon seit einiger Zeit, in den Kaukasus zu ziehen. 1864 hatte sie sich nämlich während der Sommerfrische in Bad Homburg mit der siebenundzwanzig Jahre älteren Ekaterina Dadiani befreundet, der Witwe des Fürsten von Mingrelien an der Ostküste des Schwarzen Meers. In ihren Memoiren schreibt sie darüber: „Das Orientalische, Exotische, vermischt mit dem russisch und pariserisch Weltlichen, gewürzt von Romantik und eingerahmt von Reichtumsglanz, das übte einen eigenen Zauber auf mich [aus]; ich war wirklich geradezu glücklich über diese Beziehung, sie war mir wie die Erfüllung unbestimmter, lang gehegter Träume." Die Fürstin, die jahrelang vorwiegend in Sankt Petersburg und Paris gelebt hatte, inzwischen jedoch in ihr Land zurückgekehrt war, lud Bertha ein, nach Mingrelien zu kommen, sobald das bei einem Türkeneinfall zerstörte fürstliche Schloss wiederhergestellt sein würde.

Da die Bauarbeiten voraussichtlich noch ein Jahr lang dauern, sucht Bertha eine Übergangslösung und meldet sich auf eine Zeitungsanzeige. „Ein sehr reicher, hochgebildeter älterer Herr, der in Paris lebt, sucht eine sprachenkundige Dame, gleichfalls gesetzten Alters, als Sekretärin und zur Oberaufsicht des Haushalts." Karoline von Suttner rümpft zwar die Nase über die Absicht der Zweiunddreißigjährigen, mit einem allein stehenden Herrn unter einem Dach zu leben – zumal sich herausstellt, dass er nur knapp zehn Jahre älter ist –, aber in Paris wird das lockerer gesehen. Es handelt sich um den schwedischen Erfinder und Industriellen Alfred Nobel, der 1867 entdeckt hatte, wie man das bei geringsten Erschütterungen explodierende Nitroglyzerin durch Zusätze von Kieselgur und etwas Soda in den besser handhabbaren Sprengstoff Dynamit verwandelt.

Im Herbst 1875 reist Bertha nach Paris. Alfred Nobel holt sie vom Bahnhof ab und bringt sie erst einmal in ein Hotel, denn für die Einrichtung seines vor zwei Jahren gekauften Palais benötigt er noch etwas Zeit. Die aufgeschlossene Frau gefällt dem menschenscheuen Multimillionär und fünfsprachigen Kosmopoliten. Während er sich ihr gegenüber in langen Gesprächen etwas öffnet, hört Bertha gebannt zu, wenn er seine Ansichten erläutert. „Er wusste so fesselnd zu plaudern, zu erzählen, zu philosophieren, dass seine Unterhaltung den Geist ganz gefangen nahm. Mit ihm über Welt und Menschen, über Kunst und Leben, über die Probleme von Zeit und Ewigkeit zu reden, war ein geistiger Hochgenuss."

NEUN JAHRE IM KAUKASUS

Als die Töchter der Familie von Suttner ihrer entlassenen Erzieherin schreiben, Arthur sei nach ihrer Abreise „wie in Trübsinn verfallen", hält Bertha nichts mehr in Paris. Weil Alfred Nobel in Stockholm zu tun hat, bedankt sie sich schriftlich für die gute Aufnahme und kündigt ihre soeben erst angetretene Stelle. (Obwohl Alfred Nobel sehr enttäuscht ist, wird seine durch die kurze Begegnung begründete Freundschaft mit Bertha ein Leben lang halten.) Sie verkauft ein mit Diamanten besetztes Kreuz aus dem Erbe ihres Paten, besorgt sich von dem Geld eine Zugfahrkarte und kehrt Hals über Kopf nach Wien zurück. „Ich handelte wie im Traum, wie unter unwiderstehlichem Zwang. Dass es Torheit sei, dass ich vielleicht von einem Glück davon und einem Unglück in die Arme renne, das blitzte mir wohl durch das Bewusstsein, aber ich konnte, konnte nicht anders [...]"

Natürlich dürfen Karl und Karoline von Suttner nicht erfahren, dass ihr Sohn sich wieder mit der früheren Gouvernante trifft. Bertha will nach wie vor in den Kaukasus, jetzt aber mit Arthur. Ein halbes Jahr dauert es, bis er trotz fehlender Sicherheiten von mehreren Gläubigern genügend Geld für die geplante Reise bekommen hat. Endlich ist es soweit. Bei der heimlichen Trauung am 12. Juni 1876 in einer Wiener Vorstadtkirche trägt das Paar bereits Reisekleidung. Nachdem Arthurs Eltern von der Eheschließung erfahren haben – und von aufgebrachten Gläubigern ihres Sohnes angegangen wurden –, wollen sie nichts mehr von ihm hören. „Den leichtsinnigen Streich konnten sie uns nicht verzeihen", schreibt Bertha von Suttner in ihren Memoiren. „Wir warben auch nicht um Verzeihung. Wir hatten trotzig verkündet, dass wir uns selber durchschlagen würden, und das mussten wir nun auch tun."

Das Paar fährt die Donau hinunter bis nach Galatz, dann mit der Postkutsche nach Odessa und weiter per Schiff übers Schwarze Meer nach Poti. Im Gasthaus dort versuchen die beiden in Sesseln zu schlafen, weil es ihnen vor den schmutzigen Betten und dem Ungeziefer graust. Am Morgen reichen die Gäste die einzige Waschschüssel aus Zinn mit dem dazugehörigen Handtuch von Zimmer zu Zimmer weiter. In einer Troika der russischen Post reisen Arthur und Bertha von Suttner das letzte Stück von Kutaisi nach Gordi, wo sie von Fürst Nikolaus – Ekaterinas Sohn – empfangen und in einer aus Holz gebauten Villa in der Nähe des Schlosses untergebracht werden.

Ungeachtet des herzlichen Empfangs zerschlägt sich Berthas Hoffnung, der Fürst könne ihnen eine Anstellung am glanzvollen Hof in Sankt Petersburg vermitteln. Um etwas Geld zu verdienen, geben Arthur und Bertha Klavier- und Gesangstunden, bis das Zarenreich – zu dem Mingrelien seit 1867 gehört – und die Osmanen 1877/78 zum achten Mal Krieg gegeneinander führen. Da hat niemand mehr Interesse an Musikunterricht, und es gibt Tage, an denen das Ehepaar sich nicht einmal etwas zu essen kaufen kann.

Bescheidene Honorare erhält Arthur von Suttner für die von

ihm verfassten Berichte über den Krieg in Kaukasien, die eine Zeit lang in der Wiener „Neuen Freien Presse" erscheinen. Als sie schließlich wegen ihrer prorussischen Tendenz abgelehnt werden, schreibt er für verschiedene Wochenzeitungen Artikel über Land und Leute. Auf Streifzügen in der Umgebung öffnet er auch seiner Frau die Augen für die Schönheit der Natur. „Er hat mich gelehrt, die Natur zu genießen", heißt es in Bertha von Suttners Memoiren, „ich habe ihm dazu verholfen, sie zu verstehen." Bertha macht es ihrem Mann nach und versucht es mit Beiträgen für „Die Presse" in Wien. Allerdings verfasst sie diese unter dem geschlechtsneutralen Pseudonym „B. Oulot", um nicht an den Vorbehalten gegen Frauen zu scheitern. Der zuständige Redakteur ist begeistert von der Arbeit des unbekannten Autors – auf die Idee, es könne sich um eine Autorin handeln, kommt er gar nicht – und schickt sofort ein Honorar an die angegebene Adresse in Zugdidi, der Hauptstadt Mingreliens, wo Bertha und Arthur von Suttner inzwischen wohnen.

Nach dem Tod ihrer Gönnerin Ekaterina Dadiani im August 1882 haben die beiden in Mingrelien endgültig nichts mehr zu erwarten. Frustriert ziehen sie zunächst nach Tiflis, in die Hauptstadt Georgiens, wo Arthur für einen französischen Unternehmer lustlos Tapetenmuster entwirft, um Geld zu verdienen. Doch ihre finanziellen Schwierigkeiten verschärfen sich weiter, als Berthas Mutter 1884 stirbt und sie für deren hohe Schulden einstehen müssen. Zum Glück versöhnen Arthurs Eltern sich nach neun Jahren endlich mit ihnen und nehmen sie 1885 in Schloss Harmannsdorf auf. (Das Stadtpalais hatte Baron von Suttner inzwischen aus Kostengründen aufgegeben.) Die liberal und antiklerikal eingestellte Schwiegertochter, die gewohnt ist, aufgrund ihrer Bildung und Intelligenz, Tatkraft und Willensstärke von ihrem Mann als gleichberechtigte Partnerin akzeptiert zu werden, ist zwar froh, dass sie in Harmannsdorf wieder ein Zuhause hat – jetzt nicht mehr als Bedienstete, sondern als Familienangehörige –, aber die Atmosphäre findet sie „mittelalterlich" und „erstickend". Dazu kommt die Abgeschiedenheit: Vom Schloss bis zum Bahnhof Eggenburg ist man mit dem Einspänner eine ganze

Stunde unterwegs, und die Eisenbahnfahrt nach Wien dauert noch einmal zwei Stunden.

„Kein Buch für Damen"

In den „Zukunftsvorlesungen über unsere Zeit", die Bertha von Suttner in ihrem 1888 veröffentlichten Buch „Das Maschinenzeitalter" zusammenstellt, setzt sie sich mit Fragen der Politik, Religion und Evolutionstheorie auseinander. Es erscheint zunächst anonym, denn wenn bekannt wäre, dass es von einer Frau stammt, würde man es nicht ernst nehmen. Bei einem Abendessen schwärmt ihr Tischnachbar von dem Buch, ohne zu ahnen, dass die Autorin neben ihm sitzt. „Das muss ich mir auch verschaffen!", sagt sie spaßeshalber, aber ihr Gesprächspartner rät ihr davon ab: „Das ist kein Buch für Damen!"

In einem Kapitel zum Thema Frieden heißt es darin über einen eventuellen europäischen Krieg: „Statt des Speers, der eine kleine Strecke weit fliegt, statt der späteren Flintenkugel, die auf einige hundert Schritte den Gegner traf, sausen jetzt die todbringenden Bomben in Meilenweite durch den Raum; noch lange, ehe die beiden Gegner einander sehen können, bedeckt die Vorhut schon das Feld." Das Thema Frieden lässt sie nicht mehr los. Natürlich hat sie von dem Schweizer Kaufmann Henri Dunant gehört, der die Gründung des „Roten Kreuzes" initiierte. Doch Bertha von Suttner geht es nicht vorrangig um die humanitäre Hilfe für die Verwundeten, sondern zuallererst um die Vermeidung von Kriegen. Statt über die Kriegsfolgen nachzudenken, konzentriert sie sich auf die Beseitigung der Ursachen.

„Die Waffen nieder!"

Ihr 1889 erschienenes Buch „Die Waffen nieder!" ist keine abstrakte Abhandlung, sondern ein zweibändiger Roman über eine Adelige, deren Vater vom Heldentod schwärmt. Die Protagonistin Martha verliert ihren ersten Ehemann 1859 in der Schlacht von Solferino, und ihr zweiter wird 1870 in Paris von französischen Nationalisten erschossen, weil sie ihn für einen preußischen Spion halten. Bertha von Suttner kritisiert die übliche Verherrlichung des Krieges als Mut- und Bewährungsprobe des Mannes ebenso wie die Haltung der Kirche, die diesseits und jenseits der Front die Waffen segnet. „Der primitiv, aber schlagend wirksam gemachte Tendenzroman" (Klaus Mann) wird zu einem der größten Bucherfolge des 19. Jahrhunderts. Das Parteiorgan der Sozialdemokraten druckt „Die Waffen nieder!" in Fortsetzungen nach. Alfred Nobel gratuliert der Autorin zu dem Erfolg. Tolstoi, den sie um einen Kommentar bittet, erinnert in seinem Antwortschreiben daran, dass die Sklaverei in den USA nicht zuletzt aufgrund des Einflusses abgeschafft wurde, den Harriet Beecher Stowe mit dem Roman „Onkel Toms Hütte" auf die öffentliche Meinung ausgeübt hatte, und er wünscht Bertha von Suttner eine vergleichbare Wirkung. Vorschüsse und Tantiemen für die beiden erfolgreichen Bücher „Das Maschinenzeitalter" und „Die Waffen nieder!" verbessern vorübergehend die finanzielle Lage des Ehepaars: Im Winter 1889/90 mietet es einen Palazzo in Venedig.

Obwohl Bertha von Suttner durch den Roman „Die Waffen nieder!" zur Symbolfigur der Friedensfreunde wird, denkt sie zunächst nicht daran, sich in einer Organisation zu engagieren, denn sie sieht sich nur als Schriftstellerin. Erst als sie während ihres Venedig-Aufenthalts einen englischen Pazifisten und einen italienischen Abgeordneten miteinander bekannt macht und es durch diesen Kontakt zur Gründung einer italienischen Friedensgesellschaft kommt, merkt sie, was sie durch ihre vielfältigen Beziehungen erreichen kann.

Die „Internationale Friedensgesellschaft" hatte 1887 einen Friedenskongress in Mailand veranstaltet. Im Jahr darauf gründeten der britische Arbeiterführer William Randal Cremer und der französische Pazifist Frédéric Passy in Paris die „Interparlamentarische Union" (IPU), deren Ziel es ist, zwischenstaatliche Streitfälle durch Kontakte zwischen Parlamentariern friedlich beizulegen. Beflügelt durch den Erfolg in Venedig, drängt Bertha von Suttner Parlamentarier in Wien, eine österreichische Gruppe der IPU zu bilden. Aufgrund ihres am 3. September 1891 in der „Neuen Freien Presse" veröffentlichten Aufrufs kommt es im Alten Wiener Rathaus außerdem zur Gründung der „Österreichischen Gesellschaft der Friedensfreunde" und die Initiatorin wird zur Präsidentin gewählt. In dieser Funktion will sie im November nach Rom fahren, wo gleichzeitig der Jahreskongress der Interparlamentarischen Union und der dritte Kongress der Friedensgesellschaften stattfinden. Da sie und ihr Mann sich die Reisekosten nicht leisten können, ersucht sie Alfred Nobel, dafür aufzukommen und schreibt ihm: „Jetzt oder nie können Sie zeigen, ob ich Sie Freund nennen kann oder nicht." Der Schwede schickt unverzüglich einen Scheck, aber in seinem Begleitschreiben äußert er sich skeptisch über die Erfolgsaussichten der Friedensbewegung.

Ehe Bertha von Suttner sich versieht, steht sie auf dem Kapitol in Rom am Rednerpult. „Ich weiß nicht, wo ich den Mut hergenommen habe, vor dem vollen Kapitol zu sprechen, mich in die Debatten einzumischen", wundert sie sich nachträglich in einem Brief an Alfred Nobel. Mit ungeheurer Tatkraft packt sie das an, was sie fortan als ihre Lebensaufgabe betrachtet. „Es gibt keine Sache in der Welt, die dieser an Größe gleichkommt", konstatiert sie. Unter dem Titel „Die Waffen nieder!" erscheint am 1. Februar 1892 die erste Ausgabe der „Monatsschrift zur Förderung der Friedens-Idee", die sie gemeinsam mit Alfred Hermann Fried, einem aus Wien stammenden jungen Berliner Buchhändler, herausgibt. Außerdem wird sie zur Vizepräsidentin des neu eingerichteten internationalen Büros der Friedensgesellschaften in Bern ernannt.

STEIGT MIT DER ABRÜSTUNG DIE KRIEGSGEFAHR?

Am Friedenskongress 1892 in Bern nimmt Alfred Nobel als privater Beobachter teil. Danach trifft er sich mit dem Ehepaar von Suttner in Zürich, wo er ihnen zwei Nächte im Hotel „Baur au lac" bezahlt, in einer Suite, aus der Kaiserin Elisabeth gerade abgereist war. Während einer Motorbootfahrt auf dem Zürichsee diskutieren sie zu dritt darüber, wie sich Kriege zukünftig vermeiden lassen.

„Meine Fabriken werden vielleicht dem Krieg noch eher ein Ende bereiten als Ihre Kongresse", prophezeit Alfred Nobel, denn er ist überzeugt, dass in naher Zukunft Waffen mit Dynamit als Sprengstoff hergestellt werden, so verheerend, dass niemand wagen wird, sie einzusetzen. Auch Bartolomeus Ritter von Carneri, ein anderer väterlicher Freund Bertha von Suttners, hofft auf Abschreckung: „[...] mit der Abrüstung steigt die Kriegsgefahr. Was jetzt den Frieden erhält, ist die allgemeine Scheu, die Heere in Bewegung zu setzen, bei denen keiner weiß, wie sie zu führen und zu ernähren sind." Bertha von Suttner setzt dagegen auf die Beseitigung von Kriegsgründen, den Abbau von Feindbildern und eine internationale Verständigung.

In seinem Neujahrsbrief von 1893 schreibt der Sprengstofffabrikant Bertha von Suttner, er beabsichtige, einen Teil seines Vermögens einer Stiftung zu vermachen, die alle fünf Jahre einen Preis für den bedeutendsten Beitrag zum europäischen Frieden verleihen soll, „sagen wir sechsmal im Ganzen, denn wenn es in dreißig Jahren nicht gelungen ist, das derzeitige System zu reformieren, wird man geradezu zur Barbarei zurückkehren müssen".

Alfred Nobels Skepsis teilt Bertha von Suttner nicht: „Übrigens bin ich von der Notwendigkeit eines steten Besser- und Vollkommenerwerdens alles Bestehenden so fest überzeugt, dass ich auch im Falle eines Aussterbens unserer Gattung annehme, es würde aus der Asche des begrabenen Geschlechtes ein neues, zu noch höherer Entwicklung befähigtes Geschlecht entstehen", heißt es in ihrem Buch „Inventarium der Seele", denn sie geht davon aus, dass die von Charles Darwin aufgestellte Evolutionstheorie auch für den Menschen gilt, und zwar für dessen physische und psychische Eigenschaften. „Nennen Sie doch unsere Friedenspläne nicht immer einen Traum", ermahnt sie Alfred Nobel. „Fortschritt hin zu Gerechtigkeit ist gewiss kein Traum, es ist das Gesetz der Zivilisation." Die Agnostikerin erwartet die Ablösung der christlichen Dogmatik durch eine konfessionell ungebundene Ethik, und sie erhofft von der Höherentwicklung des Menschen nicht nur den Weltfrieden, sondern auch die Gleichberechtigung der Frauen und die Beseitigung nationalistischer und religiöser Vorurteile.

Im Zuge dieser Entwicklung – so sagte sie in „Das Maschinenzeitalter" voraus – werde auch der Antisemitismus verschwinden. Doch weder sie noch ihr Mann wollen tatenlos auf den Fortschritt warten. Arthur von Suttner engagiert sich als Gründungsmitglied in dem 1891 aus der Taufe gehobenen „Verein zur Bekämpfung des Antisemitismus", denn er sieht in der Überwindung dieses „Restes wilder Barbarei" (Bertha von Suttner) eine unverzichtbare Voraussetzung für den Erfolg der Friedensbewegung: „Bevor wir jedoch den Frieden nach außen zu erreichen vermögen, müssen wir den Frieden nach innen herstellen."

„Für die Sache ist kein Opfer zu gross"

Nur selten verfügt die Österreichische Friedensgesellschaft über genügend Mittel, um für die Reisekosten der Präsidentin aufzukommen; meistens ist Bertha von Suttner darauf angewiesen, dass ein Mäzen wie zum Beispiel Alfred Nobel einspringt. Ihr eigenes Einkommen würde dafür nicht reichen. Durch das Engagement für den Frieden bleibt ihr ohnehin kaum noch Zeit, Zeitungsartikel und Bücher zu verfassen und damit Geld zu verdienen. „Wenn ich denke, was ich an Romanen, die ich schreiben *könnte*, der Friedensbewegung opfere, so kann ich das pekunär auf jährlich ziemlich viele tausend beziffern [...] Aber für die Sache ist kein Opfer zu groß." Weil das Ehepaar auf die Honorare angewiesen ist, schreibt Bertha von Suttner Trivialromane. Sie ist aber nicht bei der Sache, und um die bei Erhalt der Vorschusszahlungen vereinbarten Termine einzuhalten, liefert sie Manuskripte ab, die nicht nur sie selbst von Jahr zu Jahr miserabler findet. Den Konflikt zwischen ihren Ansprüchen und dem Zwang zum Gelderwerb thematisierte sie bereits in ihrem 1888 publizierten „Schriftsteller-Roman". Eine der Figuren, ein Autor, beteuert, er würde niemals ein Werk veröffentlichen, das seinen hohen Ansprüchen nicht genüge. „Sehr lobenswert", entgegnet ein anderer Schriftsteller, „Sie sind aber wahrscheinlich unverheiratet?"

Arthur von Suttner, der inzwischen überhaupt keinen Verleger mehr findet und sich vergeblich um eine feste Anstellung als Redakteur bemüht, nimmt einmal unter einem Pseudonym an einem Roman-Preisausschreiben teil und hofft auf einen Überraschungserfolg. Der bleibt zu seiner Enttäuschung natürlich aus. Von einem Freund erhält er 6000 Gulden als zinsloses Darlehen, aber auch dieser Betrag ist rasch aufgebraucht, denn er und seine Frau müssen nicht nur für ihren eigenen Lebensunterhalt sorgen, sondern auch einen Teil ihrer Mittel abzweigen, um die Schande eines Bankrotts des Familienguts abzuwenden: Weder die Landwirtschaft in Harmannsdorf noch die dazugehörigen Zogelsdorfer Steinbrüche rentieren sich. Am 24. August 1893 unterrichtet Bertha von Suttner Alfred Nobel darüber und beteuert: „Das ist keine Bitte, kein Vorschlag: Es ist nur eine Mitteilung für den Fall eines zufälligen Zusammentreffens." Der Industrielle, der die Friedensarbeit der langjährigen Freundin immer wieder durch großzügige Spenden unterstützt, unternimmt allerdings nichts, um ihrem Schwiegervater zu helfen.

Die Angst vor einer Zwangsversteigerung von Schloss Harmannsdorf ist belastend genug, aber dazu kommt die Sorge um die Friedensbewegung, die nach einigen Jahren zu erlahmen droht. Bertha von Suttner glaubt schließlich, dass ihr persönliches Engagement entscheidender sei als die Arbeit der Organisationen. „Wenn ich's nur aushalte", klagt sie am 7. Dezember 1896 in einem Brief an Alfred Fried, „aber ich fühle mich schon manchmal unter der Last zusammenbrechen." Wenige Tage später erschüttert sie die Nachricht vom Tod Alfred Nobels am 10. Dezember 1896 in San Remo.

EHEKRISE

Während Bertha von Suttner um den toten Freund trauert, kriselt es auch noch in ihrer Ehe. Arthurs Nichte Marie Louise

(„Mizzi") Baroness von Suttner lebt seit dem Tod ihres Vaters im Jahr 1888 ebenfalls in Harmannsdorf. Während alle übrigen Bewohner sparen müssen, leistet Marie Louise sich von ihrem geerbten Geld Gesangsstunden und teure Kleider. Sie geht täglich mit ihrem Onkel Arthur spazieren und fährt bisweilen mit ihm nach Wien – während Bertha am Schreibtisch sitzt und sich vor Eifersucht kaum auf die Arbeit konzentrieren kann. Ist sie für ihren sieben Jahre jüngeren Ehemann nicht mehr attraktiv genug? Weil sie sich selbst zu korpulent findet und abnehmen möchte, lernt sie trotz ihres fortgeschrittenen Alters noch Rad fahren.

Marie Louise ist vierundzwanzig, als 1898 ihr Roman mit dem Titel „Wie es Licht geworden" veröffentlicht wird. Er ist ironischerweise Bertha von Suttner gewidmet. Im Stil einer Autobiografie geschrieben, enthält die Geschichte viele Übereinstimmungen mit authentischen Verhältnissen. Umso glaubwürdiger erscheint das Bekenntnis der Autorin, sie habe mit ihrem Onkel ein Liebesverhältnis. Bertha von Suttner, die den Inhalt erst im gedruckten Buch zu lesen bekommt, ist entsetzt. Sie denkt wiederholt ans Sterben: „Für die Friedenssache habe ich genug getan; und für das Glück des Meunen [sie pflegt „der Meune" statt „der Meine" zu sagen] bin ich ja längst nicht mehr nötig – vielleicht im Gegenteil." Das Zusammenleben in Harmannsdorf wird zur Qual. Die Vierundfünfzigjährige ersehnt, dass „wir drei wieder wir zwei würden", aber die schlimmsten Klagen entfernt sie bewusst aus ihren Tagebüchern, um sie ihren späteren Biografen vorzuenthalten und eine glückliche Ehe vorzutäuschen.

„MIT VERZEHNFACHTER ENERGIE"

Während Bertha von Suttner von persönlichem Kummer niedergedrückt wird, hofft sie auf einen Durchbruch in der pazifistischen Bewegung. „Das Herannahen des neuen Jahrhunderts könnte die Gelegenheit sein, um eine Konvention der Völker Europas, eine Konföderation zu errichten, ein ständiges Schiedsgericht", schrieb sie Alfred Nobel einen Monat vor seinem Tod und bezog sich dabei auf das Vorbild der von Henri Dunant initiierten Genfer Konvention.

Wird Kaiser Franz Joseph aus Anlass seines fünfzigsten Regierungsjubiläums im Dezember 1898 Vorschläge der berühmten Österreicherin aufgreifen? Nein, er tut nichts dergleichen. Ausgerechnet Zar Nikolaus II., von dem es niemand erwartet hätte, unternimmt den nächsten Schritt in der Friedensbewegung: Am 24. August 1898 überreicht sein Außenminister Michail N. Graf Murawjow den in Sankt Petersburg akkreditierten ausländischen Diplomaten ein Friedensmanifest und schlägt eine internationale Abrüstungskonferenz vor. Bertha von Suttner kann in der Nacht vor Aufregung nicht schlafen und freut sich: „Wie ein Blitzschlag – aber herrlich: Friedensmanifestation des Zaren! Dadurch wird ja unsere Bewegung um tausend Meilen vorgerückt." Erstmals sollen sich Vertreter verschiedener Staaten treffen, nicht um einen Krieg zu beenden, sondern um den bestehenden Frieden zu sichern. Tatsächlich geht die russische Initiative weniger auf die Friedensliebe des Zaren zurück als auf das Kalkül seiner Berater, eingesparte Rüstungsausgaben für den Ausbau des russischen Verkehrswesens und der Industrialisierung verwenden zu können. Ende Oktober trifft Graf Murawjow sich mit dem Ehepaar von Suttner und beflügelt Berthas Hoffnungen, obwohl er die von ihr vorgeschlagene Gründung einer russischen Friedensgesellschaft als überflüssig abtut.

Natürlich möchte Bertha von Suttner die in Den Haag geplante Konferenz aus der Nähe erleben, aber die Reisekosten können sie und ihr Mann nicht aufbringen, müssen sie doch bereits Gemälde und Möbel verkaufen, um Schulden zu tilgen. Dass sie trotzdem fahren können, verdanken sie dem Zionistenführer Theodor Herzl, der Bertha von Suttner als Korrespondentin für sein Blatt „Die Welt" entsendet.

Am 18. Mai 1899, dem einunddreißigsten Geburtstag des Zaren, wird das internationale Treffen feierlich eröffnet. Als einzige Frau nimmt Bertha von Suttner an dem Festakt teil. Am ersten Sitzungstag beschließen die Delegierten, bei ihren Beratungen keine Journalisten zuzulassen. Bertha von Suttner erfährt allerdings auf zahlreichen Empfängen, zu denen sie als

Prominente eingeladen wird, worüber die Konferenzteilnehmer hinter verschlossenen Türen verhandeln und versorgt neben „Die Welt" auch die „Neue Freie Presse" mit Nachrichten und Hintergrundinformationen. Bis zum 29. Juni tagt die Erste Haager Friedenskonferenz. Zwar bleiben die Russen mit ihren Abrüstungsvorschlägen allein, und die Durchsetzung einer obligatorischen Schiedsgerichtsbarkeit scheitert am Widerstand des Deutschen Reichs, doch immerhin einigt man sich auf die Einrichtung eines fakultativen Schiedsgerichts, Regeln zum Schutz von Verwundeten und Kriegsgefangenen sowie die Ächtung von Giftgas, Dum-Dum-Geschossen und des Abwurfs von Bomben aus Luftschiffen.

Ungeachtet der Friedenskonferenz rüsten die Staaten weiter. Ein Vierteljahr nach der Schlusskundgebung beginnt der Krieg der südafrikanischen Burenrepubliken Oranje und Transvaal gegen die britische Kolonialmacht. In den beiden folgenden Jahren wirft ein europäisches Expeditionskorps unter dem Befehl des preußischen Generals Alfred Graf von Waldersee den christen- und fremdenfeindlichen Boxeraufstand in Peking nieder, und der „Friedenszar" besetzt die Mandschurei. Mit dem japanischen Überfall auf die russisch besetzte chinesische Stadt Port Arthur am 9. Februar 1904 fängt der russisch-japanische Krieg an. Mehr und mehr befürchtet Bertha von Suttner ein Scheitern ihres Lebenswerks. Aber auch als sich das enttäuschende Ergebnis der Zweiten Haager Friedenskonferenz (15. Juni bis 18. Oktober 1907) abzeichnet, an der sie ebenfalls teilnimmt, gibt sie nicht auf: „Jetzt muss die Arbeit der Pazifisten auf ganz anderem Felde einsetzen und mit verzehnfachter Energie."

TOD DES EHEMANNS

Wir sind ein Stück vorausgeeilt, denn bis zur Zweiten Haager Friedenskonferenz wird sich in Bertha von Suttners Leben noch einiges ereignen: Trauriges und Erfreuliches. Kehren wir also ins Jahr 1900 zurück.

Als ein Arzt Arthur von Suttner wegen dessen angeschlagener Gesundheit zu einer Kur rät, stellt seine Nichte und Geliebte das erforderliche Geld zur Verfügung. Seine Ehefrau kann sich die Fahrt in den 40 Kilometer entfernten Kurort Hertenstein bei Krems angeblich nur ein einziges Mal leisten; sie schreibt ihm aber täglich. Im Oktober 1902 begleitet Bertha ihren Mann zu einem vierwöchigen Erholungsaufenthalt in Abbazia di Praglia bei Padua. Ob Marie Louise auch diese Reise für Arthur bezahlt, wissen wir nicht; jedenfalls lehnt Bertha es entschieden ab, dass sie mitkommt. Arthur denkt allerdings auch in Abbazia viel an seine Nichte und schreibt ihr heimlich. Bei der Rückkehr ist er so geschwächt, dass man ihn die Treppen hinauf ins Bett tragen muss.

Mit Entsetzen reagiert die katholische Familie von Suttner darauf, dass Bertha es nicht zulässt, einen Priester ans Sterbebett zu rufen und damit einer früheren Vereinbarung mit ihrem Mann folgt. Arthur Gundaccar Baron von Suttner stirbt am 10. Dezember 1902 – auf den Tag genau sechs Jahre nach Alfred Nobel – im Alter von zweiundfünfzig Jahren. Den Leichnam lässt seine Witwe nicht beerdigen, sondern einäschern – und zwar in Gotha, weil Feuerbestattungen in Österreich damals noch verboten sind. Die Urne bringt sie mit nach Harmannsdorf und bestattet sie bei dichtem Schneetreiben auf dem nahen Sonnwendberg.

Durch den Verlust ihres trotz allem geliebten Mannes, mit dem sie sechsundzwanzig Jahre verheiratet war, bricht Bertha von Suttner fast zusammen. Marie Louise denkt gar an Selbstmord. Sie ist inzwischen ebenfalls verarmt, denn ihr restliches Vermögen hat sie für die Pflege und Behandlung Arthurs aufgebraucht. Schloss Harmannsdorf ist nicht mehr zu retten. Die Gläubiger gedulden sich nicht einmal bis nach Weihnachten: Eine Woche nach dem Tod Arthur von Suttners findet die Zwangsversteigerung statt. Bertha, ihre sechsundachtzigjährige Schwiegermutter, Arthurs Schwester und Marie Louise müssen ausziehen. Karl Baron von Suttner muss die Schande nicht mehr miterleben: Er starb vor einigen Jahren.

Späte Anerkennung

In der kleinen Wohnung in Wien, die sie nach dem Wegzug aus Schloss Harmannsdorf gemietet hat, erfährt Bertha von Suttner von einer Veröffentlichung im „Berliner Tagblatt" vom 7. Mai 1903: Die Leserinnen und Leser haben sie zur bedeutendsten Frau der Gegenwart erkoren.

Knapp fünf Wochen später feiert sie ihren sechzigsten Geburtstag. Aus diesem Anlass haben Freunde 20 000 Kronen gesammelt. Dieses Geschenk erlaubt es ihr, in eine komfortablere Wohnung umzuziehen und sich wieder etwas freier zu bewegen. Nach wie vor legt sie größten Wert auf ein repräsentatives Auftreten und die entsprechende Kleidung. Ein Verleger, der Bertha von Suttners vollendete Umgangsformen bewundert, schlägt ihr vor, einen „Katechismus über gute Salonmanieren" zu verfassen, aber sie hat Wichtigeres zu tun. Dass sie dem anerzogenen Standesdünkel verhaftet bleibt, geht aus einer Tagebuch-Eintragung vom 21. August 1903 hervor, in der sie über eine Eisenbahnfahrt berichtet, für die sie ausnahmsweise nicht die erste, sondern die zweite Klasse wählte: „Man sitzt so eng und mit so kuriosen Leuten – gefällt mir nicht."

Da fühlt sie sich in einer Kabine auf dem Oberdeck eines Luxusliners entschieden wohler. Für die Kosten ihrer ersten Amerikareise kommt Emanuel Nobel auf, ein Neffe ihres verstorbenen Freundes, der Ölförder- und Ölverarbeitungsanlagen in Baku erbte und die meiste Zeit dort lebt. Seine Großzügigkeit erlaubt es ihr, am Weltfriedenskongress in Boston teilzunehmen und aus diesem Anlass im Herbst 1904 auf Einladung amerikanischer Friedensfreunde Vorträge in verschiedenen Städten der USA zu halten. In Washington, D. C., wird sie sogar von Präsident Theodore Roosevelt empfangen.

Nobelpreis

Emanuel Nobel hatte sich an der Anfechtung des Testaments seines Onkels vom 27. November 1895 durch dessen Neffen und Nichten nicht beteiligt. Obwohl sie am Ende damit scheiterten, verzögerte sich die erste Verleihung der „Nobelpreise" aufgrund der gerichtlichen Auseinandersetzungen um Jahre. Seit 1901 vergibt eine schwedische Stiftung jeweils am Todestag Alfred Nobels Preise an die Persönlichkeiten, „die der Menschheit [...] die größten Dienste geleistet haben", wobei die Auswahl auf ausdrücklichen Wunsch des Stifters „ohne irgendwelche nationalen Rücksichten" getroffen werden soll. Die Finanzierung der Preisgelder erfolgt durch den Ertrag des von Alfred Nobel für diesen Zweck zur Verfügung gestellten Teils seines Vermögens. Vom pazifistischen Engagement Bertha von Suttners beeindruckt, hatte Alfred Nobel es nicht bei Preisen für Medizin, Physik, Chemie und Literatur belassen, sondern einen fünften Preis hinzugefügt: Für die Persönlichkeit, „die am meisten und am besten zur Annäherung zwischen den Völkern, zur Abschaffung und Verringerung der stehenden Heere, zur Einberufung und zur Verbreitung von Friedenskongressen" beitrug. Auf seine Anordnung hin wird der Friedensnobelpreis allerdings nicht in Stockholm, sondern durch das Storting in Kristiana (Oslo) vergeben, also in der Hauptstadt des bis 1905 mit Schweden in Personalunion verbundenen Königreichs Norwegen.

Natürlich hoffte Bertha von Suttner seit der ersten Preisverleihung auf die Auszeichnung, die ohne Zweifel im Sinne des noblen Stifters gewesen wäre. 1901 beschloss das norwegische Parlament, den ersten Friedensnobelpreis zu teilen und ihn an Henri Dunant und Frédéric Passy zu vergeben. Unabhängig von ihrer persönlichen Enttäuschung stand Bertha von Suttner der Auszeichnung Henri Dunants kritisch gegenüber, denn sie war nach wie vor überzeugt, dass die Friedensarbeit wichtiger sei als das Engagement für eine Humanisierung des Krieges. Auch 1902, 1903 und 1904 war der 10. Dezember ein schwerer Tag für Bertha von Suttner, weil es sich um den Todestag sowohl ihres Mannes als auch Alfred Nobels handelte und sie auch in diesen Jahren bei der Nobelpreisverleihung leer ausging.

Doch im Jahr darauf, während einer Vortragsreise, die sie im Herbst in dreißig deutsche Städte führt, erhält sie in Wiesbaden ein Telegramm aus Kristiana mit der Nachricht, dass ihr der Friedensnobelpreis zuerkannt wurde. „Schlaflose Nacht", notiert sie in ihrem Tagebuch. Natürlich kann sie es kaum erwarten, bis sie am 10. Dezember, dem Tag der offiziellen Bekanntgabe, mit ihren Freunden darüber jubeln darf.

Mit einem neuen Abendkleid im Gepäck reist sie zum Empfang des Preises am 18. April 1906 nach Kristiana und hält in Anwesenheit des norwegischen Königs Haakon VII. eine Rede über „Die Entwicklung der Friedensbewegung", in der sie die Bedeutung Alfred Nobels hervorhebt und schildert, wie sie ihn davon überzeugen konnte, „dass die Bewegung aus dem Wolkengebiet der frommen Theorien auf dasjenige der erreichbaren und praktisch abgesteckten Ziele übergegangen ist". Im Anschluss an die Feierlichkeiten unternimmt sie eine Vortragsreise durch Schweden und wird in Kopenhagen vom dänischen Königspaar empfangen.

Die Zinsen aus der Anlage des Preisgeldes würden Bertha von Suttner das Dreifache eines Professorengehalts einbringen – wenn sie das Kapital nicht anzutasten bräuchte. Aber die Gläubiger fordern von ihr nun die Bezahlung der durch die Versteigerungserlöse für Harmannsdorf nicht gedeckten Restschulden. Jemand versucht sogar noch Schulden ihrer 1884 verstorbenen Mutter einzutreiben. Auch ihr Bruder Arthur, der zurückgezogen in Dalmatien lebt und sich seit dreiunddreißig Jahren nicht mehr sehen ließ, erwartet ihre finanzielle Unterstützung. Doch es ist zu spät: Auf der Reise zu ihm erhält Bertha 1906 die Nachricht von seinem Tod.

„WIE SOLL SO VIEL AUFGEHÄUFTES PULVER NICHT EXPLODIEREN"

Von Juni bis Dezember 1912 hält Bertha von Suttner sich noch einmal in den USA auf, um in fünfzig Städten zwischen New York und San Francisco für den Pazifismus zu werben. „O dieser alte Gebirgsschweinehirt!", schimpft sie über König Nikita I. von Montenegro, als sie erfährt, dass die verbündeten Balkanstaaten einen Krieg gegen die geschwächte Türkei vorbereiten. Sie macht sich keine Illusionen mehr: „Im Ganzen scheint es mir doch", notiert sie am 1. April 1913, „dass sich der große europäische Kladderadatsch vorbereitet. Wie soll so viel gesätes Unkraut nicht aufsprießen, so viel aufgehäuftes Pulver nicht explodieren."

Am 21. Juni 1914, zwölf Tage nach ihrem einundsiebzigsten Geburtstag, erliegt Bertha von Suttner in Wien einem Magenkrebsleiden. Eine Woche später fallen Erzherzog Franz Ferdinand und seine Gemahlin Sophie in Sarajevo einem Attentat zum Opfer. Das ist der Zündfunke, der die Balkankrise aufflammen lässt und den von Bertha von Suttner befürchteten Weltkrieg auslöst.

Margarete Steiff

1847–1909

IM ALTER VON EINEINHALB JAHREN erkrankte Margarete Steiff an Kinderlähmung und wurde gehunfähig. Eine höhere Schulbildung blieb ihr wie fast allen anderen Mädchen dieser Zeit verwehrt; als Behinderte konnte sie keinen Beruf erlernen, und wie hätte sie einen Ehemann finden sollen? Es war zu befürchten, dass sie zeitlebens von ihren Eltern und anderen Verwandten abhängig blieb. Doch im Alter von dreißig Jahren eröffnete Margarete Steiff in ihrem Elternhaus ein Konfektionsgeschäft, aus dem sie im Lauf der Jahre ein rasch expandierendes Stofftier-Unternehmen machte.

EINE HANDWERKERFAMILIE IN GIENGEN AN DER BRENZ

Der Maurermeister Johann Georg Wulz heiratet 1838 in Giengen an der Brenz, 35 Kilometer nordöstlich von Ulm, Maria Margarete Hähnle, die Wirtstochter aus dem Gasthaus „Zur Kanne". Die Ehe steht unter keinem guten Stern: Beide Söhne sterben in den ersten Monaten nach der Geburt, und im Frühjahr 1841 kommt Johann Wulz beim Sturz von einem Dach ums Leben. Da die Lizenz des Meisterbriefs – wie üblich – auf die Witwe übergeht, beauftragt die Sechsundzwanzigjährige den ein Jahr jüngeren Friedrich Steiff, einen aus Geislingen an der Steige zugewanderten Gesellen ihres verstorbenen Mannes, mit der kommissarischen Führung des Maurerbetriebs. Im Lauf der Zeit werden die beiden offenbar ein Paar, denn am 9. Mai 1843 feiern sie Hochzeit. Friedrich Steiff erhält das Bürgerrecht der zu diesem Zeitpunkt gut zweitausend Einwohner zählenden Stadt Giengen und wird als Handwerksmeister anerkannt.

Nach den beiden Töchtern Marie und Pauline bringt Maria
Steiff am 24. Juli 1847 Apollonia Margarete („Gretle") zur
Welt. Eineinhalb Jahre später wird sie von einem Sohn entbunden, der den Namen Friedrich („Fritz") erhält. Elisabeth,
die auf den Tag genau sieben Jahre jünger als Margarete ist,
lebt nur zwei Wochen lang.

KINDERLÄHMUNG

Kurz nach der Geburt des Bruders erkrankt Margarete an einem
Fieber. Allmählich erholt sie sich wieder, doch sie kann ihre
Beine nicht mehr bewegen, und der rechte Arm bleibt in seiner Belastbarkeit eingeschränkt. Verzweifelt fährt die Mutter
mit ihr nach Ulm zu einem Spezialisten, der Kinderlähmung
diagnostiziert und keine Möglichkeit für eine Heilung sieht.
Das gehunfähige Mädchen muss in einem Leiterwagen herum-
gezogen werden. Gretle kann allenfalls zusehen, wie ihre
Schwestern mit Nachbarkindern im Freien herumtoben, und
wenn Marie und Pauline ihre Freundinnen besuchen, denken
sie nicht immer daran, ihre jüngere Schwester mitzunehmen.
   Als sie acht Jahre alt ist, richtet Friedrich Steiff ein Gesuch
an die Stadt Giengen. Tatsächlich übernimmt der zuständige
Stiftungsrat die Kosten für eine sechswöchige Behandlung des
Mädchens durch den renommierten Facharzt August Hermann
Werner in dessen Kinderheilanstalt in Ludwigsburg. Voller
Hoffnungen macht Maria Steiff sich im Mai 1856 mit ihrer
Tochter auf den Weg: Morgens um 2 Uhr bringt ein Fuhrwerk
sie nach Heidenheim; von dort geht es mit dem Pferdeomni-
bus über Böhmenkirch zur Bahnstation in Süßen. Gegen Mittag treffen sie mit dem Zug in Ludwigsburg ein. 110 Kilome-
ter, so weit sind bis dahin nur wenige aus Giengen gekommen!
   Die kleine Patientin wird im Privathaus des Arztes untergebracht. Er durchtrennt Sehnen am linken Bein, richtet es
gerade und gipst es ein. Aber als er nach einiger Zeit den
Gipsverband entfernt, muss er feststellen, dass die Operation
vergeblich war. Seine Frau begleitet einige der behinderten
Kinder – darunter Margarete – in das zur Kinderheilanstalt

MARGARETE STEIFF MIT EINEM IHRER BERÜHMT GEWORDENEN
„STEIFF-TEDDYBÄREN"
Ölgemälde von 1947 nach einer Fotografie

gehörende Haus „Herrenhilfe" in Bad Wildbad im Schwarzwald. Fünfzehn Stunden dauert die 70 Kilometer weite Fahrt. Unterwegs flickt die Arztfrau Margaretes zerschlissenen Rock, weil das kräftig gebaute Kind häufig auf Knien über den Boden rutscht. Bald darauf schickt Maria Steiff ein gebrauchtes Kleid ihrer Nichte Christine, damit Margarete wieder etwas Ordentliches zum Anziehen hat. Heimweh kann sie dem Mädchen nicht ersparen.

Dr. Werner, der regelmäßig zur Visite nach Bad Wildbad reist, teilt der Stadt Giengen im Juni 1856 schriftlich mit, Margarete müsse mindestens weitere drei Monate in seiner Obhut bleiben. Fünf Tage später beschließt der Stiftungsrat, auch dafür die Kosten zu tragen, denn die Eltern sind nicht dazu in der Lage. So kommt es, dass Maria Steiff ihre Tochter nicht nach sechs Wochen, sondern erst nach knapp einem halben Jahr in Ludwigsburg abholt. Trotz der verlängerten Behandlungsdauer haben sich die Lähmungen nicht gebessert. Deshalb wird Margarete im Jahr darauf, kurz vor ihrem zehnten Geburtstag, von ihrer Tante Apollonia noch einmal nach Ludwigsburg gebracht. Weil der Frau das Kind zu schwer ist, lässt sie es ungeachtet der Proteste Gretles zwischendurch von einem Dienstmann tragen. Für die Kosten der dreimonatigen Unterbringung bei dem inzwischen zum Medizinalrat ernannten Facharzt kommt wieder der Stiftungsrat der Stadt Giengen auf. Doch alle Mühen sind umsonst: Das Mädchen bleibt gehunfähig. Margarete ist zwar unglücklich, weil sie nicht wie die anderen Kinder herumlaufen kann, doch über die weiteren Folgen ihrer Behinderung denkt die Zehnjährige naturgemäß nicht viel nach. Die Eltern dagegen, die sich ausmalen, wie schwer es ihre Tochter im Leben haben wird, sind sehr bekümmert.

Im Leiterwagen in die Schule

Nach längerer Unterbrechung besucht Margarete vom Winter 1857/58 an wieder die evangelische Schule am Kirchplatz in Giengen. Eines der Geschwister oder ein Nachbarkind zieht sie im rumpelnden Leiterwagen übers Kopfsteinpflaster bis vor den Eingang des Schulgebäudes. Dort muss das Mädchen bei jedem Wetter ausharren, bis es um kurz vor acht von einer in der Nähe wohnenden Frau über die Treppe hinauf ins Klassenzimmer getragen wird. Wenn es zwischen den Unterrichtsstunden erforderlich ist, schleppt ein Lehrer oder eine kräftige Mitschülerin Margarete in einen anderen Raum. Auf dem Stundenplan stehen Lesen, Schreiben und Sprachlehre, Rechnen, das Auswendiglernen von Katechismus-Stellen und Kirchenliedern, Singen und Zeichnen. Nach der letzten Stunde, die um 14 Uhr endet, wird Margarete zur Nähschule im selben Gebäude gebracht. Obwohl der rechte Arm bei jeder Betätigung schmerzt und in der Feinmotorik eingeschränkt ist, lernt sie mit Nadel und Faden umzugehen. Um 17 Uhr muss sie dann warten, bis jemand sie zu ihrem Leiterwagen trägt und sie nach Hause zieht.

DESOLATE ZUKUNFTSAUSSICHTEN

Kindheit und Schulzeit enden in der Regel mit der Konfirmation im vierzehnten Lebensjahr. Von diesem Zeitpunkt an werden die Kinder voll als Arbeitskräfte eingesetzt. Nur besonders begabte Jungen, deren Eltern es sich leisten können, dürfen in diesem Alter noch eine weiterführende Schule besuchen. Für Mädchen kommt das nicht in Betracht. Margaretes ältere Schwester Marie wird im Frühjahr 1859 vom Großvater mit dem Pferdefuhrwerk zu einer Familie gebracht, bei der sie zwei Jahre lang als Haus- und Kindermädchen arbeiten soll. Pauline kommt ein Jahr später zu einer Familie nach Augsburg. Margarete bleibt mit ihrem jüngeren Bruder Friedrich bei den Eltern und sieht ihre Schwestern erst am 22. April 1860 anlässlich ihrer eigenen vorzeitigen Konfirmation wieder. Im Jahr darauf endet auch für sie die Schulzeit. Eine Stelle gibt es für sie wegen ihrer Behinderung aber nicht. Spätestens jetzt begreift Margarete, dass ihr Leben anders sein wird als das ihrer Verwandten und Freundinnen.

Seit Maria Steiff auf die Hilfe ihrer beiden älteren Töchter verzichten muss, bleibt ihr überhaupt keine Zeit mehr für Erholungspausen. Da sie nicht nur eine strenge Mutter ist, sondern auch hart gegenüber sich selbst, klagt sie nicht darüber, obwohl es für die überanstrengte Frau besonders frustrierend sein muss, dass Margarete nur beim Gemüseputzen, Nähen und Häkeln helfen kann, ansonsten jedoch immer wieder zur Last fällt. Ein Mann wird wohl kaum um die Hand des gehbehinderten Mädchens anhalten. Also ist zu befürchten, dass Margarete zeitlebens von ihren Eltern und anderen Verwandten abhängig bleibt. Diese Aussichtslosigkeit quält Mutter und Tochter gleichermaßen. Es ist erstaunlich, dass Margarete trotzdem ihrem Selbstmitleid nicht nachgibt.

Um die Vierzehnjährige nach dem Tod des geliebten Großvaters etwas aufzumuntern, erlauben ihr die Eltern, das Zitherspiel zu erlernen. In Giengen gibt es zwar seit zehn Jahren die einzige städtische Musikschule Deutschlands, aber der kostenlose Unterricht bleibt bis 1913 den begabten Söhnen der Stadt vorbehalten. Margarete wird deshalb von einem Privatlehrer unterrichtet, der sich sein Haus von ihrem Vater umbauen ließ, die Rechnung jedoch nicht ganz bezahlen kann und auf diese Weise einen Teil seiner Schulden abträgt. Trotz ihrer Behinderung am rechten Arm lernt sie rasch die Saiten zu zupfen und gibt bald selbst Musikstunden. Bei ihren ersten Schülern handelt es sich übrigens um Christian und Eugen Link, die später die von ihren Vätern gegründete Orgelbauwerkstätte in Giengen übernehmen und Instrumente bis nach Asien, Afrika und Amerika liefern.

Näharbeiten

Da Margarete die Nähschule besucht hat, eignet sie sich besonders dafür, ihren Cousinen bei der Herstellung der Aussteuer zu helfen. Sie stickt zum Beispiel Monogramme in die Wäsche und säumt Damasttischtücher. Damit sie während der wochenlangen Arbeit nicht jeden Tag hin- und hertransportiert werden muss, wohnt sie der Einfachheit halber die Woche über bei den Verwandten.

Seit es sich in Giengen herumgesprochen hat, dass Margarete und ihre beiden inzwischen ins Elternhaus zurückgekehrten Schwestern Putz an Kleider nähen, haben sie namentlich vor den Festtagen so viel zu tun, dass sie zeitweise bis nach Mitternacht arbeiten. Der Maurermeister Friedrich Steiff schafft als Erster in Giengen eine Nähmaschine an, um seinen Töchtern die Arbeit zu erleichtern. Er ist froh darüber, dass auch seine behinderte Tochter eine sinnvolle Beschäftigung gefunden hat. Und sie versucht sich mit ihrem Schicksal abzufinden. Im Alter von etwa siebzehn Jahren schreibt sie: „Gott hat es für mich so bestimmt, dass ich nicht gehen kann, es muss auch so recht sein [...], denn das unnütze Suchen nach Heilung lässt den Menschen nicht zur Ruhe kommen."

DIE GESCHWISTER HEIRATEN

Pauline Steiff heiratet 1870. Fritz Röckh, ihr Mann, richtet für die Firma der Gebrüder Heinrich und Christian Voelter in mehreren europäischen Ländern Holzschleifmaschinen ein, die verwendet werden, um Holz zu zermahlen und daraus unter Zugabe von Wasser einen Holzbrei für die Papiererzeugung herzustellen. Im selben Unternehmen – allerdings in der Buchhaltung – ist auch der Verlobte von Margaretes Cousine Maria Hähnle beschäftigt, der neunundzwanzigjährige Adolph Wilhelm Glatz. Nachdem er heil aus dem deutsch-französischen Krieg zurückgekehrt ist, heiraten die beiden im September 1871. Sie feiern eine Doppelhochzeit zusammen mit Marias Bruder Hans und ihrer Cousine Lina – die schon vor der Eheschließung beide den Familiennamen Hähnle tragen. Adolph Glatz beteiligt sich an der „Württembergischen Woll-Filz-Manufaktur Giengen", die sein Schwager Hans Hähnle, ein gelernter Färber, als Zwanzigjähriger einrichtete.

Zwei Jahre später heiratet auch Margaretes Schwester Marie. Ihr Bruder Friedrich ist inzwischen Maurermeister wie der Vater und beabsichtigt, im nächsten Jahr zu heiraten. Dann wird nur noch Margarete bei den Eltern wohnen. Was soll bloß aus ihr werden?

SCHNEIDERWERKSTATT

An ihrem 27. Geburtstag überrascht ihr Vater sie mit der Zeichnung für einen Ausbau des Hauses. In einem Zimmer im ersten Stock wird für Margarete eine Schneiderwerkstatt eingerichtet. Sie freut sich sehr über dieses Geschenk, das ihr immerhin eine bescheidene Perspektive eröffnet. In ihrer neuen Werkstatt näht Margarete Steiff für Verwandte und Bekannte Bettwäsche, Tischtücher und Kinderkleidung. Weil der Wirtschaftsaufschwung nach dem deutsch-französischen Krieg von 1870/71 den Kreis der Bürger vergrößert, die es sich leisten können, Kleider und Anzüge schneidern zu lassen, hat Margarete viel zu tun.

Die „Württembergische Woll-Filz-Manufaktur Giengen" stellt inzwischen nicht nur Filze für Hüte und Pantoffel her, sondern auch eine hochwertige, für Kleider geeignete Ware. Adolph Glatz überredet Margarete, im Mai 1877 eine Näherin einzustellen und mit ihren Ersparnissen in der Werkstatt ein Konfektionsgeschäft für Mäntel und Unterröcke, Mützen und Kapuzen, Decken und Gardinen aus Filz zu eröffnen. Er ist es wohl auch, der ihr in Stuttgart den ersten Großabnehmer vermittelt. Aufgrund der kurzen Nachschubwege und ihrer verwandtschaftlichen Beziehungen zur Giengener Filzmanufaktur ist Margarete Steiff in der Lage, auch kurzfristig größere Aufträge zu erfüllen.

FILZELEFANTEN

Um sich mit aktuellen Schnittmustern zu versorgen, bezieht sie die Zeitschrift „Die Modenwelt". In der Dezember-Ausgabe 1879 fällt ihr ein Stoffelefant auf. Die Hülle soll aus grauem Futterbarchent genäht werden. Nähme man als Füllung weichen Filz statt Werg, überlegt Margarete Steiff, wäre der Elefant nicht nur als Nadelkissen, sondern auch als Kinderspielzeug geeignet, und sie fertigt ein paar Musterelefanten in verschiedenen Größen an, die sie an Nichten und Neffen verschenkt. Es sind die ersten Steiff-Tiere! Im nächsten Jahr verkauft sie vor dem Weihnachtsfest sieben Filzelefanten. 1881 sind es achtzehn. Inzwischen veröffentlicht die „Die Modenwelt" Schnittmuster für Bären, Pudel, Esel, Affen, Kamele, Löwen, Lämmer, Papageien, Ochsen; aber zunächst hält Margarete Steiff die Herstellung von Filztieren für eine Nebensache. Erst als immer häufiger danach gefragt wird, beginnt sie umzudenken.

Die 1881 in eine Aktiengesellschaft umgewandelte Filzmanufaktur („Vereinigte Filzfabriken Giengen AG"), entwickelt sich zum führenden Unternehmen auf dem Weltmarkt. Adolph Glatz übernimmt die Direktion, während sein Schwager Hans Hähnle den Vorsitz im Aufsichtsrat führt. Margarete Steiff bleibt auch nicht untätig: Sie gründet das „Filz-Versand-Geschäft von Gretchen Steiff in Giengen a. Brz" und bewirbt 1883 in ihrem Katalog auch den Stoffelefanten: „Das Fell des Elefanten ist lederzäher Filzstoff, die Füllung Filzabfälle. Kein neueres und beliebteres Kinderspielzeug am Markte."

5170 Filzelefanten verkauft Margarete Steiff im Jahr 1886. In ihrer Werkstatt wird es zu eng. Friedrich, der das Baugeschäft des Vaters übernimmt, errichtet deshalb für seine Schwester ein zweistöckiges Wohn- und Geschäftshaus. (Zwei Jahre später wird ein zweiter Bau erforderlich.) Im neuen Haus zieht Johanna Röckh 1890 bei Margarete ein. Mit der Schwester ihres Schwagers Fritz Röckh ist die Unternehmerin inzwischen eng befreundet. Johanna arbeitet in der Werkstatt mit, kümmert sich um den Haushalt und ist immer zur Stelle, wenn ihre behinderte Freundin Hilfe benötigt.

FILZ-SPIELWAREN-FABRIK

1892 ergänzt Margarete Steiff ihr Angebot um Puppen. Längst ist die Spielwarenproduktion zum bedeutendsten Zweig ihres Geschäfts geworden. Daher ist es konsequent, dass sie ihr Unternehmen am 3. März 1893 unter dem Namen „Filz-Spielwaren-Fabrik" ins Heidenheimer Handelsregister eintragen lässt. Sie beschäftigt jetzt vier Arbeiterinnen in der Werkstatt und zehn Heimarbeiterinnen. Vier Jahre später sind es vierzig Mitarbeiterinnen. 1897 zeigt die „Filz-Spielwaren-Fabrik" ihre Produkte erstmals auf der Leipziger Frühjahrsmesse. Nach und nach treten Margaretes Neffen in die Firma ein. Sie erschließen neue Absatz- und Exportmärkte und gewinnen Geschäftspartner, die in London, Florenz und Amsterdam die ersten Auslandsvertretungen für Steiff-Tiere eröffnen.

Mit einem Packereigebäude wird 1899/1900 die Lücke zwischen den beiden Wohn- und Geschäftshäusern geschlossen. Auch das erweist sich rasch als zu klein. 1902 arbeiten bereits mehr als zweihundert Menschen für das Unternehmen. Bei der Planung eines weiteren Neubaus wählt Margarete Steiff eine glasverkleidete Stahlkonstruktion. Weil es so etwas bisher weder in Giengen noch in der Umgebung gibt, fällt es der Baubehörde schwer, über die Annahme der Pläne zu entscheiden. Da beginnt Margarete Steiff im Frühjahr 1903 kurzerhand mit den Bauarbeiten. Sie hat Glück und erhält nachträglich die Genehmigung. Damit sie nicht über Treppen getragen werden muss, sondern im Rollstuhl ins Obergeschoss geschoben werden kann, lässt sie eine Außenrampe anbringen. In Anspielung auf die ungewohnte Architektur und die fast ausschließlich weibliche Belegschaft bespötteln die Giengener das Fabrikgebäude als „Jungfrauen-Aquarium".

Die ersten Motorräder in Giengen gehören Margarete Steiffs Neffen Otto und Paul, zwei Söhnen ihres im März 1900 im Alter von zweiundfünfzig Jahren verstorbenen Bruders Friedrich. Am 11. Juni 1903 schreibt sie ihrer Nichte Eva Hähnle, die seit zehn Jahren als Dienst- und Kindermädchen in England beschäftigt ist: „Denk nur, jetzt hat man einen leichten, eleganten Anhängerwagen ans Motorrad, wer nicht allzu schwer ist, darf sich dreinsetzen, das geht fein, mit dem Motor natürlich furchtbar schnell, da wird man bei dem Staub ganz überzogen. Otto hat mich vorgestern nach Herbrechtingen zu Frau Zimmerle gefahren, und Paul hat mich abgeholt."

PETZ UND TEDDY

Ihr Neffe Richard Hähnle, der eine Kunstgewerbeschule in Stuttgart besuchte, kommt beim Blättern in seinen Skizzenbüchern auf die Idee, seiner Tante einen Bären aus Mohair für die Kollektion vorzuschlagen. Obwohl sie ein solches Stofftier für zu unförmig und Mohair für zu teuer hält, stellt der optimistische junge Mann die Kreation auf der Leipziger Frühjahrsmesse 1903 unter dem Markennamen „Petz" vor. Nur wenige Einkäufer ordern den Bär. Erst am letzten Messetag bestellt ein Amerikaner 3000 Exemplare.

In den USA sind Stoffbären als Schmuck und Spielzeug „in". Über die Ursachen gibt es verschiedene Vermutungen. Eine Erklärung geht von einer im November 1902 in der „Washington Post" veröffentlichten Karikatur Clifford Berrymans aus, auf der Präsident Theodore („Teddy") Roosevelt abgebildet war, wie er sich weigert, einen wehrlosen Jungbären zu erschießen. Was immer den Trend auslöste, jedenfalls ging die amerikanische „Ideal Toy Company" darauf ein und brachte „Teddys" auf den Markt.

In Margarete Steiffs Unternehmen sorgt der „Teddybär" für einen enormen Aufschwung: 1903 sind unter den 240 000 Steiff-Tieren erst 10 000 Bären; zwei Jahre später produziert die „Filz-Spielwaren-Fabrik" bereits mehr als 100 000 Stoffbären. Niemand ahnt zu dieser Zeit, was Sammler einmal für eines dieser Exemplare bieten werden: Ein Steiff-Teddy aus dem Jahr 1905 wird bei einer Auktion am 5. Dezember 1994 in London für umgerechnet 140 000 € versteigert!

„KNOPF IM OHR"

Zum Schutz ihrer Stofftiere vor Nachahmungen hatte Margarete Steiff 1892 ein Patent für „weich gestopfte" Filztiere und -figuren angemeldet. Dagegen erhob eine Spielwarenfabrik in Gotha, die seit 1879 ebenfalls Filztiere herstellte, Einspruch und setzte sich damit durch. Die Steiff-Etiketten mit zunächst einem Kamel und später einem Elefanten als Markenzeichen werden manchmal von den Kindern beim Spielen abgerissen. Margaretes Neffe Franz kommt schließlich auf eine geniale Idee: Vom 1. November 1904 an trägt jedes Steiff-Tier statt des aufgeklebten Etiketts im linken Ohr einen Metallknopf mit einem eingeprägten Elefanten. Dieser „Knopf im Ohr" wird am 13. Mai 1905 rechtlich geschützt. Franz Steiff ist übrigens einer der drei ältesten Neffen der Firmengründerin, mit denen sie sich nach der Umwandlung des Unternehmens in die „Margarete Steiff GmbH" am 30. Mai 1906 die Geschäftsführung teilt.

Margarete Steiff GmbH

Auf der Leipziger Frühjahrsmesse 1907 stellt die „Margarete Steiff GmbH" erstmals eine „Charakterpuppe" mit Haaren aus Mohair vor. Unter den in diesem Jahr produzierten 1,7 Millionen Puppen und Tieren sind 974 000 Teddybären. Das Unternehmen beschäftigt jetzt 2200 Arbeiterinnen und Arbeiter, zwanzig Prozent von ihnen am Firmensitz, die übrigen in Filialen beziehungsweise in Heimarbeit. Am 20. November 1907 beantragt das Unternehmen einen weiteren Neubau in Giengen.

Zum einundsechzigsten Geburtstag erhält Margarete Steiff 1908 ein Leerbuch geschenkt, das sie zum Anlass nimmt, ihre Lebenserinnerungen aufzuschreiben. Im Jahr darauf, am 9. Mai 1909, stirbt sie an einer Lungenentzündung.

Aufgrund ihrer Behinderung hatte Margarete Steiff es noch schwerer als andere Frauen, einen für sie geeigneten Lebensentwurf zu finden und zu verwirklichen. Sie hat hingegen weder resigniert noch ihr Schicksal beklagt, sondern tatkräftig und zuversichtlich ein Unternehmen aufgebaut, das zu den führenden seiner Art in der Welt zählt. Heute noch werden die Steiff-Tiere vorwiegend in Handarbeit hergestellt, die Mehrzahl davon am Firmenstammsitz in Giengen. Im Jahr 2002 fertigten und verkauften die knapp tausend Mitarbeiterinnen und Mitarbeiter der Margarete Steiff GmbH mehr als eineinhalb Millionen Steiff-Tiere und erzielten damit einen Umsatz von 60 Millionen Euro. Zur Veranschaulichung der Firmengeschichte soll bis 2005 ein neues Steiff-Museum in Giengen errichtet werden.

Emilie Kempin-Spyri

1853–1901

IN DER HOFFNUNG, den Lebensunterhalt für ihre Familie durch eine qualifizierte Tätigkeit verdienen zu können, wanderte die promovierte Juristin Emilie Kempin–Spyri mit ihrem Mann und ihren drei Kindern nach New York aus. Dort gründete sie eine Rechtsschule und dozierte als erste Frau an der juristischen Fakultät einer Universität. Trotz ihrer außergewöhnlichen Erfolge kehrte sie in die Schweiz zurück, weil ihr Mann in der Neuen Welt nicht zurechtgekommen war. Sie zerbrach daran, dass Gesetze und gesellschaftliche Vorurteile im deutschsprachigen Raum ihre Zulassung als Anwältin verhinderten.

JOHANN LUDWIG SPYRI

Emilie wird am 18. März 1853 als drittes von acht Kindern des Pfarrhelfers Johann Ludwig Spyri und seiner Ehefrau Maria Elise in Altstetten bei Zürich geboren. Als sie zwölf Jahre alt ist, zieht die Familie nach Zürich, wo der Vater Diakon in der reformierten Kirchengemeinde Neumünster wird. Für Emilie geht der Orts- mit einem Schulwechsel einher: Sie besucht nun die städtische Sekundarschule. In einem Mädcheninstitut in Neuenburg schließt sie 1869/70 ihre Schulausbildung ab. Danach hilft sie ihrer Mutter im Haushalt.

Ihr Vater, der sich parallel zu seiner Arbeit in der Kirche als Präsident der „Schweizerischen Gemeinnützigen Gesellschaft" und Redakteur der 1860 von ihm gegründeten Zeitschrift dieser Vereinigung engagiert, beendet 1875 seine kirchliche Funktion und übernimmt die Leitung des statistischen Büros der Schweizer Nordostbahn.

EMILIE KEMPIN-SPYRI
Foto undatiert

EHESCHLIESSUNG GEGEN DEN WILLEN DES VATERS

Zwei Jahre zuvor suchte der dreiundzwanzigjährige, gerade zum Pfarrer ordinierte Walter Kempin Emilies Vater auf, um ihm einen Artikel über das öffentliche Gesundheitswesen für dessen Zeitschrift vorzulegen. Spyri fand die Forderungen des Jüngeren – etwa die nach kostenloser Krankenpflege für Bedürftige – übertrieben und machte daraus kein Hehl. Emilie, die Walter Kempin bei diesem Besuch erstmals sah, wurde Zeugin seiner unangenehmen Begegnung mit ihrem herrischen Vater, und er tat ihr Leid. Bald darauf stellte Spyri seine Tochter zur Rede: Man habe sie mehrmals mit Kempin gesehen; dieser junge Theologe mit seinen weltfremden Ansichten sei nicht der richtige Umgang für sie. Aufgrund seiner guten Beziehungen wusste Spyri bereits, dass Kempins Vater in den Vierzigerjahren aus Stettin nach Zürich gekommen war, zunächst als Typograph gearbeitet und später eine Buchhandlung eröffnet hatte. Walter war eines der sechs Kinder des Buchhändlers und seiner Ehefrau, einer Pfarrerstochter.

Emilie kennt ihren intoleranten Vater gut genug, um zu wissen, dass sie nicht mit seiner Nachsicht rechnen kann, wenn sie sich trotz seines Verbots weiterhin mit Walter Kempin trifft. Dennoch tut sie es – denn sie hat sich in den Idealisten verliebt. Am 22. Juni 1875, gut fünf Wochen vor seiner feierlichen Einführung als Pfarrer der zu Sankt Peter in Zürich gehörenden Gemeinde von Enge, heiratet sie den drei Jahre Älteren. Emilies Vater ist darüber so wütend, dass er nicht an der Hochzeitsfeier teilnimmt und ihr die Mitgift verweigert.

MATURA MIT ZWEIUNDDREISSIG

Emilie Kempin-Spyri bringt drei Kinder zur Welt: 1876 die Tochter Gertrud, 1878 den Sohn Walter und 1879 noch einmal ein Mädchen, Agnes. Einige Zeit nach der Geburt der Jüngsten muss sich Walter Kempin wegen Reibereien in seiner Kirchengemeinde um seine Anstellung und damit auch um seine finanzielle Situation Sorgen machen. Ohne weitere Ausbildung bestünde für Emilie kaum eine Möglichkeit, zum Lebensunterhalt der Familie beizutragen. Deshalb bereitet sie sich teils autodidaktisch, teils durch Privatunterricht auf die Reifeprüfung vor; sie besucht einen Mathematikkurs am Polytechnikum und lässt sich von ihrem Mann in Latein unterweisen. Im April 1885 legt die Zweiunddreißigjährige die Maturitätsprüfungen in Deutsch, Latein, Englisch, Französisch, Geschichte, Geografie, Mathematik und Physik ab. Eine Woche später immatrikuliert sie sich an der staatswissenschaftlichen Fakultät der Universität Zürich für ein Jurastudium.

Gleich nach Emilies Studienbeginn stirbt ihre Mutter. Johann Ludwig Spyri ignoriert seine Tochter bei der Beerdigung. Sein Verhältnis zu ihr war bereits durch ihre ertrotzte Eheschließung schwer gestört. Seit sie zu studieren begonnen hat, will der konservative Mann und erklärte Gegner weiblicher Emanzipation sie überhaupt nicht mehr sehen. Emilie weiß, wie er über die Rolle der Frau denkt, denn sie hat sein 1873 gedrucktes Referat über „Die Beteiligung des weibl. Geschlechtes am öff. Unterrichte in der Schweiz" gelesen. Da heißt es zum Beispiel: „In der Natur des Weibes nimmt das Geschlechtsleben [...] einen so bedeutenden Platz ein, dass die Erfüllung der hohen Bestimmung als Gattin und Mutter nicht durch anderweitige Aufgaben gehemmt werden darf."

ZURÜCKWEISUNG VOR GERICHT

Aus Gründen, die wir nicht kennen, wurde Walter Kempin einen Monat vor der Reifeprüfung seiner Frau genötigt, ein Entlassungsgesuch zu stellen, dem der Kirchenrat des Kantons Zürich dann auch unverzüglich stattgab. Er zieht mit seiner Familie aus dem Pfarrhaus in Zürich-Enge in eine Stadtwohnung. Infolge von Meinungsverschiedenheiten verdrängt man ihn auch aus dem Präsidentenamt des 1882 von ihm gegründeten „Centralvereins des Schweizerischen Roten Kreuzes". Frustriert reist er nach Deutschland und versucht, sich als Redakteur bei der „Remscheider Zeitung" eine neue Existenz aufzubauen.

Er ist nämlich auf jeden Rappen angewiesen, besonders auf die Rückzahlung einer Jahre vor dem Bezug des Pfarrhauses eingezahlten Mietkaution, die von der Hausbesitzerin einbehalten wird, weil ihr die Familie Kempin angeblich die Wohnung ruinierte. Der Streit kommt am 24. November 1886 vor Gericht. Emilie Kempin-Spyri erscheint anstelle ihres in Remscheid wohnenden Mannes und legt dem Richter eine entsprechende Vollmacht vor. Der gegnerische Anwalt protestiert dagegen, nicht etwa, weil sie ihr Studium noch nicht abgeschlossen hat – er selbst hat überhaupt nicht Jura studiert –, sondern weil eine Frau nicht befugt sei, eine Prozessvertretung zu übernehmen. Dabei beruft er sich auf § 174 des Zürcher Rechtspflegegesetzes: „Zu Zivilsachen können die Parteien [...] selbst handeln oder sich durch eine andere im Besitze des Aktivbürgerrechts befindliche Person vertreten oder verbeiständen lassen." Diese seit dem 1. Januar 1875 geltende Regelung geht darauf zurück, dass man die Bürger vor staatlicher Bevormundung bewahren wollte. Das Gericht schließt sich der Argumentation des Anwalts an, dass eine Frau keine Aktivbürgerin sei, denn sie habe ja auch kein Wahlrecht.

Diese Auffassung erscheint Emilie absurd: Jeder beliebige Mann, der die Voraussetzung des Aktivbürgertums erfüllt, kann eine Partei vor Gericht vertreten, aber selbst eine juristisch qualifizierte Frau darf das nicht. Wie soll sie jemals als Rechtsanwältin arbeiten, wenn dieses widersinnige Urteil des Bezirksgerichts Bestand hat? Am 16. Dezember legt sie vor dem Bundesgericht Beschwerde ein: „Anlässlich einer Prozesssache meines derzeit in Deutschland lebenden Ehemannes habe ich denselben vor Gericht vertreten wollen, wurde aber vom Tit. Bez. Ger. Zürich von den Schranken gewiesen mit der Begründung, das Aktivbürgerrecht, das einzige Requisit, welches die zürch. Prozessordnung zur Betreibung des Anwaltsberufes aufstellt, komme mir nicht zu. Dagegen protestiere ich und stütze mich dabei in erster Linie auf Art. 4 der Bundesverfassung: ‚In der Schweiz gibt es keine Vorrechte des Orts, der Geburt, der Familien oder Personen.'" – Am 29. Januar 1887 weist das Bundesgericht die Beschwerde als unbegründet ab: „Wenn nun die Rekurrentin auf Artikel 4 Bundesverfassung abstellt (Jeder Schweizer sei vor dem Gesetze gleich ...) und aus diesem Artikel scheint folgern zu wollen, die Bundesverfassung postuliere die volle rechtliche Gleichstellung der Geschlechter auf dem Gebiete des gesamten öffentlichen und Privatrechts, so ist diese Auffassung ebenso neu wie kühn; sie kann aber nicht gebilligt werden."

DOCTOR JURIS

Emilie Kempin-Spyri reicht Ende Mai 1887 ihre Dissertation über „Die Haftung des Verkäufers einer fremden Sache" ein und promoviert am 16. Juli im Alter von vierunddreißig Jahren mit „magna cum laude". Am 1. August beginnt sie in der Kanzlei des Anwalts Friedrich Meili als Substitutin. Das kann jedoch nur eine Übergangslösung sein, denn sie strebt keine Hilfstätigkeit, sondern eine qualifizierte juristische Aufgabe an.

Im folgenden Frühjahr kommt es an der staatswissenschaftlichen Fakultät in Zürich zu einem Eklat: Der Privatdozent für römisches Recht, Dr. Hermann Wächter, tritt nach seiner Wahl zum Bezirksrichter von seinem Lehramt zurück. Er schlägt Dr. Emilie Kempin-Spyri als Nachfolgerin vor und ermutigt sie, sich um die frei gewordene Stelle zu bewerben. Damit löst sie im Senat eine Grundsatzdiskussion über die Zulassung von Dozentinnen aus, die mit der Ablehnung der Bewerberin endet: „Der Senat ist der Ansicht, dass § 132 des Unterrichtsgesetzes die Zulassung weiblicher Privatdozenten durchaus ausschließt und dass auch, hiervon abgesehen, dieselbe unter den gegenwärtigen Verhältnissen inopportun ist."

NEUANFANG IN NEW YORK

Ungeachtet ihrer Qualifikation wird Emilie Kempin-Spyri weder als Anwältin noch als Dozentin zugelassen. Matura, Promotion – soll das alles umsonst gewesen sein? Die Fünfunddreißigjährige ist zornig über die Rückständigkeit der Verhältnisse und verzweifelt über ihre desolaten Zukunftsaussichten. Doch statt aufzugeben, redet sie so lange auf ihren zögerlichen Mann ein, bis er zu einem besonderen Wagnis bereit ist: Ende Juli 1888 wandert sie mit ihm, den drei Kindern und einem sechzehnjährigen Dienstmädchen in die USA aus. Dort, so hofft sie, steht die Gesellschaft der qualifizierten Berufstätigkeit einer Frau aufgeschlossener gegenüber als in der Schweiz. Immerhin wurde 1869 mit Arabella A. Mansfield in Iowa die erste Rechtsanwältin vor Gericht zugelassen; Lena Barkaloo folgte 1870 in Missouri, Belva Ann Lockwood 1873 im District of Columbia.

Gleich nach der Ankunft in New York versucht Emilie, bei einer der drei Universitäten in der Stadt als Hörerin juristischer Vorlesungen zugelassen zu werden – und stößt auch in der Neuen Welt auf frauenfeindliche Vorurteile: Die traditionsreiche *Columbia University* lehnt ihr Gesuch ab; über eine Entscheidung der *New York University* ist nichts bekannt. Erst nach monatelanger Prüfung, am 7. Januar 1889, als Emilie bereits nicht mehr mit einer Antwort rechnet, erhält sie von der juristischen Fakultät der *University of the City of New York* einen positiven Bescheid. Wenn es schon so schwierig ist, als Hörerin zu Vorlesungen zugelassen zu werden, wie groß sind dann ihre Chancen auf eine juristische Tätigkeit? Walter Kempin verzagt und befürchtet, dass sich die Zurückweisungen, die seine Frau in Zürich erlebte, in den USA wiederholen. Er hätte nicht auf sie hören sollen. Er hatte von vornherein gewusst, dass sich der finanzielle und psychische Aufwand der Emigration nicht lohnen würde!

Emilie lässt sich weder vom Jammern noch von den Vorwürfen ihres Mannes entmutigen und geht auf das Angebot einer reichen New Yorkerin ein, die sie während der Überfahrt kennen gelernt hat. Bevor Fanny Weber mit ihrem Mann zufällig auf demselben Schiff wie die Familie Kempin-Spyri von einer Italienreise zurückgekehrt war, hatte sie begonnen, eine Wohltätigkeitsorganisation für bedürftige Frauen und Männer aufzubauen, die in Rechtsstreitigkeiten verwickelt sind und sich keinen Anwalt leisten können. Fanny Weber gewinnt die Schweizer Einwanderin als Rechtsberaterin für die „Arbitration Society". Zweimal pro Woche hört Emilie sich die Anliegen der Ratsuchenden an, studiert ihre Fälle und gibt den jungen amerikanischen Juristen, die sie im Auftrag der „Arbitration Society" vor Gericht vertreten, entsprechende Instruktionen. Paradoxerweise scheitert die Einrichtung an ihrem Erfolg: Weil nämlich eine einzige Juristin dem Andrang bald nicht mehr gewachsen ist, aber auch keine Entlastung möglich ist, löst sich die „Arbitration Society" im Herbst 1889 auf.

Eine Gesetzesnovelle des Staates New York vom 19. Mai 1886 lässt zwar Rechtsanwältinnen und Richterinnen zu; es handelt sich jedoch um ein rein theoretisches Recht, da die New Yorker Anwaltskammer von Bewerbern ein abgeschlossenes Jura-Studium als Befähigungsnachweis verlangt. Frauen dürfen an den Prüfungen der juristischen Fakultäten allerdings nicht teilnehmen und sind dadurch weiterhin ausgeschlossen. Energisch setzt Emilie sich dafür ein, das zu ändern. „Ihr Plan ist es", heißt es in der „New York Times" vom 6. August 1889, „die ‚Dr. Emily Kempin Law School' nach den Gesetzen des Staates einzutragen und sie so aufzubauen, dass der Abschluss die Zulassung vor Gericht ermöglicht." Um die Finanzierung der am 1. Oktober 1899 gegründeten Schule kümmert sich die eigens für diesen Zweck gegründete „Women's Law School Association", in der sich wohlhabende New Yorkerinnen zusammenschließen. Die „New York Times" berichtet in ihrer Ausgabe vom 5. Oktober über die Eröffnungsfeier: „Doktor Kempin führte [...] aus, dass der Studiengang auf zwei Jahre angelegt sei, gefolgt von einem weiteren Jahr in einer Anwaltspraxis. Danach werden die Schülerinnen vor dem Obersten Gerichtshof geprüft, weil die ‚Dr. Kempin-Schule' noch keine eigenen Prüfungen abnehmen darf. Am kommenden Dienstag beginnen vierzehn junge Damen mit der Ausbildung."

ALLEIN GELASSEN

Während Emilie Kempin-Spyri voller Energie und Tatendrang ihre Schule aufbaut, durch Fanny Weber und die „Women's Law School Association" eine Reihe prominenter Damen aus der New Yorker Gesellschaft kennen lernt und sich mit einigen von ihnen befreundet, schafft ihr introvertierter Mann es nicht, sich in den USA einzuleben oder auch nur die amerikanische Sprache zu erlernen. Immer wieder drängt er Emilie zur Abreise; da sie jedoch endlich hoffen kann, mit ihrem Lebensentwurf zu reüssieren, geht sie nicht darauf ein und lässt sich auch nicht umstimmen. Walter Kempin kauft Schiffskarten für sich, Gertrud und Robert und kehrt im Winter 1889/90 oder Anfang 1890 in die Schweiz zurück. Weil die Anwaltstätigkeit in Zürich nach wie vor an keine fachlichen Voraussetzungen gebunden ist, kann der ehemalige Pfarrer dort ohne weiteres eine Anwaltskanzlei eröffnen.

Obwohl es Emilie schwer fällt, allein mit Agnes, ohne ihren Mann und ihre beiden anderen Kinder, in den USA zu bleiben, nutzt sie die hier gebotenen Möglichkeiten. Natürlich quält sie sich mit Selbstvorwürfen und fragt sich, ob es richtig ist, die eigene Karriere auf Kosten der Familie voranzutreiben, aber sie rechtfertigt sich damit, dass sie in der Alten Welt kaum eine Chance haben würde, eine qualifizierte juristische Tätigkeit auszuüben.

Zur Finanzierung einer aus der „Emily Kempin Law School" hervorgegangenen und der *University of the City of New York* angegliederten „Women's Law Class" gründen Fanny Weber und einige andere Amerikanerinnen am 14. Juni 1890 die „Women's Legal Education Society". Nach den Sommerferien, die Emilie bei ihrer Familie in Zürich verbrachte, hält sie am 30. Oktober ihre Antrittsvorlesung vor den Studentinnen, die im Fall einer erfolgreich bestandenen Abschlussprüfung zum Vollstudium an der *University of the City of New York* berechtigt sind. Auf diesem Weg wird Stanleyetta Titus einige Jahre später als erste Frau in New York eine Zulassung als Rechtsanwältin erhalten.

Parallel dazu doziert Dr. Emilie Kempin-Spyri an der Universität über römisches Recht und die Geschichte des amerikanischen Rechts. Sie ist die erste Frau, die an der juristischen Fakultät einer amerikanischen Universität lehrt. Außerdem hält sie am „New York Medical College and Hospital for Women" Vorlesungen über Gerichtsmedizin, schreibt Aufsätze für Zeitschriften und lässt sich zu populärwissenschaftlichen Salonvorträgen einladen. Die ruhelose Arbeit hilft ihr über

Einsamkeit, Heimweh und die Sehnsucht nach ihren Angehörigen hinweg. Besucht Agnes in dieser Zeit ein Internat oder
wird die Elfjährige von einer Tagesmutter betreut? Wir wissen
es nicht, können uns aber vorstellen, dass sich Emilie vorwirft,
ihre jüngste Tochter wegen der vielen Verpflichtungen zu
vernachlässigen. Später wird sie in einem Zeitschriftenartikel
schreiben: „[...] dass sich die Pflege und Erziehung von Kindern nicht an gewisse Stunden binden lässt [...] Mit bitterem
Weh wird die Frau an die Stunden zurückdenken, in denen sie
sich ihren Kindern entzogen hat [...] Was verstehen denn
davon alle die Kinderlosen und Unverheirateten, die in der
Regel an der Spitze der Frauenbewegung stehen?"

Am Ende des ersten Semesters führt sie im Beisein des Vize-
kanzlers der Universität, eines New Yorker Richters und eines
Rechtsanwalts die Abschlussprüfungen in der „Women's Law
Class" durch. Bei einer auch von der Presse beachteten Feier
erhalten dreizehn erfolgreiche Teilnehmerinnen ihre Diplome.

Entscheidung zwischen Karriere und Familie

Als Emilies dreizehnjähriger Sohn Walter an einem ernsten
Halsdrüsenleiden erkrankt, lässt sie sich nach der Abschluss-
feier für das Sommersemester 1891 von einem Professor vertreten und reist voller Sorgen zu ihrer Familie in die Schweiz.
Noch beabsichtigt sie, ihre Karriere in den USA fortzusetzen;
für den 2. November hat sie den Beginn ihrer nächsten Vor-
lesung angekündigt. Aber als sie wieder bei ihrer Familie ist,
beschließt sie trotz der Erfolgsmeldungen aus den USA – zum
Beispiel über andere amerikanische Universitäten, die nun
ebenfalls juristische Kurse für Frauen einrichten –, in Zürich
zu bleiben. Um sich an der Seite ihres Mannes um ihre Kinder
kümmern zu können, opfert sie schweren Herzens all das, was
sie in New York aufgebaut hat.

Mit dem Mut der Verzweiflung versucht Emilie, in der
Schweiz Fuß zu fassen. Sie bewirbt sich Ende Juni 1891 als Pri-
vatdozentin an der Universität Bern und dreieinhalb Monate
später auch in Zürich. Obwohl sich die meisten Professoren

im Senat der Universität Zürich nach wie vor gegen die Aufnahme einer Frau aussprechen, erteilt ihr der zuständige Erziehungsrat nach einer Probevorlesung am 15. Dezember „ausnahmsweise" die Venia Legendi für römisches, englisches und amerikanisches Recht.

ALTE WUNDEN

Endlich darf Emilie Kempin-Spyri in Zürich lehren, aber sie hat ihre Zurückweisung als Anwältin vor fünf Jahren nicht vergessen. In einer Petition vom 8. November 1891 an den Zürcher Kantonsrat verlangte sie, § 174 des Zürcher Rechtspflegegesetzes um folgenden Zusatz zu ergänzen: „Die Parteien können sich auch durch eine handlungsfähige Person weiblichen Geschlechts vertreten oder verbeiständen lassen, wenn dieselbe Zürcher Bürgerin ist, an einer schweizerischen Universität den Grad eines *Doctor juris utriusque* erworben hat und ein Jahr auf dem Anwaltsbureau eines zürcherischen Advokaten praktisch tätig gewesen ist." Der Kantonsrat lehnt ihre Eingabe ab. Frauen können also weiterhin keine Anwaltstätigkeiten übernehmen, und die Prozessvertretung der Klientel der Kanzlei Kempin bleibt Emilies Mann vorbehalten. Allerdings facht die Berichterstattung der Medien die öffentliche Diskussion über die Zulassung von Frauen als Rechtsanwältinnen erneut an; und Theodor Curti, ein Mitglied des Zürcher Kantonsrats, reicht im Februar 1892 zusammen mit Kollegen einen parlamentarischen Antrag ein, in dem folgender Satz steht: „Der Regierungsrat wird eingeladen zu untersuchen, unter welchen Bedingungen den Frauen die Anwaltspraxis zu gestatten und welche Revision bestehender Gesetze hierfür in Aussicht zu nehmen sei."

Ihre Antrittsvorlesung „Über die modernen Trusts" an der Universität Zürich hält Dr. Kempin-Spyri am 4. März 1892, zwei Wochen vor ihrem neununddreißigsten Geburtstag. Wie in New York, beginnt sie auch hier parallel zu ihrer Lehrtätigkeit mit einer Reihe weiterer Aktivitäten. In ihrer Wohnung, in der sich auch die Kanzlei befindet, eröffnet sie am 1. Sep-

tember eine „Rechtsschule für Laien". Ihre Zeitschrift „Frauen-
recht" liegt seit 25. Dezember 1892 alle zwei Wochen der
„Zürcher Post" bei und erscheint von der 27. Ausgabe an als
unabhängiges Monatsheft. Der am 12. November 1893 von
ihr gegründete „Frauenrechtsschutzverein" ist nicht nur eine
Rechtsschutzeinrichtung wie die frühere „Arbitration Society"
in New York, sondern verfolgt darüber hinaus durch Eingaben
und Vorträge das politische Ziel, die rechtliche, wirtschaft-
liche und soziale Stellung der Frau zu verbessern.

Warum bürdet Emilie Kempin-Spyri sich so viele Verpflichtungen auf? Naheliegend ist die Vermutung, sie wolle bewusst
oder unbewusst demonstrieren, zu welchen Leistungen Frauen
auch in akademischen Berufen in der Lage sind und damit die
überkommenen Auffassungen ihres Vaters widerlegen.

KUMMER

Von einer ihr Unbekannten wird Emilie im Februar 1895 auf
der Straße angesprochen: Ihr Vater – den sie zuletzt bei der
Beerdigung ihrer Mutter gesehen hatte – leidet unter Herzanfällen. Niemand aus der Familie hat sie darüber informiert.
Unverzüglich eilt sie mit Agnes zu dem Kranken, aber ihre
Schwester Maria Karolina und ihre Tante Johanna Spyri (die
Autorin des populären Kinderbuches „Heidi's Lehr- und Wan-
derjahre") lassen sich lediglich dazu erweichen, den Besucherinnen einen kurzen Blick auf den im Lehnstuhl Schlafenden
zu erlauben. Agnes – die ihren Großvater kaum kennt – empfindet das als unheimlich und zieht ihre um Haltung ringende
Mutter aus der Wohnung.

Einige Monate später übernimmt Emilie in der Höheren
Töchterschule den Handels- und Wechselrecht-Unterricht.
Doch als Professor Heinrich Fick, der Zürcher Ordinarius für
römisches Recht sowie Handels- und Wechselrecht, am 1. Oktober in den Ruhestand geht, wird nicht sie mit der Nachfolge betraut, sondern ein Siebenundzwanzigjähriger, der ein
Semester später als sie Privatdozent geworden war. Auf diese
frustrierende Benachteiligung reagiert sie heftig: Zwei Wochen

später lässt sie sich sowohl von der Universität als auch der Höheren Töchterschule beurlauben und legt ihr Amt im Vorstand des „Frauenrechtsschutzvereins" nieder, obwohl die über hundert Mitglieder zählende Organisation dadurch in eine Krise gerät, weil zunächst niemand die rechtliche Beratung von Bedürftigen übernimmt. Dass sie sich zur gleichen Zeit wegen Entfremdung von ihrem in seiner Erfolglosigkeit resignierten Mann das Scheitern ihrer Ehe eingestehen muss, macht alles noch schwerer für sie.

BERLIN

Vor sieben Jahren war Emilie mit ihrer Familie nach New York ausgewandert, um ihren Lebensentwurf zu realisieren; jetzt, im November 1895, zieht sie allein nach Berlin und versucht dort noch einmal einen Neuanfang. Nach der Genehmigung eines entsprechenden Gesuchs belegt sie an der Friedrich-Wilhelm-Universität als Gasthörerin juristische Vorlesungen. Außerdem lässt sie sich als offizielle Englisch-Übersetzerin für sämtliche Gerichte der Mark Brandenburg vereidigen. Zur selben Zeit kündigt sie für das Sommersemester 1896 wieder zwei Vorlesungen in Zürich an. Sie publiziert mehrere Arbeiten über die Rechtsstellung der Frau im Bürgerlichen Gesetzbuch, das am 1. Juli 1896 im Reichstag verabschiedet wird, eröffnet in Zusammenarbeit mit einem New Yorker Anwalt ein Rechtsbüro in Berlin und beginnt mit Vorlesungen über Privatrecht an der Humboldt-Akademie, einer Art Volkshochschule.

Die für Zürich angekündigten Vorlesungen lässt sie dann doch ausfallen, und im September 1896 bittet sie die Schweizer Universität um ihre Entlassung: Sie bleibt endgültig in Berlin und holt ihren achtzehnjährigen Sohn Walter und die ein Jahr jüngere Tochter Agnes nach. Gertrud, die Älteste, wohnt weiterhin bei ihrem Vater in Zürich. Walter verlässt das Gymnasium vorzeitig, beginnt mit einer Buchdruckerlehre in Berlin, beendet sie jedoch nicht, sondern zieht nach München, um Musik zu studieren.

ZUSAMMENBRUCH

Noch in Zürich war Emilie dem ein paar Jahre jüngeren Privatgelehrten Mathieu Schwann begegnet und hatte sich mit ihm befreundet, obwohl er eine Emanzipation der Frauen ablehnt und behauptet, intellektuelle Frauen sublimierten nur ihre Sexualität, bis sie im fortgeschrittenen Alter „von einem geschlechtlichen Fieber ergriffen" würden. Gerüchten zufolge verliebt sie sich sogar in ihn, aber der mit einer Hebamme verheiratete Verfechter der freien Liebe zieht ihre Tochter Gertrud vor. Im Februar 1897 kommt die Zwanzigjährige nach Berlin, um ihrer Mutter zu gestehen, dass sie schwanger ist – von Mathieu Schwann. Das ist zu viel für Emilie: Sie bricht zusammen. Agnes und eine Freundin begleiten sie am 15. September in der Vorortbahn nach Berlin-Lankwitz, wo sie sich in der Heil- und Pflegeanstalt „Berolinum" von ihrem Nervenzusammenbruch erholen soll. Die Ärzte diagnostizieren nicht nur eine *Paranoia chronica simplex*, sondern auch einen Gebärmuttertumor. Die Juristin wird für geisteskrank erklärt und entmündigt. Ihr Ehemann übernimmt die Vormundschaft und zieht den vor Emilies Einlieferung gemeinsam gestellten Antrag auf Scheidung zurück.

Unmittelbar vor ihrem Zusammenbruch erfuhr Emilie Kempin-Spyri, dass aufgrund der durch sie und Theodor Curti ausgelösten öffentlichen Diskussion in naher Zukunft mit den ersten Rechtsanwältinnen im Kanton Zürich zu rechnen sei. Tatsächlich wird am 3. Juli 1898 ein neues Advokaturgesetz verabschiedet. Die Zulassung als Anwalt hängt nun von einer erfolgreich bestandenen Prüfung ab, der sich auch Frauen unterziehen können. Für Emilie kommt die Neuregelung zu spät. Die erste Frau, die von der Reform in Zürich profitiert, ist die Deutsche Anna Mackenroth, die 1894 als Juristin in Zürich promovierte, Emilie als Lehrkraft an der Höheren Töchterschule ablöste und nach ihrer Einbürgerung und der Zulassungsprüfung am 27. Januar 1900 die erste Schweizer Rechtsanwältin wird.

Nach einem missglückten Fluchtversuch aus dem „Berolinum" wird Emilie im März 1899 in die Baseler Irrenanstalt

„Friedmatt" gebracht. Ihren Wunsch, lieber in die Irrenanstalt „Burghölzli" in Zürich verlegt zu werden, missachten die Ärzte und die Angehörigen. Weder ihr Mann noch ihre Kinder besuchen sie oder schreiben ihr. Emilie fleht darum, entlassen zu werden und meldet sich im Dezember 1899 verzweifelt auf das Zeitungsinserat eines Pfarrer aus Basel, der eine Haushälterin sucht: „Ich sehne mich nach nützlicher Arbeit und Bewegung". Sie schreibt ihm weiter: „Mein Name ist mit dem Odium der Geisteskrankheit behaftet. Ich bin vollkommen mittellos und alleinstehend; von meinem Manne schon seit Jahren getrennt, meine Kinder sind in der Welt herum zerstreut, meine Beziehungen zu Freunden und Verwandten abgebrochen. Die Letzteren haben sich meines Studiums der Jurisprudenz wegen schon seit fünfzehn Jahren von mir gewandt." Wochenlang hofft sie auf eine Antwort, aber der Brief wurde von der Anstaltsleitung nicht abgeschickt, sondern stillschweigend zu ihren Akten gelegt.

Der in Berlin diagnostizierte Tumor wächst rasch und verursacht Emilie zunehmend Schmerzen. „Geschwulst beträchtlich gewachsen", notiert ein Arzt in „Friedmatt" ... „Heute Nacht wieder sehr viel herumrumort und viel geweint. Sie verweigert hartnäckig Morphium." Im Krankenbericht vom 7. März 1901 ist vermerkt, dass die Patientin kaum noch aufstehen kann. Am 12. April, dreieinhalb Wochen nach ihrem achtundvierzigsten Geburtstag, stirbt Emilie Kempin-Spyri.

Camille Claudel

1864–1943

CAMILLE CLAUDEL setzte sich in den Kopf, Bildhauerin zu werden, obwohl man Frauen zu ihrer Zeit die Eignung für diesen Beruf absprach. Mit achtzehn begegnete sie dem vierundzwanzig Jahre älteren Bildhauer Auguste Rodin. Er verliebte sich in sie, mochte sich aber nicht zwischen ihr und seiner Lebensgefährtin entscheiden. Nach zwölf Jahren brach Camille Claudel die skandalöse Liebesbeziehung ab und versuchte, als Künstlerin aus seinem Schatten herauszutreten – doch sie zerbrach daran und wurde von ihrer Familie zwangsweise in eine Irrenanstalt eingewiesen, in der sie die letzten dreißig Jahre ihres Lebens verbrachte.

EIN UNGEWÖHNLICHES TALENT

Louis-Prosper Claudel, der fünfunddreißig Jahre alte Chef einer französischen Hypotheken-Registrierungsbehörde in Fère-en-Tardenois, 40 Kilometer westlich von Reims, heiratet 1862 die vierzehn Jahre jüngere Arzttochter Louise-Athanaïse Cerveaux. Im August 1863 wird sie von einem Sohn entbunden, der zwei Wochen später stirbt. Am 8. Dezember 1864 bringt sie ihr zweites Kind zur Welt – und ist enttäuscht, weil es ein Mädchen ist. Bezeichnenderweise gibt sie dem Neugeborenen den für Jungen und Mädchen gleichermaßen möglichen Namen „Camille". Erst nach einer weiteren Tochter folgt der ersehnte Sohn. Camille, Louise und Paul werden von ihrer strengen Mutter auf Distanz gehalten und wachsen in der Obhut eines Kindermädchens auf.

Vor Pauls Geburt war die Familie ins benachbarte Villeneuve-sur-Fère gezogen, wo Louise-Athanaïse das Pfarrhaus und einige Ländereien geerbt hatte. Die Claudels bleiben nicht lange dort, denn 1870 wird Louis-Prosper nach Bar-le-Duc versetzt, wo Camille zur Schule kommt. Sechs Jahre später muss die Familie erneut den Wohnort wechseln, weil der Vater wieder ein anderes Amt übernimmt, diesmal in Nogent-sur-Seine, einer Kleinstadt rund 80 Kilometer südöstlich von Paris. Dort stellt er für den inzwischen acht Jahre alten Paul einen Hauslehrer ein, Monsieur Colin, einen arbeitslosen Journalisten, der nichts dagegen hat, wenn auch die beiden Mädchen am Unterricht teilnehmen. Er unterweist die Kinder in Grammatik, Mathematik, Erdkunde, Geschichte und führt sie in die Literatur ein.

Colin erkennt die künstlerische Begabung Camilles, die bereits in Villeneuve-sur-Fère angefangen hatte, Ton aus der Ziegelgrube des Großvaters zu modellieren. 1879 zeigt er einige von ihr geformte Figuren dem mit ihm befreundeten Bildhauer Alfred Boucher, der gerade von seiner ersten Romreise zurückkehrte. Der achtundzwanzigjährige Künstler ist davon so angetan, dass er dem einzelgängerischen Mädchen zeigt, wie es die Tonklumpen kneten, schlagen und zerschneiden muss, um eingeschlossene Luftblasen zu öffnen und Fasern zu zerkleinern; so wird das Material geschmeidig und platzt später beim Brennen nicht.

Immer wieder kommt Camille schmutzig nach Hause, weil sie mit den Händen fetten Lehm aus dem Boden geklaubt hat. Ihre Mutter schimpft jedes Mal, aber das Mädchen lässt sich kaum etwas sagen, und häufig hält auch noch der Vater zu seiner Lieblingstochter. Selbst hitzköpfig und launenhaft, bringt er für das exaltierte Wesen Camilles mehr Verständnis auf als seine pflichtbewusste Frau. Er sorgt dafür, dass Camille ihre Tonfiguren auf einem Tisch in einer Gartenecke formen kann und findet sich damit ab, dass die Nachbarn sich über die für ein Mädchen höchst ungewöhnliche Beschäftigung seiner Tochter wundern.

Im November 1879 ziehen die Claudels nach Wassy-sur-Blaise. Paul besucht jetzt ein Lyzeum. Weil der Besuch einer höheren Schule in einer Provinzstadt nicht zur Qualifikation für den Staatsdienst ausreicht, überredet Louis-Prosper seine

CAMILLE CLAUDEL
Porträtaufnahme von 1884

Frau, mit den Kindern nach Paris zu ziehen. Die Entscheidung
dürfte ihm nicht leicht gefallen sein, denn er muss aus beruflichen Gründen allein in Wassy bleiben und einen Teil der Fa-
milienbesitzungen verkaufen, um seiner Familie ein standes-
gemäßes Leben in der teuren Hauptstadt zu ermöglichen. Am
26. April 1881 wird Paul in das renommierte Pariser Lyzeum
„Louis-le-Grand" aufgenommen.

Alfred Boucher, der seit einiger Zeit ebenfalls in Paris lebt,
macht Madame Claudel und ihren Kindern seine Aufwartung.
Der Künstler setzt sich für Camille ein und schlägt vor, sie
dem Direktor der *École Nationale des Beaux-Arts* vorzustellen. Obwohl dieser jede der mitgebrachten Figuren in die Hand
nimmt und sich anerkennend über das Talent der Siebzehnjährigen äußert, hat Camille keine Chance, in die Kunstakademie aufgenommen zu werden, denn dort sind Mädchen und
Frauen nur als Aktmodelle zugelassen. Ungeachtet des Pro-
tests von Louise-Athanaïse erlaubt ihr der Vater nun wenigstens, sich an einer privaten Kunstschule anzumelden, die Kurse
in Zeichnen, Malen und Kupferstechen anbietet. Camille, der
beigebracht worden war, selbst beim Wannenbad ein Hemd zu
tragen, muss sich erst daran gewöhnen, die auf einem Podest
inmitten der Staffeleien Modell stehenden nackten Frauen un-
verhohlen zu betrachten. Sogar ein eigenes Atelier darf sie zusammen mit anderen Kunststudentinnen mieten. Dort schaut
Alfred Boucher regelmäßig vorbei und hilft den Mädchen bei
ihren künstlerischen Versuchen.

AUGUSTE RODIN

Im August 1882 erhält Boucher ein Stipendium für den Besuch
der französischen Akademie in Rom. Vor seiner Abreise schlägt
er Camille vor, sich an den Bildhauer Auguste Rodin zu wenden. Tatsächlich erklärt dieser sich bereit, die künstlerische
Beratung der Kunststudentinnen zu übernehmen. Im Alter
von siebzehn Jahren hatte Rodin sich vergeblich bemüht, in
die nationale Kunstakademie aufgenommen zu werden. Weil
die ausdrucksstarken Gesten seiner Figuren dem vorherrschen-

den Klassizismus widersprachen, scheiterte er 1864 – in Camilles Geburtsjahr – auch bei dem Versuch, sich am „Salon", der jährlichen großen Kunstausausstellung im Industriepalast auf den Champs-Élysées, zu beteiligen. Seit dieser Zeit lebt Rodin mit einem seiner Modelle zusammen: der fünf Jahre jüngeren Näherin Marie Rose Beuret, die ihm 1866 den Sohn Auguste-Eugène gebar. Als er elf Jahre später eine lebensgroße Plastik ausstellte, verdächtigte man ihn, sie nicht modelliert, sondern mit Gipsabdrücken angefertigt zu haben, weil sie so naturgetreu wirkte. Erst als er mit einer überlebensgroßen Skulptur sein Können bewies, schaffte er den Durchbruch. Dieser Erfolg eines Künstlers, der es aus eigener Kraft und ohne ein Studium an der nationalen Kunstakademie geschafft hat, bestärkt Camille in ihrem Bestreben, als Bildhauerin berühmt zu werden.

Anscheinend verliebt sich der zweiundvierzig Jahre alte Bildhauer auf den ersten Blick in die Kunststudentin, die sich für seine neuartigen Ideen begeistert. Von Camille fühlt Rodin sich verstanden. Sie gibt ihm die geistige Anregung, die er bei Rose Beuret vermisst. Ob Rodins Liebe von seiner Schülerin sofort erwidert wird, wissen wir nicht, aber wir können uns vorstellen, welchen Eindruck es auf die Achtzehnjährige macht, von einem bekannten Bildhauer begehrt zu werden. Und ihr ist natürlich klar, dass er ihre Karriere durch Unterricht und Beziehungen fördern kann. Jedenfalls scheint sie sich seinen Nachstellungen nicht lange widersetzt zu haben. Wenn es sich allerdings herumspräche, dass Rodin mehr als ihr Lehrer ist, würden sie und ihre Familie unter dem Gerede zu leiden haben. Rose Beuret darf auch nichts erfahren, denn sie könnte in ihrer Eifersucht einen Skandal auslösen.

Rodin erlaubt Camille Claudel und einer anderen begabten Schülerin, der Engländerin Jessie Lipscomb, das ihm zur Verfügung stehende Atelier im staatlichen Marmordepot zu benutzen. Dort arbeitet er an dem Figurenschmuck für das Portal des geplanten Kunstgewerbemuseums: das „Höllentor", auf dessen Gestaltung Camille von da an starken Einfluss nimmt.

Ein junger Maler aus Calais vermittelt Auguste Rodin im Herbst 1884 den Auftrag für ein Denkmal in der nordfranzösischen Hafenstadt, das der Magistrat zur Erinnerung an ein Ereignis im Hundertjährigen Krieg errichten möchte: 1347 verließen sechs Patrizier unter Führung von Eustache de Saint-Pierre nach elfmonatiger Belagerung durch die Engländer die schützenden Mauern von Calais und lieferten sich dem englischen König barfuß und ohne Kopfbedeckung als Geiseln aus. So konnten sie zwar nicht die Einnahme der Stadt verhindern, aber deren Verwüstung. Das Monument stellt für Rodin eine künstlerische Herausforderung dar, und er diskutiert fast jeden Tag mit Camille über die Konzeption.

GEFÜHLSAUSBRÜCHE

Die Beziehung des ungleichen Paares ist allerdings nicht frei von Spannungen, denn Camille wechselt unberechenbar ihre Launen: Einmal gibt sie sich zärtlich und verständnisvoll, dann wieder erbost und verletzend. Offenbar weist sie Rodin mitunter auch zurück, denn in einem undatierten Brief von ihm lesen wir: „Meine grausame Freundin, mein armer Kopf ist ganz krank und ich kann morgens nicht mehr aufstehen. [...] Ich kann keinen Tag länger aushalten, ohne dich zu sehen." Unter der Unterschrift fügt er hinzu: „Ich umfasse deine Hände, meine Freundin, du, die mir solch hohe und glühende Freuden schenkst, bei dir lebt meine Seele kraftvoll, und in ihrer rasenden Liebe bildet die Achtung vor dir immer den tiefsten Grund. [...] Meine Beste, auf beiden Knien vor deinem schönen Körper, den ich umarme."

Im Mai 1886 folgt Camille einer Einladung Jessie Lipscombs, die Sommerferien gemeinsam in deren Elternhaus in Peterborough (Hampshire) zu verbringen. Sie unterrichtet Rodin erst kurz vor der Abreise und will auch nicht, dass er ihr schreibt. Offenbar denkt sie darüber nach, das Verhältnis zu beenden. Wegen Rodins wilder Ehe mit Rose Beuret und seinen kurzen Affären mit einigen Modellen ist sie unglücklich. Außerdem macht es sie nervös, immer wieder Lügen erfinden zu müssen, um Eltern und Geschwister zu täuschen. Rodin eilt ihr nach und verbringt einen Abend als Gast im Haus der

Familie Lipscomb, aber Camille gibt sich schlecht gelaunt und zieht sich vorzeitig zurück. Auf seine flehentlichen Briefe antwortet sie nur kurz oder gar nicht. Nach ihrer Rückkehr verlangt sie von ihm eine schriftliche Zusicherung: „In Zukunft, beginnend ab heute, dem 12. Oktober 1886, werde ich nur Mademoiselle Camille Claudel als meine Schülerin annehmen und ich werde sie allein mit allen Mitteln unterstützen [...] Ich werde keine weiteren Schüler haben [...] Nach der Ausstellung im Mai werden wir nach Italien fahren und dort mindestens sechs Monate bleiben, [...] danach wird Mademoiselle Camille meine Frau sein. [...] Ich werde keines der weiblichen Modelle, die ich gekannt habe, mehr nehmen." Weiter heißt es in der Abmachung: „Mademoiselle Camille verpflichtet sich, mich in ihrem Atelier zu empfangen: viermal im Monat bis zum Mai." Um seine Geliebte nicht zu verlieren, musste Rodin ihr offenbar die Heirat versprechen, aber es ist ihm gelungen, Camille aufs folgende Jahr zu vertrösten.

Noch im selben Monat wagt sich die zierliche Bildhauerin erstmals an eine lebensgroße Skulptur: ein nacktes Paar mit dem Titel „Sakuntala". Zwölf Stunden am Tag arbeitet sie an dem Kunstwerk, wobei ihr abwechselnd eine Frau und ein Mann Modell stehen. Weil Camille wegen der Größe der Tonfiguren mehr Platz benötigt, verlangt Jessie Lipscomb eine Umverteilung der Ateliermiete. Als diese Forderung wirkungslos bleibt, mietet sie im Frühjahr 1887 eine eigene Werkstatt. Möglicherweise hängt Jessies Entscheidung auch mit den fortdauernden Spannungen zwischen ihrem Lehrer Rodin und Camille zusammen. Jedenfalls ärgert diese sich, und es kommt zu einem heftigen Streit. Von einem Augenblick auf den anderen betrachtet Camille ihre beste Freundin hasserfüllt als Feindin. Als sie im Sommer von einem Sturz der inzwischen verheirateten und schwangeren Engländerin erfährt, schreibt sie einer Bekannten: „Ich habe ordentlich gelacht, dass Jessie die Treppe heruntergepurzelt ist; ich nehme an, dass ihr Kind jetzt bucklig geboren wird [...]"

Kurze Zeit später haben Rodin und Camille Claudel sich offenbar versöhnt, denn sie verbringen die Sommermonate zusammen an der Loire, im Château de l'Islette in Azay-le-Rideau.

SKANDAL

Anlässlich der Pariser Kunstausstellung im Frühjahr 1888 zeichnet die Jury Camille Claudel für ihre realistische Tonfigurengruppe „Sakuntala" mit einer „mention honorable" aus. Daraufhin wird ihre Arbeit auch in allen wichtigen Kunstzeitschriften gelobt. Wegen des Erfolgs möchte die Dreiundzwanzigjährige ihre Skulptur in Carraramarmor hauen. Die Anstrengung scheut sie ebenso wenig wie die handwerkliche Herausforderung. Einen Block in den dafür erforderlichen Ausmaßen kann sie sich zwar nicht leisten, aber sie hofft, einen staatlichen Auftrag für die Ausführung der Figurengruppe zu bekommen.

Rodin mietet ein neues Atelier und schlägt seiner Geliebten vor, es mitzubenutzen. Camille geht darauf ein und verlässt das Atelier in der Rue Notre-Dame-des-Champs, das sie seit 1881 mit anderen Künstlerinnen teilte. In der Nähe der neuen Werkstatt mietet Rodin 1889 eine hundertfünfundzwanzig Jahre alte Villa, die *Folie-Neufbourg* im Parc du Clos-Payen. Wo vor fünfundfünfzig Jahren George Sand und Alfred de Musset sich liebten, haben jetzt Auguste Rodin und Camille Claudel ihre gemeinsame Wohnung. Die junge Frau hofft wohl noch immer, dass Auguste seine Zusagen eines Tages einhalten wird.

Ihre Eltern und Geschwister wissen nichts von ihrem bereits sieben Jahre dauernden Verhältnis. Sie nehmen vielmehr an, dass Rose Beuret die Ehefrau des Bildhauers ist und laden die beiden 1889 zusammen mit Camille nach Villeneuve-sur-Fère ein, wo sie im Sommer zu wohnen pflegen. Da auch Rose noch immer nichts von der Beziehung ihres Lebensgefährten zu seiner Schülerin gemerkt hat, ist die Situation an der Kaffeetafel einer großbürgerlichen, auf Sitte und Anstand bedachten Familie recht bizarr.

Bald darauf fahren Rodin und Camille Claudel in die Pyrenäen. Sie lügt ihren Eltern in Briefen vor, mit einer englischen Familie unterwegs zu ein. Aber die Claudels erfahren durch Zufall nicht nur, mit wem ihre ältere Tochter reist, sondern sie durchschauen jetzt auch, dass sie seit langem die Geliebte

Rodins ist. Erzürnt über die Schande wollen sie nichts mehr mit ihr zu tun haben. Der Skandal bleibt auch Rose Beuret nicht verborgen, und Rodin kann sie nur mit viel Mühe besänftigen.

Paul Claudel nimmt nach kurzer Zeit wieder Kontakt zu seiner Schwester auf. Es geht ihm darum, sie und ihren Geliebten um einen Gefallen zu bitten: Er hat inzwischen sein Studium der Rechts- und Staatswissenschaften an der Sorbonne abgeschlossen und Camille soll Rodin überreden, seine Beziehungen für Paul einzusetzen. Tatsächlich bittet der prominente Künstler den französischen Außenminister Eugène Spuller am 6. Januar 1890 in einem Schreiben um die Zulassung des jungen Mannes zur Aufnahmeprüfung für den diplomatischen Dienst und ebnet Paul Claudel damit den Weg.

Obwohl Camille nach dem Bruch mit ihren Eltern ohne deren finanzielle Unterstützung auskommen muss, braucht sie – solange Auguste Rodin zu ihr hält – auf nichts zu verzichten, denn ihr Geliebter zahlt die Miete für die Villa und das Atelier, sorgt für ihren Lebensunterhalt und kauft ihr Kleider. Nun, nachdem das Verhältnis der beiden kein Geheimnis mehr ist, zeigt er sich mit ihr auch in der Öffentlichkeit Arm in Arm.

ENTTÄUSCHUNGEN

Auch für die Sommerferien 1890 mietet Rodin einige Räume im Château d'Islette an der Loire. Von dort korrespondiert er mit Rose Beuret, die seit einiger Zeit kränkelt und Anfang des Jahres bis auf weiteres von ihrem Arzt und dessen Frau aufgenommen wurde. Ungewöhnlicherweise soll sie ihre Antwortbriefe nicht ins Schloss schicken, sondern postlagernd nach Tours. Will Rodin den Briefwechsel vor Camille verheimlichen?

Der erhoffte Staatsauftrag für eine Marmorversion der „Sakuntala" bleibt aus. Camille Claudel arbeitet inzwischen an einer weiteren Figurengruppe, einem tanzenden nackten Paar. Im Februar 1892 bewirbt sie sich um einen staatlichen

Auftrag für „Der Walzer". Der Kunstinspektor Armand Dayot, der die Skulptur prüft, ist zwar beeindruckt von der künstlerischen Ausführung, hält jedoch die Darstellung wegen der „Nacktheit aller menschlichen Details" für anstößig und empfiehlt deshalb Drapierungen. Will Camille Claudel das Material für eine Marmorversion vom Staat bekommen, bleibt ihr nichts anderes übrig, als den Rat anzunehmen.

Auguste Rodin und Camille Claudel fahren auch im Sommer 1892 an die Loire, aber diesmal bleibt die Siebenundzwanzigjährige im Château d'Islette viel allein, weil ihr Geliebter zwischendurch in Paris nach dem Rechten sieht. Vielleicht stammt ein undatierter Brief Camilles aus dieser Zeit. Sie schreibt darin: „Ich schlafe nackt und bilde mir ein, du wärst hier, aber wenn ich aufwache, ist es nicht dasselbe." Im Postskriptum ermahnt sie ihn: „Vor allem betrüge mich nicht mit anderen Frauen!"

Sie arbeitet weiter daran, die nackten Körper des Walzer tanzenden Paares teilweise zu verhüllen: Die wehenden Stoffe betonen die Bewegung und nehmen die fließenden Formen des Jugendstils vorweg. Im November 1892 bittet Camille um eine erneute Begutachtung, und diesmal befürwortet Armand Dayot den Staatsauftrag für eine Marmor-Ausführung. Die Regierung will einen Gesteinsblock zur Verfügung stellen und setzt bereits den Preis für das Kunstwerk fest. Doch im März 1893 vereitelt plötzlich jemand den Auftrag. Wer sich da eingeschaltet hat, erfährt Camille nicht. Für die Künstlerin, die ein halbes Jahr lang an den verlangten Drapierungen gearbeitet hat, um den ersehnten Marmorblock zu bekommen, stellt das endgültige Scheitern eine besonders schmerzhafte Enttäuschung dar.

BEFREIUNGSSCHLAG

Selbst wohlmeinende Rezensenten ihrer Kunstwerke glauben, Camille Claudel als Schülerin des berühmten Bildhauers Auguste Rodins vorstellen zu müssen, oder als Schwester Paul Claudels, der dabei ist, sich parallel zu seiner Diplomatenkarriere einen Namen als Schriftsteller zu machen. Da einer

Frau in dieser Zeit eigenständige Kunst nicht zugetraut wird, nimmt man an, dass die Bilderhauerin Ideen Rodins ausführt. Niemand kann sich vorstellen, dass es vielmehr Rodin ist, der ihr wertvolle Anregungen für die Gestaltung des „Höllentors" und der Skulptur „Die Bürger von Calais" zu verdanken hat. Die Frustration über die fehlende Anerkennung und der verzweifelte Versuch, aus Rodins Schatten herauszutreten, veranlassen die ehrgeizige Frau schließlich, sich um ihren neunundzwanzigsten Geburtstag herum endgültig von ihrem Geliebten zu trennen. Bestärkt wird sie in ihrem Entschluss durch die späte Einsicht, dass Rodin sie niemals heiraten wird. Im Gegenteil, er zieht mit seiner weiterhin kränkelnden Lebensgefährtin Rose Beuret vorübergehend in den Pariser Vorort Bellevue und verhandelt über den Kauf einer Villa außerhalb der Stadt, zu der auch ein Atelier gehört. Camille muss also davon ausgehen, dass er in Zukunft mehr Zeit mit Rose als bei ihr in der Villa *Folie-Neufbourg* verbringen wird. Rodin reagiert fassungslos auf die Trennung und klagt im Frühjahr 1894 auf entlarvende Weise einem Freund, er besitze keine Autorität mehr über Camille.

Wie bei der Beendigung ihrer Freundschaft mit Jessie Lipscomb schlagen Camilles Gefühle sofort in Hass um. Rodin versucht mehrmals, sie zu treffen, aber sie geht ihm aus dem Weg und hält ihn bald für ihren schlimmsten Feind, unterstellt ihm, ihr schaden zu wollen und macht ihn dafür verantwortlich, dass ihre Einnahmen nicht einmal die Kosten für Atelier und Material decken. „Meine Schwester! Was für eine tragische Existenz!", wird Paul Claudel 1943 in sein Tagebuch schreiben. „Als sie dreißig war und erkannte, dass Rodin sie nicht heiraten würde, brach alles um sie herum zusammen, und ihr Gemüt war außer Stande, die Last zu tragen." Der Kunstkritiker Octave Mirbeau kommentiert in einem Zeitschriftenartikel über Camille Claudel, die er für ein Genie hält: „Bei diesen glühenden Naturen, bei diesen aufsiedenden Seelen hat die Hoffnungslosigkeit ebenso tiefe Abgründe wie die Hoffnung ihnen Schwung in die Höhen gibt."

Trotz des Hasses, der ihm von seiner ehemaligen Geliebten entgegenschlägt, setzt Auguste Rodin sich weiter für sie ein und überredet Interessenten, sich ihre Werke anzusehen. Anlässlich des siebzigsten Geburtstags des Malers Puvis de Chavannes organisiert er am 16. Januar 1895 im Hotel „Continental" eine Festtafel für sechshundert Gäste, darunter zwei Minister der französischen Regierung. Rodins Vorschlag, auch Camille und drei andere Künstlerinnen einzuladen, wird vom Festausschuss entschieden abgelehnt, aber er kann das Komitee überreden, bei Camille Claudel ein Kunstwerk in Auftrag zu geben und es dem *Musée de Luxembourg* zu schenken. Man liefert der Künstlerin einen geeigneten Marmorblock, und verblüffenderweise wählt sie als Vorlage die nach der griechischen Schicksalsgöttin Klotho benannte Tonstatue einer nackten alten Frau mit ausgemergeltem Körper und schlaffen Brüsten. Dabei versteht eigentlich niemand, was die Künstlerin bewogen hat, diese abstoßende Figur zu modellieren.

„FLEHEND, GEDEMÜTIGT, NACKT UND AUF DEN KNIEN LIEGEND"

Aufgrund von Rodins Bemühungen meldet sich eines Tages erneut ein staatlicher Kunstinspektor bei Camille Claudel. Sie lenkt seine Aufmerksamkeit auf eine Dreiergruppe, die einen Mann mit den Zügen Rodins darstellt, der von einer alten Frau fortgezogen wird, während eine wohlgestaltete junge Frau flehentlich die Arme nach ihm ausstreckt: „Das reife Alter". Ist ihr die Rache wichtiger als der künstlerische Erfolg? Jedenfalls gelingt es ihr, den Kunstinspektor von der realistischen Skulptur zu überzeugen, sodass er den Ankauf befürwortet, obwohl es bei einer Ausstellung zum Eklat kommen muss, denn es ist offensichtlich, dass sie damit Auguste Rodin, Rose Beuret und sich selbst dargestellt hat. „Dieses nackte junge Mädchen ist meine Schwester!", schreibt Paul Claudel. „Meine Schwester Camille. Flehend, gedemütigt, kniend, so hat sich diese stolze junge Frau dargestellt. Flehend, gedemütigt, nackt und auf den Knien liegend!"

Am *Salon* der *Société Nationale des Beaux-Arts* im Frühjahr 1899 beteiligt Camille Claudel sich mit der inzwischen fertig gestellten Marmorfigur „Klotho" und der Figurengruppe

„Das reife Alter". Jetzt erst merkt Rodin, was die Dreiergruppe bedeutet. Betroffen sieht er sich dem Gespött der Öffentlichkeit ausgesetzt. In den Staatsauftrag für einen Bronzeguss von „Das reife Alter" sind nur noch Preis und Datum einzufügen, doch Ende Juni notiert jemand auf der entsprechenden Akte des Ministeriums für Schöne Künste: „Neue Anweisungen: Auftrag annullieren." Camille schreibt diese Wendung dem Einfluss Rodins zu – und in diesem Fall dürfte sie damit Recht haben.

ZUSAMMENBRUCH

Im Jahr darauf zieht sie in ein heruntergekommenes Mietshaus am Quai Bourbon und richtet ihre beiden Zimmer als Wohnung und Atelier ein. Die einsame Künstlerin verwahrlost, beginnt zu trinken und entwickelt kaum noch neue Ideen, löst stattdessen Einzelfiguren aus früheren Gruppen, verändert sie leicht und tut so, als handele es sich um neue Werke.

Trotzdem verhilft ihr der Kunsthändler Eugène Blot, der auch junge Nachwuchskünstler fördert, in seiner Galerie zur ersten Einzelausstellung vom 4. bis 16. Dezember 1905. Ihre Exponate werden zwar von den Kritikern durchweg gelobt, aber Blot kann nichts verkaufen. Von da an beteiligt Camille sich auch nicht mehr an den jährlichen *Salons*. „Wenn es noch Zeit gäbe, den Beruf zu wechseln, würde ich das bevorzugen", schreibt sie Blot. „Ich hätte mir lieber schöne Kleider und schöne Hüte kaufen sollen, die meine natürlichen Qualitäten hervorgehoben hätten [...] Entschuldigen Sie diese bitteren und verspäteten Überlegungen: Sie werden die gemeinen Monster, die mich auf diesen gefährlichen Weg gebracht haben, nicht besänftigen."

Im Sommer 1906 zertrümmert die Einundvierzigjährige die Skulpturen in ihrem Atelier, verbarrikadiert sich in paranoider Angst und hält die Fensterläden auch tagsüber geschlossen. „Camille verrückt", notiert Paul Claudel nach einem Besuch bei ihr in seinem Tagebuch. „Die Tapeten in langen Streifen von den Wänden gerissen, ein einziger kaputter und zerrissener Sessel, furchtbarer Schmutz. Sie selbst ist fett und schmutzig und redet ununterbrochen mit monotoner und metallischer Stimme." Nicht nur von Auguste Rodin, sondern auch von Mutter und Schwester fühlt sich Camille verfolgt. Louise hatte 1888 einen erheblich älteren Mann aus Villeneuve-sur-Fère geheiratet. Nach dessen Tod zog sie mit ihrem kleinen Sohn ins Haus der Eltern, die seit der Pensionierung Louis-Prosper Claudels wieder zusammen in Villeneuve wohnen. Als der Vater am 2. März 1913 im Alter von achtundachtzig Jahren stirbt, wird Camille nicht einmal verständigt; die Beerdigung findet ohne sie statt. Bereits am nächsten Tag fährt Paul Claudel nach Paris und besorgt sich bei einem entfernt verwandten Arzt ein Attest über die Unzurechnungsfähigkeit seiner Schwester, das er bei der Polizeipräfektur vorlegt. Am 10. März dringen zwei Wärter in Camille Claudels Behausung ein und bringen die fünfzig Jahre alte Künstlerin mit Gewalt in die staatliche Irrenanstalt von Ville-Evrard mit über tausend Betten. Eine Woche später will Rodin sie besuchen, aber die Anstaltsleitung zieht die zunächst erteilte Erlaubnis aus einem nicht bekannten Grund gleich wieder zurück.

Wegen des Kriegs werden die Insassen im September 1914 nach „Montdevergues" in Villeneuve-lès-Avignon verlegt. Louise-Athanaïse Claudel zahlt pünktlich die Rechnungen für die Unterbringung ihrer Tochter, fühlt sich hingegen außer Stande, sie bei sich aufzunehmen und lehnt entsprechende Vorschläge der Ärzte ab. Weder die Mutter noch die Schwester besuchen Camille auch nur ein einziges Mal: Sie verzeihen ihr nie die Schande, die sie über die Familie gebracht hat. Louise-Athanaïse Claudel antwortet dem Direktor von „Montdevergues" auf eine Anfrage: „Sie hat alle Laster. Ich will sie nie mehr wieder sehen; sie hat uns zuviel Schlimmes angetan." Paul Claudel, der im Oktober 1913 als französischer Generalkonsul nach Hamburg gezogen war, schaut wenigstens hin und wieder bei ihr vorbei.

„Was mich betrifft, so bin ich über den Fortgang meines Lebens hier so verzweifelt, dass ich nicht mehr ein menschliches Wesen bin. Ich kann die Schreie all dieser Geschöpfe nicht mehr ertragen. Es bricht mir das Herz. Mein Gott! Wie ich mich nach Villeneuve sehne!", klagt Camille in einem Brief an ihren Bruder Paul und fährt fort: „Ich habe nicht all das getan, was ich getan habe, um namenlos in einem Irrenhaus zu enden, ich habe Besseres verdient [...]" Auf den Vorschlag der Direktion, wieder mit dem Modellieren anzufangen, geht sie nicht ein: Nie wieder versucht sie sich als Künstlerin. Dreißig Jahre lang bleibt sie eingesperrt – bis sie am 19. September 1943 stirbt. Nach dem Besuch am Sterbebett seiner Schwester notiert Paul Claudel in seinem Tagebuch: „[...] bittere, bittere Reue, dass ich sie so allein gelassen habe für so lange Zeit [...]" Das armselige Grab, in dem die Anstalt sie bestattete, ist nach dem Zweiten Weltkrieg nicht mehr auffindbar.

Epilog

Erst in den Achtzigerjahren erinnerte man sich wieder an die außergewöhnliche Bildhauerin. Den Anfang machte die französische Autorin und Theaterregisseurin Anne Delbée mit ihrem 1981 uraufgeführten Stück „Une femme" und ihrer im Jahr darauf unter dem gleichen Titel veröffentlichten Romanbiografie (deutsch: „Der Kuss"). 1984 brach Paul Claudels Enkelin Reine-Marie Paris ein Familientabu und publizierte eine Biografie ihrer Großtante. Sie unterstützte dann auch den Filmregisseur Bruno Nuytten und dessen damalige Lebensgefährtin, die Schauspielerin Isabelle Adjani, bei der Realisierung eines Filmporträts, das im Winter 1988 in Paris erstmals vorgeführt wurde. Jahrzehnte nach ihrem Tod gilt Camille Claudel heute als bedeutende Künstlerin und einzigartige Persönlichkeit. Erschüttert versteht man jetzt, woran sie zerbrochen war: Weder ihre Familie noch die Gesellschaft, nicht einmal Auguste Rodin hatten sich damals vorstellen können, dass eine Frau zu eigenständiger künstlerischer Arbeit fähig sei.

Gertrude Bell

1868–1926

DIE ENGLISCHE INDUSTRIELLENTOCHTER GERTRUDE BELL studierte als eine der ersten Frauen in Oxford. Sie unternahm Weltreisen und tollkühne Klettertouren in den Schweizer Alpen, bevor sie anfing, Wüsten zu durchqueren und den Orient zu erkunden. Aufgrund ihrer außergewöhnlichen Landeskunde und ihrer Kontakte zu einflussreichen Scheichs wurde die „Königin der Wüste" im Ersten Weltkrieg die einzige politische Offizierin des britisch-indischen Expeditionskorps in Mesopotamien. Als die Araber sich mithilfe der Briten von der osmanischen Herrschaft befreiten, beriet Gertrude Bell die Regierung in London, deren Repräsentanten vor Ort und den ersten König des neuen Staates Irak. Bagdad wurde zu ihrer zweiten Heimat.

TOCHTER EINES GROSSINDUSTRIELLEN

Isaac Lowthian Bell studiert in Deutschland, Dänemark, Schottland und Frankreich Physik, Chemie und Metallurgie. Mit fünfundzwanzig beteiligt er sich 1841 an der Leitung des Eisenwerks seines Vaters in Newcastle-upon-Tyne, und 1844 gründet er mit seinen beiden Brüdern ein Montanunternehmen, das fünfundwanzig Jahre später mit 47 000 Beschäftigten ein Drittel des gesamten englischen Eisenbedarfs deckt.

Isaac Bells 1844 geborener Sohn Hugh schreibt sich mit fünfzehn an der Sorbonne in Paris ein. Nach sechs Semestern Chemie kehrt er zurück, steigt in den Vorstand des Familienunternehmens auf und übernimmt wenige Jahre später die Firmenleitung. 1867 vermählt sich der Dreiundzwanzigjährige mit Mary Shield, der Tochter eines Lebensmittelkaufmanns in

GERTRUDE BELL ZWISCHEN WINSTON CHURCHILL UND
LAWRENCE VON ARABIEN VOR DEN PYRAMIDEN VON GISEH
Foto 1921

Newcastle. Sie wird am 14. Juli 1868 von einem Mädchen entbunden, für das sie die Namen Gertrude Margaret wählt. Drei Jahre später stirbt sie kurz nach der Geburt ihres Sohnes Maurice. Der Witwer Hugh Bell kommt lange nicht über den Tod seiner Frau hinweg, aber 1876 heiratet er die sechs Jahre jüngere, in Paris aufgewachsene Bühnenautorin Florence Olliffe, mit der er drei weitere Kinder zeugt: Elsa, Molly und Hugo.

Unterricht erhalten die fünf Kinder zunächst von Privatlehrern im Elternhaus *Routon Grange* bei Northallerton. Mit fünfzehn wird Gertrude von Florences Mutter in London aufgenommen, damit sie ab Frühjahr 1884 das „Queen's College" besuchen kann, eine der wenigen höheren Schulen, die auch Mädchen offen stehen. Die Bells haben sich zu diesem ungewöhnlichen Schritt entschlossen, um die auffallende Intelligenz und Wissbegier ihrer ältesten Tochter zu fördern. Das Leben in der Großstadt bedeutet für Gertrude nicht, dass sie sich – etwa wie ihr Bruder in Eton – frei bewegen kann; sie ärgert sich hingegen über die großbürgerliche Etikette, derzufolge sie selbst ins Museum nur in geeigneter Begleitung gehen darf. (Als Gertrude mit fast zweiundzwanzig Jahren einmal wagt, nicht nur allein, sondern auch noch mit der Londoner Untergrundbahn zu einer Freundin zu fahren, entrüstet sich ihre Stiefmutter über diese „Orgie der Unabhängigkeit".)

Nach zwei College-Jahren beginnt die Siebzehnjährige als eine der ersten Frauen in Oxford Geschichte zu studieren. 1888, ein Jahr früher als vorgesehen, absolviert sie die schriftlichen Examen und feiert anschließend eine Woche lang mit Freunden. Ihre Eltern reisen eigens an, damit sie bei den öffentlichen mündlichen Prüfungen zuhören und ihr nach dem erfolgreichen Abschluss gratulieren können. Akademische Titel bleiben allerdings noch drei Jahrzehnte männlichen Absolventen vorbehalten.

MISSERFOLG AUF DEM HEIRATSMARKT

Kurz vor Weihnachten 1888 reist Billy Lascelles mit seiner angeheirateten Cousine Gertrude Bell zu seinen Eltern nach Bukarest. Mary Lascelles – eine Schwester von Gertrudes Stiefmutter – hat das Mädchen eingeladen. Auf mehreren Bällen bringt die gewandte Diplomatengattin ihrer Nichte bei, wie sich eine vornehme junge Dame zu benehmen hat, und ihr Mann stellt die Zwanzigjährige bedeutenden Politikern vor. Mit dem zehn Jahre älteren Journalisten Valentine („Domnul") Chirol, einem guten Bekannten ihrer Gastgeber, befreundet sie sich. Mit ihm und Billy fährt sie Ende April 1889 zu einem Kurzbesuch von Bukarest nach Istanbul.

Möglicherweise fördern Mary Lascelles und Florence Bell das Zusammensein ihrer Kinder, weil sie auf eine eheliche Verbindung der beiden hoffen. Billy bemüht sich wohl um Gertrude, doch er besteht in ihren Augen nicht den Vergleich mit ihrem Vater, den sie wegen seiner hervorragenden Bildung und seiner außergewöhnlichen unternehmerischen, künstlerischen und sportlichen Begabungen sehr verehrt. Es reicht deshalb nur für eine Freundschaft.

Höhere Töchter werden üblicherweise ab dem siebzehnten Lebensjahr auf Bällen – das heißt: auf dem Heiratsmarkt – präsentiert. Spätestens drei Jahre nach ihrem Debütantinnenball sollten sie einen Bräutigam gefunden haben. Gertrude ist bereits einundzwanzig, als Florence sie auf einem Ball in London vorstellt, aber weder hier noch in den beiden folgenden Jahren hält jemand um die Hand der als hochnäsig geltenden Industriellentochter an.

DIE GROSSE LIEBE

Nachdem Gertrude sich im Winter 1891/92 die Grundlagen der persischen Sprache angeeignet hat, begleitet sie im folgenden Frühjahr ihre Tante Mary Lascelles im Orientexpress von Paris nach Istanbul und von dort weiter nach Teheran, wo Frank Lascelles britischer Botschafter geworden ist.

Eine Woche nach ihrer Ankunft schreibt Gertrude in einem Brief: „Mr Cadogan ist ein richtiger Schatz; ich habe nicht mehr damit gerechnet, dass ich ausgerechnet hier in Teheran endlich einem so reizenden Mann begegne [...]" Der zehn Jahre ältere, schlanke und sportliche Diplomat teilt ihre Begeisterung für Geschichte und Literatur, reitet mit ihr in die Wüste, nimmt sie auf eine Falkenjagd mit und liest ihr persische Gedichte vor. Während des mehrmonatigen Aufenthalts in Teheran verliebt Gertrude sich in ihn, und er hält schriftlich bei Hugh Bell um ihre Hand an, aber Gertrudes Vater verweigert die Zustimmung: Henry Cadogan ist zwar der Enkel eines Grafen, gesellschaftlich also mehr als ebenbürtig, aber es kursieren Gerüchte, er sei ein Hasardeur und habe Spielschulden. Nach ihrer Rückkehr versucht Gertrude, ihren Vater in einem persönlichen Gespräch umzustimmen, und als dies nicht gelingt, hofft sie darauf, dass Cadogan eines Tages als Nachfolger von Frank Lascelles zum Botschafter in Teheran ernannt und dann von ihrem Vater akzeptiert wird. Ihrem väterlichen Freund Valentine Chirol vertraut sie ihre Gefühle an: „[...] bin ich so verzweifelt, dass ich nicht einmal weinen kann – es gibt Tage, die so schlimm sind, dass nur noch Schweigen möglich ist." Es kommt noch ärger: Im August 1893 erfährt sie, dass Henry Cadogan gestorben ist. Er war beim Angeln in eiskaltes Wasser gefallen und an einer Lungenentzündung erkrankt, von der er sich nicht mehr erholt hatte. – Über den Tod ihres ersten Geliebten wird Gertrude nie ganz hinwegkommen.

WANNENBAD IN DER WÜSTE

Während ihres Aufenthalts in Teheran hatte sich Gertrude Bell mit dem deutschen Diplomaten Fritz Rosen und seiner Ehefrau befreundet. Nina Rosen, die mittlerweile mit ihrem zum Konsul beförderten Mann in Jerusalem lebt, lädt Gertrude zu einem Besuch ein. Nachdem die Einunddreißigjährige ihre persischen Sprachkenntnisse aufgefrischt und Arabisch zu lernen begonnen hat, folgt sie der Einladung im November 1899. Sie wohnt in einem Hotel und übt mit einem einheimischen Sprachlehrer täglich fünf bis sechs Stunden Arabisch. Die Mahlzeiten nimmt sie vorwiegend am Tisch der Familie Rosen ein.

Mutig wagt Gertrude erste Exkursionen. So reitet sie zum Beispiel mit einem orientalischen Führer, einem Koch und zwei Maultiertreibern nach Jericho. Dabei trägt sie ein bodenlanges Kleid. Nachdem ihre Begleiter abends ein Lager aufgebaut haben, badet sie in einer mit heißem Wasser gefüllten „Wanne" aus Zeltplanen. Am dritten Tag redet sie auf einen osmanischen Beamten so lang ein, bis er ihr erlaubt, weiter zu den Ruinen von Maschetta zu reisen und einen berittenen Soldaten für ihren Schutz abstellt. Dessen Anwesenheit hält tags darauf immerhin drei bewaffnete Beduinen von einem Raubüberfall ab. Fast drei Wochen dauert die ebenso abenteuerliche wie beschwerliche Reise; dann trifft Gertrude wieder in Jerusalem ein.

Ende April 1900 bricht sie mit dem Ehepaar Rosen in den Nordosten Palästinas auf. Nach einem anstrengenden Ritt im unbequemen Damensitz ignoriert die englische Unternehmertochter die viktorianischen Anstandsregeln und scheut bei der nächsten Etappe nicht mehr davor zurück, sich von Friedrich Rosen einen Herrensattel zu leihen. „Bis ich zu sprechen anfange, denken die Leute immer, ich sei ein Mann und reden mich mit Effendi an!", schreibt sie ihrer Stiefmutter. „Du kannst mir glauben, dass ich einen höchst eleganten und schicklich geteilten Rock trage. Da aber alle Männer auch eine Art Rock tragen, dient dies nicht dazu, mich von ihnen zu unterscheiden."

160 Kilometer von Jerusalem entfernt, trennt Gertrude sich von den Rosens und reitet mit fünf einheimischen Begleitern weiter über die vulkanische Hauran-Hochebene, ein noch nicht kartografiertes Gebiet, das vor ihr noch nie eine europäische Frau betreten hat. Mit dem *Mudir* (Gouverneur) von Bosrah verhandelt sie am 2. Mai in arabischer Sprache über eine Weiterreise nach Salkhad. Sie berichtet darüber in einem Brief: „Er bot mir Kaffee an, und die Verhandlungen begannen. Wo ich hinginge? ,Nach Damaskus.' ,Gott hat es geschaffen! Es gibt eine gute Straße nach Westen mit den und den Orten,

sehr schönen Ruinen.' – ,So es Gott gefällt, werde ich sie sehen! Aber zuerst möchte ich mir Salkhad anschauen.' (Das ist das Herz des Drusenlandes, und sie wollen nicht, dass ich hingehe.) ,Salkhad! Da ist überhaupt nichts, und die Straße ist sehr gefährlich. Das kann nicht geschehen.' – ,Es muss sein.' – ,Aus Damaskus ist ein Telegramm gekommen: Der *Mutasarrif* fürchtet um die Sicherheit Ihrer Person.' (Das ist nicht wahr.) – ,Engländerinnen fürchten sich nie.' (Das ist auch nicht wahr.)" Weil es Gertrude aber nicht gelingt, die gewünschte Erlaubnis zu bekommen, brechen sie und ihre Begleiter um zwei Uhr nachts heimlich die Zelte ab. „Ich bin ihnen durch die Finger geschlüpft", jubelt sie. In Areh sucht sie den Drusenführer Jahja Beg auf, der ihr erlaubt, sich frei im Dschebel Drus zu bewegen und ihr sogar eine Eskorte mitgibt.

Am 11. Mai erreicht sie Damaskus. Dort hat sie Gelegenheit, ihre Eltern telegrafisch um eine Geldanweisung zu bitten. Da es riskant wäre, mehr als ein paar Banknoten und Münzen mitzuführen, vertraut sie den erhaltenen Betrag einem arabischen Händler an, der ihr einen Kreditbrief ausstellt, gegen den jeder seiner Partner das Geld auszahlt, das sie während einer zweiwöchigen Tour durch die Wüste nach Palmyra und zurück benötigt.

An einem der Abende richten Beduinen ihr Lager neben Gertrude Bell und ihren Begleitern ein. Deren Scheich, ein etwa zwanzigjähriger Araber vom Stamm der Hasineh, von dem es heißt, er besitze fünfhundert Zelte und sogar ein Haus in Damaskus, macht der Engländerin seine Aufwartung und lädt sie in sein Zelt ein. Beim Gestank eines schwelenden Kameldung-Feuers sitzt sie auf Kissen und Teppichen, trinkt den starken, bitteren Kaffee der Araber, raucht Zigaretten durch ihre Zigarettenspitze aus Elfenbein und hört den melancholischen Liedern eines Rubaba-Spielers zu. „All die schweigenden Leute saßen herum und blickten mich an, ungepflegt, halb nackt, ihre *Keffiehs* übers Gesicht gezogen, nichts lebendig an ihnen als ihre Augen." Nach einiger Zeit verabschiedet sie sich – und wundert sich über die frostigen Mienen ihrer Gastgeber. Im Freien klärt einer ihrer Begleiter sie über die Ursache der Verstimmung der Hasineh auf: In der Erwartung, dass Gertrude zum Essen bleiben würde, haben sie eigens ein Schaf geschlachtet. Also kehrt sie gleich wieder um und überreicht dem Scheich eine Pistole als Gastgeschenk. „Es war ein ziemlich kostspieliges Essen", klagt sie anschließend in ihrem Tagebuch, „aber die Erfahrung war die Pistole wert."

GEBIRGSTOUREN UND WELTREISEN

Am 30. Mai 1900 geht Gertrude an Bord eines Schiffs nach Europa, um ein paar Wochen mit ihren Eltern und Geschwistern zu verbringen, bevor sie Anfang August zum Bergsteigen nach Chamonix fährt. Ein Jahr später erklettert sie mit zwei Schweizer Bergführern neun Gipfel im Berner Oberland – von denen einer nach ihr benannt wird. 1902 wagt sie sich mit denselben Begleitern in die Ostwand des 4274 Meter hohen Finsteraarhorns im Aaremassiv; aber 300 Meter unterhalb des Gipfels kehren sie wegen eines Schneetreibens um, geraten in ein Gewitter und müssen die ganze Nacht angeseilt unter einem Felsvorsprung ausharren. Einer der beiden Männer sitzt währenddessen auf Gertrudes Füßen, damit ihre Zehen nicht erfrieren.

Am Ende desselben Jahres beginnt Gertrude Bell mit ihrem Halbbruder Hugo eine siebenmonatige Weltreise, die sie unter anderem nach Bombay, Delhi, Singapur, Shanghai, Seoul, Tokio, Vancouver, Chicago und Boston führt. Die jährlichen Zuwendungen ihres Vaters sowie Honorare für Zeitschriftenartikel und Buchveröffentlichungen ermöglichen ihr diese und zahlreiche andere Reisen. Ihre ersten Bücher waren Reisebilder aus Persien („Safar Nameh", 1894) und die Übersetzung von persischen Gedichten („Poems from the Divan of Hafiz", 1897). Auch über ihre nächste Orientexpedition wird sie ein Buch verfassen („The Desert and the Sown", 1907).

IM ORIENT

Aber wir wollen nicht vorgreifen, sondern uns erst einmal ausmalen, wie sie sich im Januar 1905 von Marseille nach Beirut einschifft, wo ihr ein einheimischer Diener hilft, ein Gewehr und einen Revolver von Bord zu schmuggeln. Gertrude kauft Pferde und Maultiere und schlägt zunächst den Weg nach Jerusalem ein. Mit einem Koch und drei Maultiertreibern bricht sie zum zweiten Mal nach Jericho und zum Dschebel Drus auf. Unterwegs vertraut sie sich zwar wieder einem orientalischen Führer an, diesmal verzichtet sie aber von vornherein auf die Unterstützung türkischer Residenten. Die Bitte wäre sowieso aussichtslos, denn die beiden mächtigsten Scheichs auf dem zum Osmanischen Reich gehörenden innerarabischen Hochland – Muhammad Ibn Raschid und Abd el Asis Ibn Saud – führen Krieg gegeneinander; da würde niemand ihre Reise genehmigen. Drei Wochen lang hält sich Gertrude in den Drusenbergen auf. Ende Februar trifft sie in Damaskus ein und sucht den über ihre erneute Exkursion zum Dschebel Drus ungehaltenen türkischen Gouverneur auf, bevor sie mit dem armenischen Diener Fattuh und ein paar anderen Männern von Aleppo nach Anatolien reitet und sich unterwegs in antiken Ruinen umsieht. „Ich bin den Türken hoffnungslos verfallen", schreibt sie von unterwegs. „Sie sind die charmantesten Menschen, und irgendwann, wenn ich ihre Sprache ein bisschen besser beherrsche, werden wir sehr gute Freunde werden." Im Mai 1905 erreichen sie Konya.

Über ihren neuen Diener Fattuh schwärmt sie in einem Brief an ihren Vater: „Der beste Diener, den ich je hatte, immer bereit, mein Essen zu kochen oder ein Maultier zu bepacken oder mit dem gleichen Eifer eine Inschrift auszugraben [...] oder mir während des Reitens endlose Reisegeschichten zu erzählen, denn er wurde im Alter von zehn Jahren Maultiertreiber und kennt jeden Zentimenter des Bodens zwischen Aleppo, Van und Bagdad." Sie berichtet Hugh Bell von einem Erlebnis in Binbirkilise, einem Dorf bei einem Ruinenfeld 80 Kilometer südöstlich von Konya: „Heute ist es uns gelungen, dem Scheich ein Huhn abzukaufen – im ganzen Dorf gab es nur vier, und ich hielt mich für ziemlich gierig, eines davon zu essen, aber Fattuh sagte energisch, dass sie drei übrig hätten und das sei genug. Das Huhn dachte anders. Es flüchtete sich in eine Kirchenruine nach der anderen und wurde schließlich auf einem Grabmal zu Boden gestreckt, wo Fattuh es mit meinem Gewehr erschoss! Deshalb war es voll Schrot, und es kam mir vor, als ob ich einen Fasan essen würde."

Fattuh hilft ihr auch vier Jahre später in Aleppo, die Ausrüstung für eine Expedition nach Mesopotamien zusammenzustellen. Außer Zelten, einem Klappbett und einer Badewanne aus Zeltleinwand werden auch Tischtücher, Porzellangeschirr, Kristallgläser und Silberbesteck für eventuelle Einladungen eingepackt. Ein Dutzend Pferde und sieben Maultiere sind erforderlich, um Gertrude, Fattuh, einen zweiten Diener, drei Viehtreiber und zwei Soldaten mit ihrem Gepäck zu transportieren.

In Dscherablus am rechten Euphratufer lässt Gertrude die Männer Steinblöcke aus den Ruinen der um 1200 vor Christus zerstörten Hethiterstadt Karkemiš freilegen und fertigt Abgüsse der Inschriften an. Ende März entdeckt sie die Reste einer gewaltigen Burg, die von den Einheimischen „Uchaidir" genannt wird. Aufgeregt fotografiert, skizziert und vermisst sie die Anlage und zeichnet einen maßstabgetreuen Grundriss. Dabei trägt sie hohe Schnürschuhe, einen bodenlangen Rock, eine weiße Baumwollbluse und einen Tropenhelm, den sie mit einem Tuch umwickelt hat, um ihren Nacken vor der Sonne zu schützen. In Babylon lässt sie sich von dem deutschen Archäologen Robert Koldewey, der seit zehn Jahren den Palast des Nebukadnezar freilegt, die Ausgrabungen zeigen. Nach einem 900 Kilometer langen Ritt erreicht sie Bagdad. Am Tigris entlang zieht sie weiter nach Norden. Eines Nachts erwacht sie durch ein Geräusch in ihrem Zelt und starrt auf einen Fremden. Bis sie das Moskitonetz wegreißen und ihre Männer herbeischreien kann, ist er längst geflohen. Er hat nicht nur ihr Geld gestohlen, sondern auch die unwiederbringlichen Filme und Aufzeichnungen. Verzweifelt wendet Gertrude sich an die örtliche Polizei und den zuständigen türkischen Gouverneur. Tatsächlich wird der Dieb nach einer Woche gefasst, und sie bekommt mit Ausnahme des Geldes alles zurück. Besonders das Material über „Uchaidir" liegt ihr am Herzen, denn sie träumt von einer Aufsehen erregenden Veröffentlichung. Doch in Istanbul erfährt sie, dass ein französischer Archäologe ihr zuvorgekommen ist.

Unerfüllbare Liebe und arabische Reiseabenteuer

In Konya hatte Gertrude 1905 den Archäologen William Ramsay kennen gelernt. Als sie zwei Jahre später wieder nach Zentralanatolien reiste, um mit ihm zusammen Kirchen in Kleinasien zu erkunden, machte er sie mit dem britischen Vizekonsul Charles („Dick") Hotham Montagu Doughty-Wylie und dessen Ehefrau Judith bekannt. Das Paar kehrt im Frühjahr 1913 nach London zurück und verabredet sich von da an gelegentlich mit Gertrude – die für einige Zeit wieder in England wohnt – zum Tee oder zum Abendessen. Während Judith Freunde in Wales besucht, kommen Gertrude und der belesene Diplomat sich näher. Als er sie bedrängt, wehrt sie ihn zwar ab, doch von da an wechseln die beiden leidenschaftliche Briefe. Eine Scheidung zieht Doughty-Wylie allerdings nicht in Betracht, denn der Skandal würde seine Karriere ruinieren.

Mit der Verwirklichung eines langjährigen Plans versucht Gertrude sich über ihre unerfüllbare Liebe hinwegzutrösten: Sie will ins Hochland der arabischen Halbinsel vorstoßen. Das Hauptquartier von Muhammad Ibn Raschid in Ha'il ist ihr erstes Ziel. Da es heißt, dass er und Abd el Asis Ibn Saud ihren Krieg beendet haben, scheint der Zeitpunkt günstig zu sein. Nach der Ankunft in Damaskus am 27. November 1913 warnt man Gertrude allerdings nicht nur vor räuberischen Beduinen, sondern rät ihr auch, vor allem den Türken aus dem Weg zu gehen. Das durch den Verlust Nordafrikas und der Balkanstaaten geschwächte Osmanische Reich verdächtigt nämlich die Briten – nicht ohne Grund, wie wir noch sehen werden –, einen arabischen Aufstand anzetteln zu wollen. Da werden englische Reisende rasch als Geheimagenten verdächtigt. Die Fünfundvierzigjährige unterrichtet den türkischen Gouverneur deshalb nicht über ihr Vorhaben, verzichtet somit auf seinen Schutz und engagiert auf eigene Kosten einen Leibwächter.

Fattuh kommt aus Aleppo, um sie auch auf dieser Expedition zu begleiten. Doch am Morgen vor dem geplanten Aufbruch hat er Fieber und kann nicht aufstehen. Trotz ihrer Ungeduld wartet Gertrude einige Tage ab. Als der Arzt jedoch

Typhus diagnostiziert und sie nicht mehr damit rechnen kann, dass ihr Diener sich rasch erholt, beschließt sie, ohne ihn aufzubrechen. Sobald er dazu in der Lage ist, soll er mit dem Zug nachkommen. Am 11. Dezember schreibt sie ihrem alten Freund Valentine Chirol, der inzwischen als Korrespondent der „Times" in Delhi lebt: „Meine Kamele ziehen übermorgen los und ich am folgenden Morgen. [...] Ich möchte alle Verbindungen mit der Welt abbrechen, das ist das Beste und Klügste, was man tun kann. [...] Glaube [...] nicht, dass ich mich in ein wildes und verzweifeltes Abenteuer stürze. Für ein Abenteuer ist es eigentlich ganz vernünftig, aber doch aufregend genug, um mich abzulenken."

Mit sechs Einheimischen und zwanzig Kamelen bricht sie auf. Nach einer Woche wird ihre Karawane von einer Horde Drusen überfallen. Ihrer Waffen beraubt, befürchtet Gertrude Bell, nach Damaskus zurückkehren zu müssen. Da tauchen zwei Scheichs auf, die Gertrudes Führer und einen ihrer Kameltreiber kennen. Nach der Bewirtung durch die Engländerin befehlen sie ihren Männern, die geraubten Gewehre, Revolver und Wertsachen zurückzugeben.

Zum Jahreswechsel erreicht die Reisegruppe die Ruinen von Az Zarqa. Dann geht es weiter nach Sisa, wo Fattuh an der Bahnstation auf sie wartet. Freunde hatten Gertrude zwar geraten, die von den Türken bewachte Eisenbahnlinie zu meiden, doch um ihren treuen armenischen Diener nicht zu verpassen, hielt sie sich nicht daran. Prompt erscheinen in ihrem Zeltlager osmanische Soldaten und fordern sie auf, nach Damaskus zurückzukehren. In Amman stellt sich heraus, dass die britischen Konsuln in Beirut und Damaskus die Expedition ebenso missbilligen wie die türkische Regierung. Von ihnen kann Gertrude keine Hilfe erwarten. Erst als sie schriftlich erklärt, auf eigene Gefahr zu reisen, lassen die Soldaten sie am 16. Januar 1914 weiterziehen.

Nachdem die Reisenden unterwegs auf die Leiche eines ermordeten Beduinen gestoßen sind, notiert Gertrude: „Hin und wieder mache ich mir Gedanken darüber, ob ich dieses Abenteuer überleben werde. Aber meine Zweifel enthalten nicht einmal eine Spur von Angst – mir ist im Grunde alles völlig egal." Einige Tage später heißt es in einer an den unerreichbaren Geliebten Doughty-Wylie gerichteten Tagebucheintragung: „Ich muss dir sagen, dass man beim Reisen mit Arabern als dringendste Eigenschaft nicht Mut (wie manche fälschlicherweise behauptet haben), sondern Geduld benötigt. Meine gute Fee vergaß, mich damit auszustatten – du weißt, wie wenig ich habe –, aber vielleicht werde ich bis zum Ende dieser Reise gelernt haben, wie man sich darin übt. Wenn nicht, dann war es nicht aus Mangel an Gelegenheit."

Nach siebeneinhalb Wochen trifft Gertrude in Ha'il ein. Zu ihrer Enttäuschung stellt sich heraus, dass Muhammad Ibn Raschid im nördlichen Teil der Wüste Nadjd unterwegs ist. Ibrahim, ein Onkel des sechzehn- oder siebzehnjährigen Emirs, der während dessen Abwesenheit der oberste Herr in Ha'il ist, setzt die Besucherin in der Empfangshalle der Sommerresidenz gefangen. Sie bittet ihn, Geld für einen Kreditbrief aus Damaskus auszuzahlen und sie freizulassen, aber er will eine Weisung seines Neffen abwarten. Gertrude erfährt, dass die Nachricht vom Ende der Fehde zwischen Muhammad Ibn Raschid und Abd el Asis Ibn Saud falsch war. Erst am elften Tag schickt Ibrahim ihr das erbetene Geld, lässt ihr ausrichten, dass sie frei sei und erlaubt ihr am Nachmittag die Besichtigung der Stadt und des Palastes. Am nächsten Morgen reist sie ab. Ihre Absicht, von Ha'il weiter in den Süden der arabischen Halbinsel vorzudringen, um Abd el Asis Ibn Saud aufzusuchen, muss sie wegen des anhaltenden Kriegs aufgeben. Stattdessen wählt sie den Weg nach Bagdad.

Ohne Führer, nur mit Fattuh und zwei anderen Einheimischen, durchquert sie die Wüste auf dem Weg nach Damaskus, wo sie am 1. Mai 1914 eintrifft und die Nachricht erhält, dass ihrem „Gastgeber" Ibrahim in Ha'il die Kehle durchgeschnitten wurde. Von Beirut nimmt sie ein Schiff nach Istanbul. Dort berichtet sie dem britischen Konsul Louis Mallet über ihre Reise. Der Diplomat, der sie vor einigen Monaten an dieser Expedition hindern wollte, gibt ihren Eindruck, dass die osmanische Herrschaft in Arabien instabil geworden sei, sofort an den Außenminister in London weiter.

DAS TRAGISCHE ENDE EINER LIEBESGESCHICHTE

Vom Ausbruch des Weltkriegs erfährt Gertrude Bell in ihrem Elternhaus. Als die Türkei sich mit dem Deutschen Reich verbündet, bittet die britische Regierung sie um einen ausführlichen Bericht über ihre Beobachtungen im Nahen Osten und auf der arabischen Halbinsel: Die Frau, deren Reisen bisher als Ärgernis angesehen wurden, gilt nun als kompetente Beraterin. Ende März 1915 wird sie nach London eingeladen. Sie soll Regierungsbeamte über ihre Einschätzung der Situation im Orient informieren und dem Kriegsministerium ihr Kartenmaterial überlassen.

Bei dieser Gelegenheit verbringt sie vier Tage mit Charles Doughty-Wylie, aber aus einem ihrer folgenden Briefe ist zu schließen, dass sie sich ihm auch diesmal nicht hingegeben hat: „Es ist die Angst vor etwas, das ich nicht kenne [...] Jedesmal, wenn es mich überwältigt, hatte ich nur den einen Wunsch, dass du dich darüber hinwegsetzen könntest – denn es ist lediglich ein böser Geist [...] Aber ich war einfach nicht in der Lage, dich zu bitten, mich davon zu befreien. [...] Ich stehe in Flammen und werde verzehrt." Unmittelbar nach dem Wiedersehen mit Gertrude reist Doughty-Wylie zu den Dardanellen. Winston Churchill, Erster Lord der Admiralität, will nämlich die Meerengen einnehmen, um die russischen Verbündeten auf diesem Weg mit Nachschub versorgen zu können. Doughty-Wylie befehligt eine Einheit des Expeditionskorps.

Auf einer Abendgesellschaft am 1. Mai erfährt Gertrude zufällig, dass ihr Liebster bei der Landung auf der Halbinsel Gallipoli durch einen Kopfschuss von den Türken getötet wurde. Darauf bedacht, sich ihre Bestürzung nicht anmerken zu lassen, verabschiedet sie sich unter einem Vorwand und weint sich bei ihrer Halbschwester Elsa aus, die über ihre unglückliche Liebesbeziehung Bescheid weiß. Ihrer Freundin Elizabeth („Lisa") Robins schreibt sie: „Ich kann den Schmerz nur ertragen, wenn ich allein bin."

DIE GEFRAGTESTE ORIENT-EXPERTIN IHRER ZEIT

Henry Cadogan und Charles Doughty-Wylie, die einzigen beiden Männer, die Gertrude Bell jemals geliebt hat, sind tot. Erneut versucht sie, sich durch Reisen von ihrem Schmerz abzulenken.

Im November 1915 schifft sie sich in Southampton nach Port Said ein. Diesmal kommt die britische Regierung für die Reisekosten auf und zahlt ihr darüber hinaus eine Aufwandsentschädigung, denn Gertrude verstärkt eine Gruppe des militärischen Geheimdienstes in Kairo, das spätere „Arabische Büro". Bei dem Leiter David Hogarth handelt es sich um den Bruder ihrer Freundin Janet. Den siebenundzwanzigjährigen Archäologen Thomas Edward Lawrence, der ebenfalls zum Team gehört, kennt Gertrude seit einem Aufenthalt vor knapp fünf Jahren in Karkemiš. Aufgrund ihrer außergewöhnlichen Reiseerfahrungen soll sie Lageberichte verfassen, aufschreiben, was sie über die Stämme auf der arabischen Halbinsel weiß und Karten zeichnen. Außerdem ist sie durch ihre Sprachkenntnisse, ihr Spezialwissen und die Bekanntschaft mit Wüstenscheichs dafür prädestiniert, Informationsgespräche mit Arabern zu führen. Dabei findet sie heraus, dass die arabischen Stämme darüber zerstritten sind, wie sie sich in dem Krieg der Briten gegen die Türken verhalten sollen: Während die einen zur türkischen Besatzungsmacht halten, weil es sich dabei ebenfalls um Moslems handelt, wollen andere sich mit den Engländern verbünden, denn sie hoffen, mit ihrer Hilfe einen unabhängigen Staat gründen zu können. Gertrude Bell sieht die Chance, arabische Führer für einen Aufstand gegen das angeschlagene Osmanische Reich zu gewinnen. Dafür kämen sowohl Abd el Asis Ibn Saud als auch die Familie des mächtigen Haschimiden-Scherifs Hussein Ibn Ali von Mekka in Frage.

Der britische Hochkommissar in Kairo, Henry McMahon, stellt Hussein ein Königreich in Aussicht, das Teile der arabischen Halbinsel, Mesopotamien, Syrien, Palästina und Transjordanien umfasst. Dabei ignoriert er, dass Syrien von den Franzosen beansprucht wird, und er riskiert einen Konflikt mit Lord Charles Hardinge, dem Vizekönig von Indien, dessen

Truppen die Türken bereits aus Basra vertrieben haben. Von diesem Stützpunkt am Persischen Golf aus will Hardinge nach Bagdad vorstoßen und Mesopotamien ohne aktive Beteiligung der Einheimischen erobern. Er schreibt an das Auswärtige Amt in London: „Ich bete zu Gott, dass dieser geplante arabische Staat in tausend Stücke zerbricht, falls er je gegründet werden sollte. Niemand hätte sich ein Konzept für den Mittleren Osten ausdenken können, das den britischen Interessen mehr schaden dürfte. Es bedeutet nichts anderes als Misswirtschaft, Chaos und Korruption [...]" Das „Arabische Büro" schickt Gertrude Bell nach Indien. Sie soll den Vizekönig umstimmen und vom Nutzen eines arabischen Aufstands gegen die türkische Herrschaft überzeugen. Ende Januar 1916 schifft sie sich auf einem Truppentransporter nach Indien ein. „Eine Katze und ich sind die einzigen Personen, die keine Uniform tragen", schreibt sie ihrer Stiefmutter.

In der Hoffnung, mindestens teilweise erfolgreich gewesen zu sein, reist sie von Indien nach Basra. Sir Percy Cox, der für alle Beziehungen zu lokalen Autoritäten zuständige politische Offizier des britisch-indischen Expeditionskorps in Mesopotamien, möchte unter allen Umständen ein Zusammenspiel der Araber mit den Türken verhindern und erkennt rasch, dass die vier Jahre Jüngere ihm durch ihre Kontakte und Kenntnisse dabei helfen kann. Der Vizekönig von Indien hatte wohl nicht ganz Unrecht, als er ihm eine „außergewöhnlich kluge Frau mit dem Gehirn eines Mannes" ankündigte. Sie wäre zwar auch in Kairo nützlich, doch sie bleibt lieber in Basra. Im Sommer nimmt Percy Cox die Expertin offiziell in seinen Stab auf und ernennt sie zum einzigen weiblichen *political officer*. Sie soll zwischen ihm und den Scheichs vermitteln und in persönlichen Gesprächen mit arabischen Informanten einen eigenen Nachrichtendienst aufbauen.

Zur selben Zeit greift Hussein Ibn Ali im Einvernehmen mit der britischen Vertretung in Kairo die türkische Besatzungsmacht auf der arabischen Halbinsel an. Am 2. November 1916 proklamiert er sich zum „König der arabischen Länder". Empört über das eigenmächtige Vorgehen seines Rivalen reist Abd el Asis Ibn Saud nach Basra, wo er Percy Cox mit einem

Krieg gegen den Haschimidenherrscher droht. Um dessen Aufstand nicht zu gefährden, beschwichtigen die Briten den Besucher mit Geld und Waffenlieferungen. Gertrude Bell urteilt über den mächtigen Scheich, der von ihrer Persönlichkeit sehr beeindruckt ist: „Er ist Politiker, Herrscher und Räuber in einer Person."

„ICH FÜHLE MICH WIE DER SCHÖPFER IN DER MITTE DER WOCHE"

Im März 1917 gelingt es dem britisch-indischen Expeditionskorps endlich, Bagdad zu erobern. Wenige Wochen später richtet Gertrude sich dort mit Koch, Diener und Gärtner in einem eigenen Haus ein. Ihrer Stiefmutter berichtet sie in einem Brief vom 11. Mai, wie sie ihre Tage verbringt: „Ich reite vor sechs aus, manchmal durch die Gärten am Flussufer, manchmal um die alte Stadtmauer herum, ein Galopp in der Wüste und heim durch die Basare. [...] Ein Bad und Frühstück und dann vor neun zum Büro. Ich bin bis nach sieben dort. Um 12 Uhr 30 nehme ich eine Tasse Kaffee und eine Schüssel sauren Quark zu mir und Tee um vier mit Sir Percy – die einzige Zeit, die ich ungestört mit ihm verbringen kann. [...] Am Ende des Tages stehe ich immer mit zwei oder drei unabgeschlossenen Sachen da und ohne Hoffnung, sie am folgenden Tag erledigen zu können. Sie türmen und türmen sich auf – ich hab keine Ahnung, wann ich in der Lage sein werde, die Berge abzubauen. [...] Um acht kehre ich zum Abendessen in meinen Garten zurück, und normalerweise gehe ich um 9 Uhr 30 zu Bett." Ein Privatleben kennt die schlanke Fünfzigjährige praktisch nicht, denn auch fast alle persönlichen Begegnungen dienen ihrer Arbeit. Sie pflegt den Kontakt zu ihren Informanten, lädt etwa jeden zweiten Tag britische oder arabische Gäste ein, schickt regelmäßig Berichte an das *Foreign Office* in London und stellt arabisch- und englischsprachige Propagandaschriften zusammen. Im Oktober wird ihr die Auszeichnung „Commander of the British Empire" verliehen. Ihrem Vater schreibt sie einmal, sie habe kaum Freunde: „Mir liegt nicht soviel an den Leuten, dass ich bereit wäre, mich um sie zu bemühen, und folglich bemühen sie sich auch nicht um mich – warum sollten sie auch? Außerdem finde ich die Art, wie sie sich vergnügen, sterbenslangweilig, und ich habe keine Lust, mich daran zu beteiligen. Das hat zur Folge, dass ich außer den Leuten, mit denen ich arbeite, niemanden sehe."

Mit britischer Unterstützung vertreiben die Araber die Türken aus Syrien und Palästina. Dabei engagiert sich vor allem Thomas Edward Lawrence („Lawrence von Arabien") als politischer Berater und durch den Aufbau eines Agentennetzes gegen die Türken. Am 1. Oktober 1918 reitet Faisal, der dritte Sohn des Königs Hussein, in Damaskus ein und bildet drei Tage später eine provisorische Regierung. Die britische Besatzungsmacht beauftragt Gertrude Bell, Vorschläge über den Grenzverlauf zwischen dem geplanten Königreich Irak und den bestehenden Staaten Syrien, Kuweit, Persien und Türkei zu machen. Im Dezember 1918 schreibt sie ihren Eltern: „Ich fühle mich manchmal wie der Schöpfer in der Mitte der Woche."

„DER PLATZ, DEN WIR LEER LASSEN, WIRD VON SIEBEN TEUFELN EINGENOMMEN"

Als Orient-Experten nehmen sie und Thomas Edward Lawrence im Frühjahr 1919 an der Pariser Friedenskonferenz teil. Hussein hofft aufgrund seines Briefwechsels mit dem britischen Generalkonsul in Kairo auf das versprochene arabische Königreich. Sein Sohn Faisal regiert bereits in Damaskus; Abdullah, dessen ältester Bruder, soll in Bagdad König eines neuen Staates werden, und Hussein selbst will als Herrscher der Hedschas in Mekka bleiben. Aber die Siegermächte lassen die Bildung eines großarabischen Staates nicht zu. Stattdessen werden die bisher zum Osmanischen Reich gehörenden Gebiete im Nahen und Mittleren Osten als Völkerbund-Mandate aufgeteilt: Mesopotamien und Palästina fallen an Großbritannien, Syrien und der Libanon an Frankreich.

Hugh Bell kommt für ein Wochenende nach Paris, um seine Tochter wiederzusehen und einige mit ihm befreundete Delegierte der USA zu treffen. Nach Abschluss der Pariser Friedensverhandlungen unternimmt Gertrude zunächst mit ihm eine Autotour durch Belgien und Frankreich; dann erholt sie sich noch ein Vierteljahr in England, bevor sie nach Bagdad zurückkehrt.

Inzwischen ist sie davon überzeugt, dass die Briten gut daran täten, in Mesopotamien die Bildung eines autonomen arabischen Staates zu fördern. Arnold T. Wilson, der Percy Cox im letzten Herbst als höchsten politischen Offizier in Bagdad abgelöst hat, leitet ihre Darlegung an die Regierung in London weiter, obwohl er anderer Meinung ist und das Land schon wegen der Ölquellen unbedingt unter britischer Kontrolle halten möchte. Am 7. April 1920 proklamiert der „Allgemeine Syrische Nationalkongress" in Damaskus die Unabhängigkeit Syriens und bestätigt Faisal als Emir. Bei dieser Gelegenheit rufen die Delegierten aus Mesopotamien Faisals älteren Bruder Abdullah als irakischen Emir aus. Am 20. Juli weicht Faisal jedoch dem französischen Druck und verlässt Damaskus. Zu Recht fühlen die Haschimiden sich von den Briten verraten. Gertrude Bell schreibt ihrer Stiefmutter Florence: „Worüber ich mir ziemlich sicher bin, ist die Tatsache, dass wir unsere Position in ganz Asien werden überdenken müssen, wenn wir dieses Land hier vor die Hunde gehen lassen. Wenn Mesopotamien verloren geht, dann geht unweigerlich auch Persien verloren und dann Indien. Und der Platz, den wir leer lassen, wird von sieben Teufeln eingenommen, die um vieles schlimmer sind als alle, die vor uns da waren." Sie weiß, wie schwierig es sein wird, einen irakischen Staat mit einer Zentralregierung zu gründen, denn Mesopotamien besteht aus drei ehemaligen osmanischen Provinzen – Basra, Bagdad, Mosul –, die von Arabern und Kurden, Sunniten und Schiiten, Juden und Armeniern bewohnt werden. Gertrude Bell bringt das Dilemma auf den Punkt: „Die Stämme wollen nicht zu einem vereinten Staat gehören; die Städte sind jedoch auf einen einheitlichen Staat angewiesen."

UNGEKRÖNTE KÖNIGIN MESOPOTAMIENS

Mit der Absicht, unverzüglich einen arabischen Rat einzuberufen und einen Einheimischen mit der Bildung einer provisorischen Regierung zu beauftragen, kehrt Percy Cox im Oktober 1920 als britischer Hochkommissar nach Bagdad zurück. Gertrude Bell berät ihn als „Oriental Secretary to the British High Commission in Iraq" und vermittelt zwischen ihm und den Scheichs. Er arbeitet eng mit ihr zusammen, isst häufig mit ihr zu Mittag und lädt sie hin und wieder am Wochenende zur Jagd, zu einer Bootsfahrt oder zu einem Picknick ein. Selbst als sie mit einer Bronchitis im Bett liegt, besucht Sir Percy sie mit seinen engsten Mitarbeitern, um mit ihr über die Bildung der ersten arabischen Regierung in Mesopotamien seit der Eroberung des Abbasidenreichs durch die Mongolen (1258) zu sprechen, die am 2. November erstmals zusammentreten soll.

Im Frühjahr 1921 begleitet Gertrude den britischen Hochkommissar und zwei Regierungsmitglieder von Bagdad nach Kairo, um mit ihnen an der Orientkonferenz teilzunehmen, die der Kolonialminister Winston Churchill einberufen hat (12. bis 25. März). Ebenso wie Thomas Edward Lawrence setzt sie sich erfolgreich für Faisal als Anwärter für den irakischen Thron ein. Er gilt als fähigster Bewerber. Die Tatsache, dass er nicht aus Mesopotamien stammt, nutzt allerdings der verschlagene Innenminister Saijid Talib während der Abwesenheit von Percy Cox, um mit der Parole „Irak den Irakern" für die Inthronisation des greisen Premierministers zu werben. Dabei spekuliert er auf dessen baldigen Tod und rechnet sich Chancen aus, dann selbst Emir oder König werden zu können. Der britische Hochkommissar sieht keinen anderen Ausweg, als den ehrgeizigen Innenminister kurzerhand nach Ceylon zu deportieren.

Um seine Abstammung aus der Herrscherdynastie der heiligen Stadt Mekka zu betonen, reist Faisal aus London nicht direkt an, sondern auf dem Umweg über seinen Geburtsort. Für die Zugfahrt von Basra nach Bagdad nimmt er sich sechs Tage Zeit und zeigt sich unterwegs immer wieder der Bevölkerung. Am 29. Juni wird der hagere Sechsunddreißigjährige feierlich in der irakischen Hauptstadt empfangen. Der schiitische Premierminister, der sich nur widerstrebend mit der Kandidatur des Sunniten Faisal abfindet, schützt eine Krankheit vor, um nicht dabei sein zu müssen. Auf Gertrudes Rat hin unterdrückt Faisal seinen Ärger und stattet dem alten Herrn dennoch einen Besuch ab. Weil er fremd ist und keinem der Stämme angehört, lädt er die „Oriental Secretary" häufig ein, um von ihr mehr über das Land zu erfahren. Am 23. August 1921 – wegen der zu erwartenden Hitze bereits um 6 Uhr morgens – wird Faisal vor eintausendfünfhundert geladenen Gästen vom britischen Hochkommissar feierlich zum König proklamiert. Soldaten feuern einundzwanzig Salutschüsse ab, und die Militärkapelle spielt in Ermangelung einer irakischen Nationalhymne „God Save the King".

König Faisal verdankt seine Inthronisation nicht zuletzt dem unermüdlichen Engagement Gertrudes. Der „New York Herald" rühmt sie: „Für jeden Araber auf der Halbinsel ist sie ‚El Sitt', ‚die Frau', und jeder kennt sie dort. Wenn man den Namen Gertrude erwähnt, weiß jeder Engländer von Kairo bis Teheran, wer gemeint ist. [...] Für das Kolonialministerium in London und in Bagdad [...] ist sie die ungekrönte Königin Mesopotamiens."

Auch für Percy Cox bedeutet die erfolgreiche Etablierung einer arabischen Regierung in Bagdad den Höhepunkt seiner Karriere. Er hat erreicht, was er wollte und geht am 1. Mai 1923 mit achtundfünfzig Jahren in den Ruhestand. Sein Nachfolger, Sir Henry Dobbs, äußert sich im Jahr darauf in einem vertraulichen Bericht an das Kolonialministerium über Gertrude Bell: „Es ist schwierig, über Miss Bells Dienste sowohl für die britische als auch die irakische Regierung zu schreiben, ohne in den Verdacht der Übertreibung zu geraten. Ihre erstaunlichen Kenntnisse dieses Landes und seiner Menschen und ihr Mitgefühl mit ihnen versetzen sie in die Lage, in ihre Seele zu blicken, während ihr unerschütterlicher Glaube sie daran hindert, über das, was sie dort manchmal vorfindet, den Mut zu verlieren. Ihre lange Bekanntschaft mit den Stämmen und Scheichs macht ihren Rat bei den immer wiederkehrenden Krisen in Stammesangelegenheiten unschätzbar, und ihre Vitalität und umfassende Bildung machen ihr Haus zum Mittelpunkt von allem was in der europäischen wie arabischen Gesellschaft in Bagdad Wertschätzung verdient. Sie ist tatsächlich ein Bindeglied zwischen dem britischen und dem arabischen Volk."

„AN DER KRAFT IHRER SEELE ZERBROCHEN"

Weil jedoch inzwischen weder der britische Hochkommissar noch der König länger auf Gertrude Bells Kenntnisse angewiesen sind, beschäftigt sie sich jetzt mehr mit ihren Aufgaben als ehrenamtliche „Direktorin für Altertümer", beaufsichtigt Ausgrabungen und bereitet die Eröffnung des Irakischen Nationalmuseums vor. Sie steht frühmorgens auf, macht Gymnastik und arbeitet vor dem Frühstück ein wenig im Garten. Dann bringt ein Chauffeur sie zum Büro, aber dort bleibt sie nicht mehr zehn Stunden wie früher, sondern nur noch bis Mittag. In dieser Zeit übersetzt sie Artikel aus arabischen Zeitungen und schreibt Berichte für verschiedene Ministerien. Die Nachmittage verbringt sie Bücher lesend und Briefe schreibend in ihrem Haus. Mit den anderen Engländerinnen in Bagdad kann sie wenig anfangen: „Man tanzt hier viermal die Woche im Club. Das ist richtig schlimm. [...] Dahinter stecken nur die Ehefrauen – zum Teufel mit ihnen –, denen ist es völlig egal, was sich zur Zeit gerade abspielt. Sie können kein Arabisch und haben mit den Arabern nichts zu tun. Sie schaffen sich hier eine exklusive (aber auch zweitklassige) englische Gesellschaft, die sich vom Leben in der Stadt absondert. Ich begreife langsam, warum die britische Regierung in Indien solche Sorgen hat, denn dort verhalten sich unsere Frauen genauso." Die fehlende Herausforderung macht ihr zu schaffen: Im Herbst 1924 leidet sie an einer so schweren Depression, dass sie wochenlang nicht aufstehen kann und der Arzt zweimal am Tag nach ihr sieht.

Die Sommerferien verbringt Gertrude 1925 in England. Ihr Vater hatte ihr lange Zeit die finanziellen Schwierigkeiten seines Unternehmens verheimlicht, aber bei ihrem letzten Heimaturlaub vor zwei Jahren konnte sie nicht übersehen, dass nur noch ein Teil des Elternhauses bewohnt wurde. Nun beabsichtigen Hugh und Florence Bell sogar, in ein bescheideneres Haus umzuziehen. Der Niedergang der Familie stimmt Gertrude wehmütig. Einen weiteren Kummer vertraut die Siebenundfünfzigjährige ihrer Halbschwester Molly an: Sie hat sich vor einiger Zeit noch einmal verliebt, und zwar in Kinahan („Ken") Cornwallis, den siebzehn Jahre jüngeren persönlichen Berater von König Faisal, doch obwohl der Geliebte sich inzwischen von seiner Ehefrau in London scheiden ließ, weigert er sich, Gertrude zu heiraten. Leider hat sie nicht mehr die Möglichkeit, sich durch harte Arbeit von ihrem Liebeskummer abzulenken. „Die Politik tritt immer mehr in den Hintergrund und muss den großen verwaltungstechnischen Aufgaben Platz machen, die mich nicht betreffen und von denen ich auch wenig Ahnung habe", erklärt sie ihrem Vater in einem Brief. Im nächsten Jahr will sie als „Oriental Secretary" aufhören, dann noch die Gründung des Irakischen Nationalmuseums abschließen – und im Frühjahr 1927 den Orient verlassen.

„Es ist doch eine erbarmungslose Welt, nicht wahr? Ich habe oft das Gefühl, dass ich nicht weiß, wie ich alles ertragen soll", schreibt sie ihrer Stiefmutter am 16. Juni 1926, „[...] es ist zu einsam, mein Leben hier; man kann nicht ewig allein bleiben. Zumindest habe ich das Gefühl, dass ich es nicht mehr kann."

Am 11. Juli lässt sie sich nach dem Mittagessen mit Henry Dobbs nach Hause fahren. Obwohl sie wieder unter einer Depression leidet, geht sie mit Bekannten im Tigris schwimmen. Am nächsten Morgen findet ihre Hausangestellte sie tot im Bett. Gertrude Bell starb wohl an einer Überdosis Schlaftabletten – zwei Tage vor ihrem achtundfünfzigsten Geburtstag.

Der irakische Premierminister, Kabinettsmitglieder, Scheichs, Truppen der irakischen Armee, Diplomatenfamilien und einfache Bürger erweisen ihr die letzte Ehre, als junge Offiziere den Sarg durch den britischen Friedhof in Bagdad tragen. Am Grab sagt der britische Hochkommissar Sir Henry

Dobbs: „In den letzten zehn Jahren ihres Lebens hatte sie die gesamte schier unzähmbare Macht ihres Geistes und ihr großes Talent in den Dienst der arabischen Sache gestellt und vor allem dem Irak gedient. Ihr zerbrechlicher Körper ist zum Schluss an der Kraft ihrer Seele zerbrochen."

Isadora Duncan

1877–1927

DIE AMERIKANERIN ISADORA DUNCAN tanzte als Erste zu sinfonischer Musik und führte den modernen Ausdruckstanz ein. Dabei bewegte sie sich nicht nach einer vorher festgelegten Choreografie oder nach den Regeln des klassischen Balletts; vielmehr fühlte sie sich in die Musik ein und ahmte die „natürlichen" Bewegungen auf antiken Vasenbildern nach. Ihr Plan, in einem griechischen Tempel gegenüber der Akropolis zu leben, ließ sich nicht realisieren, aber an ihrer künstlerischen Vision hielt sie trotz vieler Rückschläge zeitlebens fest.

DIE ELTERN

Joseph Charles Duncan zieht 1850 mit seiner Ehefrau Eleanor und vier Kindern nach San Francisco, lässt sich dort aber bald scheiden. Danach heiratet er Mary Isadora („Dora") Gray, eine etwa dreißig Jahre jüngere Frau aus einer der angesehensten Familien der Stadt, und zeugt mit ihr zwei Söhne und zwei Töchter, von denen die am 26. Mai 1877 geborene Angela Isadora die jüngste ist. Er schreibt Gedichte, verdient sein Geld vorübergehend im Fleischhandel, betätigt sich später als Galerist, zählt zu den Gründungsmitgliedern der Kunstvereinigung in San Francisco, gibt Zeitungen heraus und eröffnet 1869 die „Pioneer Land & Loan Bank", mit der er jedoch infolge von Fehlspekulationen bankrott geht – viereinhalb Monate nach der Geburt Isadoras. Auch seine zweite Ehe scheitert und wird 1880 geschieden. Dora verlässt mit ihren Kindern die teure Stadt, zieht nach Oakland und gibt private Musikstunden, aber das Geld reicht trotzdem oft nicht. Die

ISADORA DUNCAN
Foto um 1902

Sorgen halten sie allerdings nicht davon ab, Elizabeth, Augustin, Raymond und Isadora abends am Klavier Stücke von Mozart, Beethoven, Schubert, Schumann und Chopin vorzuspielen oder aus Werken von Shakespeare, Shelley oder Keats zu rezitieren. „Unser Leben verlief völlig ungeregelt", schreibt Isadora Duncan in ihrer Autobiografie. „Es gab keine festgesetzten Stunden für das Schlafengehen oder für das Aufstehen."

„BEWEGUNGEN WERDEN NICHT ERFUNDEN, SONDERN ENTDECKT"

Alle in der Familie begeistern sich für Musik und Rhythmus, besonders Isadora, die bereits im Vorschulalter von ihrer Schwester tanzen lernt und ihrerseits mit sechs die Kleinkinder der Nachbarn um sich versammelt und ihnen rhythmisches Armeschwingen beibringt. Sieben Jahre später tanzt sie bei einer Wohltätigkeitsveranstaltung in Oakland auf der Bühne. Offenbar gibt sie mit siebzehn selbst Tanzunterricht, denn ihr Name steht 1894 in einem Tanzlehrer-Verzeichnis von San Francisco. Dort hat Joseph Duncan im Jahr zuvor, als er wieder zu Geld gekommen ist, für seine geschiedene Frau und die Kinder ein Haus gemietet. Ihren eigenen Ballettunterricht bricht Isadora nach dreimaligem Besuch ab, weil ihr die konventionellen Tanzfiguren zu wenig lebendig sind. „Bewegungen werden nicht erfunden, sondern entdeckt", behauptet sie. „Die Bewegung des Körpers ist die natürliche Sprache der Seele."

Ungeachtet ihrer ablehnenden Haltung gegenüber dem klassischen Ballett träumt Isadora von einer Karriere als Bühnentänzerin und bewirbt sich im Alter von achtzehn Jahren bei einer Compagnie in San Francisco. Sie wird abgelehnt, lässt sie sich aber nicht entmutigen und überredet ihre Mutter, mit ihr nach Chicago zu fahren, weil sie dort leichter ein Engagement zu bekommen hofft. Isadoras Geschwister müssen zu Hause bleiben, weil sich Dora Duncan schon die Reise für zwei Personen kaum leisten kann. Isadora nützt jede Gelegenheit, sich bei Theatermanagern in Chicago vorzustellen, doch sie erhält nur Absagen – bis sie zum „Masonic Temple Roof Garden" kommt. Der Besitzer hat zwar keine Verwendung für eine Künstlerin, die ihm von Tänzen in einem weißen Chiton vorschwärmt, beispielsweise zu Musik aus dem „Frühlingslied" von Felix Mendelssohn-Bartholdy, aber er stellt Isadora Duncan für seinen Amüsierbetrieb ein, und sie macht das („etwas mit Rüschen, Spitzen und Beinewerfen") eine Woche lang mit, obwohl ihr bewusst ist, dass sie damit ihre Ideale verrät. Anders wüssten sie und ihre Mutter jedoch nicht, wovon sie die Hotelrechnung bezahlen sollten.

Auch auf den Impresario Augustin Daly, der mit einem Theaterensemble in Chicago gastiert, redet sie ein: „Ich bringe Ihnen eine große künstlerische Idee, und Sie sind wahrscheinlich der einzige Mann in Amerika, der im Stande ist, sie aufzufassen. Ich habe den Tanz neu entdeckt! Ich habe diese Kunst wieder gefunden, die zwei Jahrtausende hindurch für die Menschheit verloren gegangen war." Vermutlich nicht, weil er von ihren Ausführungen beeindruckt ist, sondern um sie endlich loszuwerden, lädt Daly sie ein, am 1. Oktober bei den Proben für eine Pantomime in New York mitzumachen. Er rechnet wohl damit, dass sie nicht 1500 km weit fahren wird, nur um vielleicht eine kleine Nebenrolle zu bekommen, zumal sie sich abfällig über Pantomimen äußert: „Nun habe ich aber die Pantomime niemals für Kunst angesehen. Bewegung fällt in das Gebiet des Lyrischen, des leidenschaftlichen Ausdrucks und hat mit dem gesprochenen Worte nichts gemein; in der Pantomime jedoch bemühen sich die Darsteller, Worte durch Gebärden zu ersetzen, sodass weder die Kunst des Tänzers noch jene des Schauspielers sich zeigen kann, weshalb diese Kunstgattung keiner der beiden Forderungen gerecht wird und zu lächerlicher Bedeutungslosigkeit verurteilt bleibt." Ungeachtet ihrer Vorbehalte lässt Isadora sich die Chance nicht entgehen und bittet einen Freund in San Francisco telegrafisch um hundert Dollar für die Fahrkarten. Daly hält sein Versprechen und engagiert das Mädchen in New York für eine Pantomime der aus Paris angereisten Künstlerin Jane May mit dem Titel „Madame Pygmalion". Sechs Wochen dauern die Proben, dann erst werden Gagen gezahlt. Nach nur zwei Monaten endet die erfolglose Tournee. Als Nächstes erhält Isadora eine Tanzrolle als Begleiterin der Feenkönigin Titania in „Ein Sommernachtstraum", und diesmal dauert die Gastspielreise immerhin ein ganzes Jahr. 1897 nimmt Augustin Daly sie mit nach London, wo sie wiederum in Nebenrollen auftritt – und doch noch Ballettunterricht nimmt, und zwar bei Katti Lanner, einer Tochter des berühmten Wiener Walzerkomponisten Joseph Lanner.

New York – London – Paris

Nach der Tournee werden Isadora, ihre Mutter und ihre drei inzwischen nachgereisten Geschwister in New York von einer kunstbegeisterten Dame zur nächsten weitergereicht: Dora spielt auf dem Flügel, Elizabeth und Augustin rezitieren Gedichte, Raymond hält kleine Vorträge, und Isadora tanzt. Statt mit Tutu und Ballettschuhen tritt sie barfuß auf und trägt einen wallenden Chiton. „Das ist es, was wir erreichen wollen", erläutert sie: „Ein Gedicht, eine Melodie, einen Tanz so miteinander zu verschmelzen, dass man weder die Musik und die Poesie hört, noch den Tanz sieht, sondern in der Szene und in dem Gedanken aufgeht, den alle zusammen ausdrücken."

Im selben Jahr erfährt Dora, dass Joseph Duncan mit seiner neuen Familie bei einem Schiffsunglück auf dem Atlantik ums Leben gekommen ist. Einige Monate später, am 17. März 1899, brennt das Hotel ab, in dem Dora mit ihren Kindern wohnt. Sie können sich zwar unverletzt retten, verlieren aber ihr gesamtes Hab und Gut. Um sich von dem Schock zu erholen, vor allem jedoch, weil Isadora sich in London bessere Chancen erhofft, schiffen Dora, Elizabeth und Raymond sich mit ihr auf einem Frachter ein, der lebende Rinder zum Schlachten nach Europa transportiert. Fahrkarten für einen Passagierdampfer hätten sie nicht bezahlen können. Augustin kommt nicht mit; gegen den Willen seiner Mutter heiratet er die sechzehnjährige amerikanische Schauspielerin Sarah Whiteford. „Augustin musste jetzt natürlich aus unseren Londoner Plänen ausscheiden", schreibt Isadora in ihren Memoiren, „denn die ganze Familie betrachtete ihn als Gefallenen, unwürdig der großen Zukunft, der wir entgegenschritten."

Die Reisenden träumen zwar von einer großen Zukunft, wissen jedoch erst einmal nicht, wovon sie in London leben sollen, und weil die billigen Hotels auf Vorauszahlung bestehen und die Duncans kein Geld haben, fällt es ihnen schwer, eine Übernachtungsmöglichkeit zu finden. In ihrer Autobiografie erzählt Isadora dazu die folgende Anekdote: Gefolgt von Mutter, Schwester und Bruder betritt sie nach Einbruch der Dunkelheit ein vornehmes Hotel und erzählt dem Nachtportier, das Gepäck werde aus Liverpool nachgeschickt. Sie schlafen sich aus, fragen zur Tarnung mehrmals nach dem Gepäck, essen sich satt und schleichen in der nächsten Nacht aus dem Hotel, ohne zu bezahlen.

In London lernt Isadora den Maler und Kunstsammler Charles Hallé kennen, einen älteren Herrn, der sie mehrmals in seiner Galerie auftreten lässt. Dadurch spricht es sich in den Künstlerkreisen herum, dass eine amerikanische Tänzerin dem klassischen Ballett eine völlig neue Auffassung des Tanzes entgegensetzt, und sie wird mehrmals zu privaten Soireen eingeladen. Auf diese Anerkennung hat sie lange gewartet.

Isadoras Geschwister zeigen sich von den Zukunftsaussichten in London allerdings bald enttäuscht. Elizabeth, die in New York eine Tanzschule gegründet hatte, zieht im September 1899 – nachdem die Mutter einer Schülerin ihr das Geld für die Schiffspassage vorgestreckt hat – wieder in die USA und knüpft an ihre ersten Erfolge an. Raymond sieht sich in Paris um und fordert dann Mutter und Schwester auf, zur Weltausstellung 1900 nachzukommen. Die Pariser Künstler sind viel aufgeschlossener für die neue Art des Tanzens als das Publikum in London oder New York. Trotz einiger Erfolge erhält Isadora jedoch kein festes Engagement und lebt deshalb mit ihrer Mutter weiterhin von der Hand in den Mund. Dora Duncan hat schon immer befürchtet, dass sich mit Tanzkunst kein Lebensunterhalt verdienen lässt, aber ihre Tochter hält trotz ihrer Enttäuschung an ihrem Ziel fest und lässt sich auch auf keine Kompromisse mehr ein. So lehnt sie beispielsweise das Angebot eines Berliner Impresarios für Auftritte in einer

Music Hall ab: „Ich bin nach Europa gekommen, um etwas wie eine große Renaissance der Religion durch den Tanz und die Kenntnis von der Schönheit und Heiligkeit des menschlichen Körpers durch seinen Bewegungsausdruck zu bringen. Ich werde tanzen, aber nicht zum Vergnügen vollgefressener Spießbürger nach dem Essen."

DIE ERSTE EUROPATOURNEE

Als auch Raymond von Paris nach New York zurückkehrt, geht Isadora auf den Vorschlag der fünfzehn Jahre älteren amerikanischen Tänzerin Loïe Fuller ein, die sie durch eine gemeinsame Freundin in Paris kennen gelernt hatte, und begleitet sie im Februar 1901 auf einer Europatournee. In Berlin tritt Isadora zusammen mit der von Loïe Fuller protegierten, aber nicht besonders erfolgreichen japanischen Tänzerin Sada Yacco auf. Dora folgt ihrer Tochter erst etwas später nach München, der nächsten Tournee-Etappe. In Wien trennt Isadora sich von Loïe Fuller, deren exaltiertes lesbisches Verhalten sie irritiert, und lässt sich von dem ungarischen Theateragenten Alexander Gross nach Budapest einladen. Endlich ein Vertrag für Soloauftritte in größeren Theatern! Doch statt sofort zu unterschreiben, zögert Isadora: „Mein Tanz ist für die Elite, für die Künstler, Bildhauer, Maler, Musiker, aber nicht für das breite Publikum." Alexander Gross gelingt es, ihre Bedenken auszuräumen und sie für dreißig Veranstaltungen im Urania-Theater zu engagieren. Am 19. April 1902 steht sie dort zum ersten Mal auf der Bühne – und wird begeistert aufgenommen.

Bei einem Treffen mit Freunden begegnet Isadora Duncan dem Schauspieler Oscar Beregi. Für beide ist es Liebe auf den ersten Blick. Beregi will sie heiraten, doch sie ist nicht bereit, ihre Karriere zugunsten eines Ehemanns zurückzustellen: Isadora beendet die leidenschaftliche Affäre und unterschreibt bei Alexander Gross einen Vertrag für Auftritte in Wien und Berlin. Allerdings sind ihre Gefühle durch die Trennung von Oscar Beregi durcheinander geraten. „[...] diese Fahrt von Budapest nach Wien bildete eine der bittersten und traurigsten

Erinnerungen meines Lebens. Alle Lebensfreude schien aus der Welt gewichen; in Wien angelangt, fühlte ich mich krank und wurde von Alexander Gross in ein Sanatorium gebracht, wo ich einige Wochen in völliger Erschlaffung und namenlosem Weh verbrachte." Gross bezahlt ihr einen Erholungsaufenthalt in Franzensbad und arrangiert Auftritte in den berühmten tschechischen Kurorten für sie.

Danach tanzt Isadora Duncan im Künstlerhaus in München und einige Zeit später in der Kroll-Oper in Berlin. In beiden Städten spannen nach der Vorstellung begeisterte Kunststudenten die Pferde von Isadoras Kutsche aus und ziehen die Künstlerin unter dem Jubel der Straßenpassanten zum Hotel. Außerdem tritt sie mehrmals im „Théâtre Sarah Bernhardt" in Paris auf.

Dem siebenunddreißig Jahre älteren, von ihr bewunderten Bildhauer Auguste Rodin macht sie in dessen Atelier in Paris ihre Aufwartung, lässt sich einige seiner Werke zeigen und tanzt vor ihm. „Ich hielt inne und begann ihm meine Theorien über den neuen Tanz zu erklären", behauptet sie in ihrer Autobiografie. „Bald merkte ich jedoch, dass er mir gar nicht zuhörte. Mit halb geschlossenen Augen starrte er mich an, sein Blick glühte, und mit dem gleichen Ausdruck, den er vor seinen Werken zeigte, kam er auf mich zu. Seine kundigen Meisterhände strichen über meinen Nacken und meine Brust [...] Mein ganzes Wesen verlangte danach, mich ihm völlig hinzugeben, und es wäre auch geschehen, hätte mich nicht meine alberne Erziehung in Angst versetzt [...] Wie sehr ich dies heute bedaure! Oft habe ich diesen kindischen Unverstand bereut, der mich um das göttliche Erlebnis gebracht hat, dem erhaben Rodin – dem großen Pan selbst – meine Jungfräulichkeit zu opfern."

„DER TANZ DER ZUKUNFT"

1903 wird ein Vortrag in deutscher Übersetzung gedruckt, den Isadora Duncan während ihres Aufenthalts in Berlin hielt. Das Ballett sei kaum über die im Rokoko aufgestellten Regeln und

Bewegungsfiguren hinaus weiterentwickelt worden, heißt es da. Was einmal der Zeit entsprochen habe, wirke inzwischen steril und korrespondiere mit der Musik allenfalls im Rhythmus, nicht aber im Ausdruck. Der Tanz der Zukunft, erläutert sie, setze die Rückkehr zur Natur voraus: „Nur die Bewegungen des unbekleideten Körpers können natürlich sein, und zur Nacktheit des Wilden wird der Mensch, angelangt auf dem Gipfel der Kultur, zurückkehren müssen; nur wird es nicht mehr die unbewusste, ahnungslose Nacktheit des Wilden sein, sondern eine bewusste und gewollte Nacktheit des reifen Menschen, dessen Körper der harmonische Ausdruck seines geistigen Wesens sein wird." Antike Skulpturen und Vasenbilder sind für sie der Inbegriff schöner, natürlicher Bewegungen: „Wenn ich daher nackt auf dem Erdboden tanze, so nehme ich naturgemäß griechische Stellungen an, denn griechische Stellungen sind nichts anderes als die natürlichen Stellungen auf dieser Erde." Sie beabsichtigt, eine Tanzschule für Mädchen einzurichten und kündigt dazu an: „Ich werde die Kinder in dieser Schule nicht lehren, meine Bewegungen nachzumachen, sondern ihre eigenen zu machen, ich werde sie überhaupt nicht zwingen, bestimmte Bewegungen einzuüben, sondern ich werde sie dazu anleiten, diejenigen Bewegungen zu entwickeln, die ihnen natürlich sind."

EIN EIGENER TEMPEL IN ATHEN

Richard Wagners Sohn Siegfried, der Isadora Duncan 1902 bei ihrem Gastspiel in München kennen gelernt hatte, stellte sie seiner Mutter Cosima vor, die sich über die neuartigen Ideen der amerikanischen Tänzerin unterrichten ließ. Die Einladung zu den Bayreuther Festspielen 1903 kann Isadora allerdings nicht annehmen, weil sie den alten Traum einer Griechenlandreise verwirklicht. Mit ihrer Mutter und ihren inzwischen aus den USA eingetroffenen Geschwistern reist sie in einem Eisenbahnabteil erster Klasse nach Italien und von Brindisi aus mit einem Postboot über die Adria. In Athen begeistern sie sich für die Idee, einen eigenen Tempel zu errichten und darin

zu wohnen. Von fünf zunächst verblüfften und dann eifrig feil-
schenden Bauernfamilien erwirbt Isadora in ihrer „überstürz-
ten Unbesonnenheit" (Isadora Duncan) den Hügel Kopamos
am Fuß des Hymettos. Die Duncans lassen Marmor vom
Pentelikon kommen, stellen Arbeiter ein und beginnen mit
dem Bau. Als sie dann einmal auf dem Hügel übernachten,
stellen sie fest, dass es weit und breit kein Wasser gibt.
Raymonds Versuche, einen Brunnen zu graben, schlagen fehl.
Wohnen können sie hier also nicht. Bald ist auch das letzte
Geld aufgebraucht.

Mit Gagen kann Isadora allerdings nur in Mitteleuropa
rechnen. Erstaunlicherweise lässt sie sich trotz des Scheiterns
ihres Tempelprojekts nicht unterkriegen und knüpft mit einer
neuen Idee an die Antike an: Sie tanzt zum Gesang grie-
chischer Chorknaben. Mit zehn von ihnen reist sie im
Balkan-Express nach Wien, wo sie mehrmals auftreten. Trotz
guter Kritiken bleibt das Publikum reserviert. Um Applaus
zu bekommen, tanzt Isadora als Zugabe zur Musik des
Johann-Strauß-Walzers „An der schönen blauen Donau".
Griechische Chöre und Wiener Walzer: was für ein Stilbruch!
Niemand wird das schmerzlicher empfunden haben als die
anspruchsvolle Künstlerin. Weil auch in München und Berlin
der Erfolg ausbleibt, kauft sie den zehn enttäuschten Sänger-
knaben Bahnfahrkarten und schickt sie nach Griechenland
zurück.

GASTSPIEL IN BAYREUTH

Jetzt steht der Einladung Cosima Wagners nichts mehr im
Weg. Im Frühjahr 1904 kommt Isadora Duncan nach Bayreuth.
Seit die Festspielleiterin Skizzen ihres 1883 verstorbenen
Mannes gefunden hat, denen sie eine gewisse Unzufriedenheit
mit dem klassischen Ballett und den Wunsch nach einer na-
türlicheren Tanzform entnimmt, ist sie für entsprechende
Reformideen aufgeschlossen. Isadora choreografiert das
„Bacchanale" in der Pariser Fassung der Oper „Tannhäuser".
Sie selbst tritt in der Rolle einer der drei Grazien in einem

Chiton auf und weigert sich, darunter wenigstens ein Trikot zu tragen. Das missfällt Cosima Wagner, und dann wird sie auch noch durch eine unüberlegte Bemerkung Isadoras bei einem Abendessen düpiert. Die Tänzerin behauptet nämlich, das Konzept des Musikdramas sei „Unsinn". Eine solche Kritik an Richard Wagner gilt in Bayreuth als Gotteslästerung. Abrupt entzieht dessen Witwe der Tänzerin ihre Unterstützung.

Verärgert reist Isadora ab – und stürzt sich auf ein neues Vorhaben: In mehreren deutschen Städten wählt sie im Herbst 1904 insgesamt zwanzig Bewerberinnen im Grundschulalter für das Internat aus, das sie im Dezember in einer eigens dafür gekauften Villa in Berlin-Grunewald eröffnen will. Neben dem üblichen Schulunterricht werden die Mädchen dort besonders im Singen, Deklamieren und Tanzen unterwiesen. Die Leitung vertraut Isadora ihrer Schwester Elizabeth an.

LIEBESAFFÄRE MIT GORDON CRAIG

Am 14. Dezember 1904 erlebt Edward Gordon Craig die avantgardistische Tänzerin in Berlin und sucht sie nach der Vorstellung in ihrer Garderobe auf. Isadora Duncan verliebt sich auf der Stelle in den ebenso genialen wie exaltierten Bühnenbildner. Sie hält es für „die Liebe zweier verschwisterter Zwillingsseelen" und kann sich „des Gefühls einer verbrecherischen Blutschande" nicht erwehren. „Wir brannten in einem einzigen hellen Feuer", schreibt sie später. Aber selbst durch noch so heftige Gefühle lässt sich die ehrgeizige Künstlerin nicht von ihrer Karriere ablenken. Wie vereinbart, reist sie neun Tage nach der ersten Begegnung mit Craig zu Gastspielen nach Sankt Petersburg und Moskau.

Im Winter 1905/06 merkt sie, dass sie schwanger ist. Für ihren Liebhaber ist das nichts Besonderes: Gerüchten zufolge hat der Dreiunddreißigjährige bereits acht Kinder mit seiner Ehefrau und zwei Geliebten. Trotz ihrer sonst eher unkonventionellen Einstellung empört Dora Duncan sich über die Absicht ihrer Tochter, das Kind als ledige Mutter auf die Welt zu bringen und aufzuziehen; nach einem heftigen Streit reist sie allein nach New York. Auch die Leitung des im Februar 1906 gegründeten „Vereins zur Unterstützung und Erhaltung der Tanzschule von Isadora Duncan e. V." ist entrüstet über deren „Sittenlosigkeit". Die Schwangere steht den Anfeindungen fassungslos gegenüber und zieht sich nach Gastspielen in Kopenhagen und Stockholm in den holländischen Küstenort Nordwijk zurück, wo sie am 24. September 1906 von einer Tochter entbunden wird, der sie den Namen Deirdre gibt.

Ihr Verhältnis mit Gordon Craig ist nicht von Dauer. Ein Grund dafür ist seine Überzeugung, Frauen seien nicht zu wahrer Kunst fähig. „Warum hörst du denn nicht mit diesem Unsinn auf?", fragt er seine Geliebte. Um die Liebesbeziehung zu erhalten, müsste sie auf ihre Kunst verzichten und ihre Persönlichkeit aufgeben. Dazu ist sie nicht bereit.

PARIS EUGÈNE SINGER

Nach der Trennung von Craig reist Isadora im August 1908 auf Einladung des Dirigenten Walter Damrosch nach New York zu einem viermonatigen Gastspiel in der *Metropolitan Opera* und in der *Carnegie Hall*. Unter seiner musikalischen Leitung tanzt sie beispielsweise zu Musik aus der 7. Sinfonie von Ludwig van Beethoven. In unserer Zeit, in der Uwe Scholz die vier Sätze dieser Beethoven-Sinfonie als kongeniales Ballett choreografiert und getanzte sinfonische Musik von Bach bis Berlioz nichts Außergewöhnliches mehr ist, können wir kaum ermessen, wie revolutionär diese Idee vor fast hundert Jahren wirkte. Einige Kritiker hielten das geradezu für eine Versündigung am Komponisten.

Wieder in der französischen Hauptstadt, lernt Isadora durch die mit ihr befreundete Prinzessin de Polignac deren Bruder Paris Eugène Singer kennen, einen Nachfahren des amerikanischen Nähmaschinenerfinders und Firmengründers Isaac Singer. Der schüchterne Multimillionär, der verheiratet ist und fünf Kinder hat, bietet der von ihm bewunderten Künstlerin nicht nur finanzielle Unterstützung für ihre Schule an, sondern wirbt auch um sie, bis sie ihn erhört. Er lässt Isadora von dem berühmten Pariser Couturier Paul Poiret einkleiden und zeigt ihr die Welt der Reichen.

Obwohl Isadora während einer im September 1909 mit Deirdre und einem Kindermädchen unternommenen Venedigreise feststellt, dass sie schwanger ist, bricht sie zu einer monatelangen Tournee in die USA auf. Diesmal wird sie von Paris Singer begleitet, der übrigens trotz seiner amerikanischen Abstammung noch nie dort war. Die letzten Wochen der Schwangerschaft verbringt sie in einer von ihrem Liebhaber gemieteten Villa an der Côte d'Azur. Dort wird sie am 4. Mai 1910 von ihrem Sohn Patrick entbunden.

TRAGISCHER UNFALL

Zweieinhalb Jahre später kommt es zu einem ernsten Zerwürfnis zwischen Isadora Duncan und Paris Singer. Während einer Abendgesellschaft im Dezember 1912 überrascht er sie mit dem Künstler Henri Bataille auf einem vergoldeten Diwan in ihrem Boudoir. Obwohl die beiden beteuern, nur ein Gespräch geführt zu haben, reist Singer ohne ein Wort des Abschieds mit einer anderen Geliebten nach Ägypten.

Eine Russlandtournee Anfang 1913 lenkt Isadora von ihrer Wehmut über die Trennung ab. Nach ihrer Rückkehr folgt sie dem ärztlichen Ratschlag, wegen nervlicher Überreizung für eine Weile von Paris aufs Land zu ziehen und mietet sich mit den Kindern und einer Gouvernante in Versailles ein.

Am 19. März 1913 sucht Singer sie in ihrer Garderobe im „Théâtre Châtelet" auf und schlägt ihr für den späten Abend ein Versöhnungstreffen im „Hotel des Champs Élysées" vor. Aber sie wartet vergeblich auf ihn: Er hält die Verabredung nicht ein, und Isadora kehrt noch in der Nacht enttäuscht in ihr Hotel in Versailles zurück. Am nächsten Morgen ruft Singer sie an, entschuldigt sich und lädt sie mit Deirdre und Patrick in ein Restaurant in Paris ein. Nach dem gemeinsamen Mittagessen lassen Isadora, die Kinder und die Gouvernante sich nach Neuilly fahren. Da Isadora dort Theaterprobe hat, soll das Kindermädchen mit Deirdre und Patrick nach Versailles zurückkehren. Unterwegs setzt der Motor aus. Der Chauffeur versucht, ihn mit der Kurbel wieder anzuwerfen. Bevor er wieder einsteigen kann, setzt sich die schwere Limousine in Bewegung. Er stemmt sich mit aller Kraft dagegen, kann aber nicht verhindern, dass der Wagen die Böschung hinunterrollt und mit den Insassen in die Seine stürzt. Von der starken Strömung mitgerissen, können Deirdre, Patrick und das Kindermädchen nur noch tot geborgen werden.

Um ihren Schmerz zu betäuben, besucht Isadora ihren Bruder Raymond und seine griechische Frau, die Sängerin und Musikwissenschaftlerin Penelope Sikelianos, sowie ihren kleinen Neffen Menalkas auf Korfu. Raymond kümmert sich um Flüchtlinge, die durch den Balkankrieg 1912 ihre Heimat verloren haben. Lange hält Isadora die Konfrontation mit dem Elend nicht aus: Zusammen mit ihrer Schwägerin reist sie nach Istanbul. Sie werden jedoch nach kurzer Zeit zurückgerufen, weil Raymond und Menalkas erkrankt sind.

Während Penelope ihren Mann und ihren Sohn gesund pflegt, geht Isadora mit dem jungen Türken Raoul, den sie auf der Reise kennen gelernt hat, an Bord eines Schiffs nach Triest. Seine beiden Brüder waren kurz zuvor im Abstand von zwei Wochen aus dem Leben geschieden, und er trägt sich wegen einer unglücklichen homosexuellen Liebe ebenfalls mit Selbstmordgedanken. Isadora fährt mit ihm zum Genfer See. Erst als sie überzeugt ist, dass sie ihn aus seiner Depression herausreißen konnte, verabschiedet sie sich von ihm und kehrt nach Paris zurück. Dort wird sie jedoch fortwährend an ihre toten Kinder erinnert. Ziellos reist sie deshalb im Sommer 1913 nach Venedig und Rimini, bis ihre langjährige Freundin Eleonora Duse sie nach Viareggio einlädt. In der toskanischen Hafenstadt verliebt sie sich in einen jungen Bildhauer namens Angelo. „Mein göttlicher, heidnischer Körper, brennende Küsse, fliehende Stunden, süßer erquickender Schlaf an der Brust eines geliebten Wesens – das waren die Freuden, die ich genoss und die mir ebenso berauschend als unschuldig schienen", schreibt sie in ihren Memoiren. Angelo entzieht sich dem Liebestaumel nach kurzer Zeit und versöhnt sich mit seiner eifersüchtigen Verlobten. Isadora aber ist zum dritten Mal schwanger und freut sich darauf, bald wieder ein Kind zu haben. Voller neuer Lebensfreude reist sie mit ihrem Pianisten Hener Skene nach Florenz und Rom.

ZERWÜRFNIS

Erst als Singer ihr Anfang 1914 mitteilt, dass er ihr einen in Paris erworbenen Pavillon des Palais „Bellevue" für eine weitere Schulgründung zur Verfügung stellt, kehrt sie nach Frankreich zurück. Sie stürzt sich in die Aufgabe, die Räume einzurichten und unter den Bewerberinnen die ersten fünfzig Schülerinnen auszuwählen. Von ihrer Schwester Elizabeth, die 1911 einer Einladung des Großherzogs von Hessen-Darmstadt gefolgt war und ihre Schule von Berlin nach Darmstadt, in ein neues Domizil auf der Mathildenhöhe, verlegt hatte, erbittet sich Isadora im Januar 1914 sechs ältere Schülerinnen, damit diese ihre Fertigkeiten an die Pariser Anfängerinnen weitergeben.

Im Juli zieht Singer sich für die Sommermonate auf seinen Landsitz Paignton in Devonshire zurück und lädt die sechs aus Deutschland stammenden Duncan-Schülerinnen ein, ihn zu begleiten. Weil den Mädchen nach dem Beginn des Weltkriegs in England die Internierung droht, lässt er sie von Augustin Duncan und dessen zweiter Ehefrau Margherita in die USA holen. Auch Elizabeth Duncan reist von Darmstadt nach New York. Dorthin folgt ihnen im November Isadora, die hochschwanger in Paris zurückgeblieben war und am 1. August 1914 einen Sohn geboren hatte. Der Säugling war noch am gleichen Tag gestorben. Die unglückliche Mutter, die den tragischen Tod ihrer ersten beiden Kinder noch nicht verwunden hatte, leidet sehr darunter. Erst nach einigen Wochen raffte sie sich auf, übergab das für ihre Schule vorgesehene Gebäude den „Dames de France", die darin ein Lazarett einrichteten, und schiffte sich nach New York ein. Dort ist sie erstmals seit dem Tod ihrer drei Kinder wieder auf der Bühne zu sehen. In der *Metropolitan Opera* tanzt die Achtunddreißigjährige zur

Marseillaise. Weil sie – inspiriert von Eugène Delacroix' berühmten Gemälde „Die Freiheit führt das Volk an" – dabei die Schultern und die rechte Brust unverhüllt lässt, werden weitere Aufführungen verboten.

Entrüstet über die Gleichgültigkeit vieler Amerikaner gegenüber dem Krieg in Europa, fährt Isadora Duncan im Mai 1915 mit einigen Schülerinnen in die Schweiz, aber dort hält es sie auch nicht. Im Jahr darauf unternimmt sie in Begleitung ihres Bruders Augustin ihre erste Südamerika-Tournee, die der Impresario allerdings aufgrund von aufgebauschten Zeitungsberichten über einen als skandalös empfundenen Tanz Isadoras bei einer ausgelassenen Studentenfeier in Buenos Aires abbricht. Sie reist über Montevideo nach New York, wo Paris Singer die *Metropolitan Opera* für eine Galavorstellung mietet, um seine Geliebte zu trösten. Als ihr das Winterwetter an der Ostküste zu schaffen macht, schickt er sie mit seinem Sekretär, einem schottischen Poeten namens Alan Ross MacDougall, für drei Wochen nach Kuba. In New York söhnt Isadora sich nach jahrelanger Verstimmung mit ihrer Mutter aus – während Paris Singer sich erneut von ihr trennt. Über die Ursache seiner Verärgerung gibt es verschiedene Darstellungen. Einige Biografen schildern, wie er Isadora und einen jungen Mann während eines lasziven Tangotanzes auseinander reißt. Andere malen folgende Szene aus: Singer überrascht Isadora bei einem Essen mit seinem Vorschlag, ihr im *Madison Square Garden* in Manhattan Bühne und Schule einzurichten. Doch statt sich zu freuen, faucht sie ihn wütend an, sie denke nicht daran, in einem Sportpalast zu tanzen und damit für Preisboxer Reklame zu machen. Wortlos steht Singer auf und verlässt den Raum. – Der Bruch ist endgültig; Singer antwortet nicht einmal mehr auf ihre Briefe. Zu spät bedauert sie ihr verletzendes Verhalten. Um die Hotelrechnung bezahlen und sich Sommerferien auf Long Island leisten zu können, verkauft sie Schmuck und Pelze. Im Herbst 1917 kommt sie während einer Kalifornien-Tournee nach zweiundzwanzig Jahren zum ersten Mal wieder in ihre Geburtsstadt San Francisco.

Gegen Ende des Kriegs fährt sie nach Frankreich zurück. Das für ihre Schule vorgesehene Palais liegt in Trümmern.

1920 versucht Isadora mit inzwischen aus den USA eingereisten Schülerinnen einen Neuanfang in Athen, doch als sie wegen der politischen Wirren in Griechenland damit scheitert, erwirbt sie mit dem Erlös für die Ruine in Paris eine Villa im Stadtteil Passy und eröffnet im Januar 1921 wiederum eine Schule.

SERGEJ JESSENIN

Parallel zur neuen Schulgründung tritt sie nicht nur in Paris, sondern auch in Belgien, Holland und England auf. Nach einem Gastspiel in London besucht der russische Handelsattaché die amerikanische Tänzerin in ihrer Garderobe, um ihr seine Bewunderung auszudrücken. Bald darauf lädt der für Kunst und Bildung zuständige russische Volkskommissar Isadora ein, ihre Schule nach Moskau zu verlegen: „Kommen Sie zu uns! Wir richten eine Tanzschule mit tausend Kindern für Sie ein", telegrafiert er. Freunde, Kollegen und Bekannte raten ihr davon ab, doch Isadora malt sich begeistert aus, wie sie durch ihre unkonventionelle Tanzkunst dazu beitragen kann, ein durch die Oktoberrevolution befreites Volk auf eine neue kulturelle Stufe zu heben. Im Juli 1921 reist sie zusammen mit ihrer Lieblingsschülerin Irma Ehrlich-Grimme und ihrer französischen Zofe über Reval nach Moskau, wo sie am Jahresende ihre Tanzschule im Palais Balaschow eröffnet – allerdings nicht mit tausend, sondern mit vierzig Mädchen. Und für den Unterhalt der Schule muss sie selbst sorgen; die russische Regierung stellt ihr lediglich die Räume zur Verfügung.

In Moskau begegnet die inzwischen vierundvierzigjährige Tänzerin dem achtzehn Jahre jüngeren Bauerndichter Sergej Alexandrowitsch Jessenin, der als Dandy und Rowdy gleichermaßen bekannt ist. Auch wenn die beiden Künstler keine gemeinsame Sprache beherrschen, verlieben sie sich leidenschaftlich, und Jessenin zieht zu Isadora ins Palais „Balaschow". Weil er jedoch ihre tyrannische Fürsorge nicht erträgt, trennt er sich mehrmals von ihr – und kehrt ebenso häufig zurück.

Isadora stürzt sich in die Arbeit und studiert mit den Kindern aus Heimen und Arbeiterfamilien Tänze zur Verherrlichung kommunistischer Ideale ein. Anlässlich des vierten Jahrestages der Oktoberrevolution tritt sie erstmals im Bolschoi-Theater auf. Lenin verfolgt die Darbietung der „Operettenkommunistin" von seiner Loge aus. Obwohl die Tänze der füllig gewordenen Künstlerin inzwischen vorwiegend aus feierlichem Schreiten, Niederknien, Ducken, Recken und anderen gemessenen Gesten bestehen, wird höflich applaudiert. Der Beifall täuscht allerdings kaum darüber hinweg, dass die Russen auch nach der Revolution Volkstänze und klassisches Ballett bevorzugen.

Drei Wochen nach dem Tod ihrer Mutter heiratet Isadora Anfang Mai 1922 zum ersten Mal in ihrem Leben. Kurz nach der standesamtlichen Trauung fliegen sie und Sergej Jessenin in einer sechssitzigen Linienmaschine von Moskau nach Königsberg. Mit dem Nachtzug treffen sie am nächsten Morgen in Berlin ein, wo sie im Hotel „Adlon" absteigen. Eine fünf Monate lange Reise nach Venedig, Florenz, Straßburg, Brüssel und Paris soll dazu dienen, Jessenin in Westeuropa bekannt zu machen. Aber das gelingt nicht. Der Dichter fühlt sich deshalb zunehmend frustriert und steigert seinen ohnehin beträchtlichen Alkoholkonsum.

Um Geld für ihre Schule in Moskau zu verdienen, verhandelt Isadora mit einem Impresario in New York, der eine Tournee durch die Vereinigten Staaten mit fünfzig Auftritten organisiert. In New York angekommen, müssen Isadora und Jessenin eine Nacht auf dem Schiff bleiben, denn die amerikanischen Behörden misstrauen dem bolschewistischen Dichter und seiner Frau, die bei der Eheschließung die amerikanische Staatsbürgerschaft zugunsten der sowjetischen aufgab. Erst nach einem stundenlangen Verhör auf Ellis Island dürfen sie einreisen. Die Gastspielreise beginnt am 7. Oktober 1922 in der *Carnegie Hall*. Zwei Wochen später tritt Isadora Duncan in Boston auf. Dort starren die Zuschauer auf ihre nackten Beine, und offenbar rutscht auch hin und wieder der Chiton von ihren Schultern. Das würde schon für einen Skandal reichen, aber am Ende schwenkt Jessenin in seiner Loge auch noch eine rote Fahne. Daraufhin verbietet der Bostoner Bürgermeister weitere Aufführungen. In Washington, D.C., ruft der Evangelist Billy Sunday dazu auf, die „bolschewistische Hure" auszuweisen. Und ihr Theateragent sagt wegen der Proteste eine Reihe von geplanten Veranstaltungen an der Westküste ab. Einen Tag nach dem Abschluss der Tournee am 2. Februar 1923 in der *Carnegie Hall* schifft sich das Paar verärgert nach Cherbourg ein.

Die feinnervige Künstlerin leidet nicht nur unter den Anfeindungen ihrer Landsleute, sondern mehr noch unter den unberechenbaren Wutausbrüchen ihres Ehemanns, der sich nicht damit abfinden mag, ein Unbekannter an der Seite eines Bühnenstars zu sein. Da Isadora nur wenig Russisch versteht und er keine andere Sprache gelernt hat, fällt es ihnen schwer, sich auszusprechen. Stattdessen verprügelt Jessenin seine Frau. Als er im Pariser Hotel „Crillon" Möbel, Spiegel und Lampen zertrümmert, wird er festgenommen und des Landes verwiesen. Allein fährt er nach Berlin. Isadora eilt ihm nach. Weil die Zeitungen über den Vorfall im „Crillon" berichteten, wird das Paar im „Adlon" nicht mehr aufgenommen und muss sich ein anderes Hotel suchen. Anfang August 1923 treffen die beiden exzentrischen Künstler wieder in Moskau ein. Aber ein weiteres Zusammenleben mit Jessenin hält Isadora nicht aus: Sie reist erst einmal mit ihrer Schülerin Irma zu Auftritten in Baku, Tiflis und anderen kaukasischen Städten. Als sie zurückkommt, lebt Jessenin bereits mit einer anderen Frau zusammen – unbekümmert über den Schmerz, den er Isadora damit zufügt.

DAS ENDE DES RUSSISCHEN TRAUMS

Ein Gastspiel im Frühjahr 1924 in der Ukraine ermutigt Isadora Duncan zu einer Tournee mit sechzehn Schülerinnen und einem Sinfonieorchester bis nach Usbekistan. Doch viele der vereinbarten Spielstätten sind nur schäbige Hallen, und die Einnahmen decken nicht einmal die Unkosten. Schwer enttäuscht verlässt Isadora im Herbst Russland für immer. Weil Frankreich ihr wegen ihres sowjetischen Passes kein Visum gewährt, fährt sie erst einmal nach Berlin, aber auch deutsche Zeitungen werfen ihr die Zusammenarbeit mit den Bolschewisten vor. Außerdem setzt sich ihr Impresario nach zwei Soloabenden im Blüthnersaal mit den gesamten Einnahmen ab. Als nach den Parlamentswahlen vom 11. Mai 1924 in Frankreich ein Linksbündnis die Regierung übernimmt, darf sie endlich nach Paris zurückkehren.

Dort erfährt die Achtundvierzigjährige Ende Dezember 1925 vom Tod Jessenins. Ohne von Isadora geschieden zu sein, hatte er im September 1925 Sofja Andrejewna Tolstaja geheiratet, eine Enkelin Tolstois. Seine Alkoholexzesse ruinierten seine Gesundheit, und er musste wegen Delirium tremens behandelt werden. Nach seiner Entlassung aus einer psychiatrischen Klinik in Moskau fuhr er am 23. Dezember mit dem Nachtzug nach Leningrad. Vier Nächte später erhängte er sich mit einem Kofferriemen am Fensterkreuz seines Hotelzimmers. Isadora beteuert gegenüber der Presse, sie sei Jessenins Witwe und trauere um ihn. Offener äußert sie sich vier Wochen später in einem Brief an Irma: „Ich war von Sergejs Tod schrecklich schockiert, doch ich habe über ihn schon so viele Stunden geweint und geschluchzt, dass mir schien, er habe in mir bereits jegliche menschliche Leidensfähigkeit erschöpft." Einer amerikanischen Freundin schreibt sie, dass sie mit dem Gedanken spiele, sich selbst ins Meer zu stürzen.

ERDROSSELT

Seit eine von Isadoras Freundinnen aus New York angereist war und einige Zeit mit ihr in Nizza verbracht hatte, um ihr über die Depression nach dem Tod Jessenins hinwegzuhelfen, lebt die Tänzerin mehr an der Riviera als in Paris, wo ihr Haus wegen hoher Steuerschulden versteigert wird. In Nizza trifft sie sich mit Pablo Picasso und Jean Cocteau. In Cocteaus Nachtclub sieht sie auch Anna Pawlowa wieder, die sie während ihrer ersten Russland-Tournee kennen gelernt hatte. Und durch die weltberühmte Primaballerina lernt sie den zweiundzwanzigjährigen russischen Pianisten Victor Seroff kennen, mit dem sie eine leidenschaftliche Affäre beginnt, obwohl sie weit mehr als doppelt so alt ist. Mitleidig beobachten ihre Freunde, wie sich die alternde Tänzerin mit zwanzig Kilogramm Übergewicht nach immer jüngeren Männern verzehrt.

Wohl in der Hoffnung auf ein weiteres Liebesabenteuer verabredet sich Isadora Duncan am 14. September 1927 in Nizza mit dem jungen Automechaniker Ivan Falchetto zu einer Probefahrt in einem Bugatti. Erwartungsvoll klettert sie auf den Beifahrersitz des offenen Sportwagens. Beim Anfahren gerät das eine Ende ihres langen roten Seidenschals in die Speichen des rechten Hinterrads. Der Ruck bricht ihr das Genick. Fünf Tage später wird ihre Leiche von mehreren tausend Menschen in einem langen Trauerzug zum Pariser Prominentenfriedhof Père-Lachaise gebracht.

Amelia Earhart

1897–1937

AMELIA EARHART war die Erste, die sowohl den Atlantik als auch den Pazifik im Alleinflug überquerte. Mit ihren fliegerischen Pionierleistungen widerlegte sie die gängige Auffassung, dass Frauen für solche Herausforderungen weder physisch noch psychisch geeignet seien. Eine spektakuläre Erdumrundung am Äquator sollte den Höhepunkt ihrer Karriere bilden. Zwanzig Stunden nach dem Start zur vorletzten Etappe meldete sie sich noch einmal kurz per Funk. Seither fehlt trotz einer sofortigen Suchaktion und weiterer Nachforschungen jede Spur von ihr.

SCHNELLER UND BESSER

Atchison ist eine Provinzstadt in Kansas, in der gegen Ende des 19. Jahrhunderts Patrizierfamilien und die Dreifaltigkeits-Episkopalkirche vorgeben, wie man sich zu verhalten hat. Zu den einflussreichen Persönlichkeiten am Ort gehört der wohlhabende Richter und Bankdirektor Alfred G. Otis, der mit seiner Familie eine Elf-Zimmer-Villa bewohnt. Amy, eines seiner sechs Kinder, heiratet 1895 den Juristen Edwin S. Earhart, der aus der vierzehnköpfigen Familie eines mittellosen Predigers und Farmers stammt und in der Rechtsabteilung einer Eisenbahngesellschaft arbeitet. Otis schenkt dem frisch vermählten Paar ein Haus in Kansas City. Seinen Schwiegersohn verachtet er allerdings, denn er hält ihn für einen Versager.

Die erste Schwangerschaft Amys endet wegen eines Straßenbahnunfalls in Kansas City vorzeitig. Im Alter von dreiundzwanzig Jahren ist sie erneut schwanger, und am 24. Juli 1897 bringt sie eine Tochter zur Welt, die den Namen Amelia erhält. Das Kind wird in Atchison eingeschult, wo es – mit Ausnahme der Ferienzeit – bei den Großeltern wohnt. Schon früh fällt Amelia durch Energie und Lebhaftigkeit, sportliche Leistungen und handwerkliches Geschick auf. Auch Rechenaufgaben löst sie schneller als ihre Klassenkameradinnen, und nicht selten beklagt sie sich darüber, auf Langsamere warten zu müssen.

Nach dem Abschluss der Grundschule zieht Amelia im September 1909 wieder zu ihren Eltern, die inzwischen in Des Moines, Iowa, wohnen. Im selben Jahr wird Edwin Earhart zum Leiter der Rechtsabteilung der Eisenbahngesellschaft befördert. Nun glaubt er, sich ein größeres Haus und ein Hausmädchen leisten zu müssen. Doch bald kann er seinen Ratenzahlungen nicht mehr nachkommen, und er beginnt zu trinken, um seine finanziellen Sorgen wenigstens zeitweise zu vergessen. Endgültig zum Alkoholiker wird er, als sich nach dem Tod seiner Schwiegereltern herausstellt, dass Amys Erbteil zwanzig Jahre lang von ihrem Bruder Mark treuhänderisch verwaltet werden soll. Diesen offensichtlichen Misstrauensbeweis verkraftet Edwin Earhart nicht. Wegen seiner Trunksucht verliert er seinen Arbeitsplatz, und die Ehe droht zu zerbrechen: 1915 quartiert er sich bei einer seiner Schwestern in Kansas City ein, während Amy mit Amelia und deren zweieinhalb Jahre jüngeren Schwester Muriel nach Chicago zieht.

In den Winterferien 1917/18 fährt Amelia mit ihrer Mutter nach Toronto, wo Muriel inzwischen ein College besucht. In der Stadt fallen Amelia Männer mit Krücken auf, kanadische Soldaten, die verstümmelt aus dem Krieg in Europa zurückkehrten und kaum älter sind als sie. „Da begriff ich zum ersten Mal, was Weltkrieg bedeutete. Anstelle von schmucken Uniformen und Blaskapellen sah ich das Ergebnis eines vier Jahre langen verzweifelten Kampfes: Männer ohne Arme und Beine, Gelähmte und Blinde [...]" Erschüttert bewirbt sie sich als Schwesternhelferin in einem Militärkrankenhaus und bleibt vorerst in Toronto.

Amelia Earhart
Foto 1928

„DA WUSSTE ICH, DASS ICH FLIEGEN MUSSTE"

Im Herbst 1919 immatrikuliert sie sich an der medizinischen Fakultät der *Columbia University* in New York, bricht aber schon im zweiten Semester das Studium ab und fährt nach Los Angeles, wo ihr Vater mittlerweile eine Anwaltskanzlei eröffnet hat und auch wieder mit ihrer Mutter zusammenlebt. Edwin Earhart lädt seine ältere Tochter zu einer Flugschau am *Dougherty Airfield* in Long Beach ein und überredet einen Bekannten, Amelia zu einem zehnminütigen Rundflug in einem offenen Doppeldecker mitzunehmen. Dieses Erlebnis beeindruckt die Dreiundzwanzigjährige ungemein: „Als ich zwei- oder dreihundert Fuß über dem Boden war, wusste ich, dass ich fliegen musste."

Sie lässt nicht mehr locker, bis sie ersten Flugunterricht erhält, und zwar am 3. Januar 1921 von der ein Jahr älteren Anita („Neta") Snook, die ihren Lebensunterhalt mit Rundflügen und Flugstunden im selbst gebauten Flugzeug verdient. Amelia fährt nun fast jeden Morgen mit der Straßenbahn von Los Angeles nach Long Beach, muss aber von der Haltestelle noch eine Stunde zu Fuß laufen bis zu einem von dem Piloten und Flugzeugkonstrukteur Bert Kinner eingerichteten Aerodrom. Amelia überredet deshalb ihre Fluglehrerin, ein Auto zu mieten und ihr auch noch das Autofahren beizubringen.

Das Geld für den Unterricht verdient sie durch Gelegenheitsjobs. Für eine eigene Sportmaschine würde es natürlich nicht reichen, doch Amy – die inzwischen über ihr Erbteil verfügt – schenkt ihrer Tochter zum fünfundzwanzigsten Geburtstag ein kleines Flugzeug, das diese gelb anstreicht und „The Canary" (Kanarienvogel) nennt. Als weltweit sechzehnte Frau erhält Amelia am 15. Mai 1923 eine Fluglizenz von der *Fédération Aéronautique Internationale*. Sie schwelgt im Glück und ist sich völlig sicher, dass das Fliegen eine bedeutende Rolle in ihrem Leben spielen wird.

„ICH WOLLTE ETWAS TUN, NICHT MICH AUF ETWAS VORBEREITEN"

Einen beträchtlichen Teil der Erbschaft haben Amelias Eltern inzwischen in eine Gipsmine im Norden Kaliforniens investiert. Doch die Mine wird bei einem Unwetter überflutet und zerstört: Alles Geld geht verloren. Nach diesem Misserfolg glaubt Edwin Earhart, dass sein Schwiegervater Recht hatte, als er ihn für einen Versager hielt – und greift erneut zur Flasche. Diesmal reicht Amy entschlossen die Scheidung ein. Sie überredet Amelia, das Flugzeug zu verkaufen, damit sie ein Auto anschaffen und quer über den Kontinent fahren können, denn sie möchte, dass die Sechsundzwanzigjährige ihr Medizinstudium in New York fortsetzt. Amy ist nicht überrascht, dass ihre technikbegeisterte Tochter statt einer „Tin Lizzy" (ein konkurrenzlos preiswertes Auto, das Henry Ford seit 1908 millionenfach auf seinen Fließbändern produziert) einen flotten gelben Roadster erwirbt.

Im September 1924 schreibt Amelia sich noch einmal an der *Columbia University* ein, aber die guten Vorsätze reichen wieder nur ein Jahr lang, dann gibt sie das Medizinstudium endgültig auf. „Das Semester überzeugte mich, dass ich nicht über die Voraussetzungen für einen Doktortitel verfügte", wird sie sich später Freunden gegenüber rechtfertigen. „Es fehlte mir an Geduld. Ich wollte etwas tun, nicht mich auf etwas vorbereiten." 1926 bewirbt sie sich um eine Teilzeitstelle als Sozialarbeiterin im *Denison-House* in Boston, das zahlreichen mittellosen Einwanderern aus Asien und dem Nahen Osten als erste Anlaufstelle dient. Amelia engagiert sich so umsichtig für die Hilfsbedürftigen, dass man sie nach einigen Monaten als Direktionssekretärin beschäftigt und ihr anbietet, mit ihrer Mutter und ihrer Schwester im *Denison-House* zu wohnen.

Offenbar hat Amelia den Kontakt zu Bert Kinner, dem Betreiber des Flugfelds, auf dem sie das Fliegen lernte, nicht abreißen lassen, denn er kann sie überzeugen, ihr Geld in das von einem seiner Freunde außerhalb von Boston gebaute Aerodrom zu investieren. Zusätzlich zu ihren Aufgaben im *Denison-*

House soll sie sowohl die Direktion des am 2. Juli 1927 fertig gestellten Flugplatzes als auch die Verkaufsleitung für ein von Kinner konstruiertes Flugzeug übernehmen. Wird sie den Herausforderungen gewachsen sein? Nach kurzem Zögern überwindet Amelia ihre Furcht vor einem eventuellen Scheitern und geht begeistert auf die Angebote ein, nicht zuletzt, weil ihr auf diese Weise eine Maschine zur Verfügung steht, die sie am Wochenende für Rundflüge benützen kann.

DIE ERSTE FRAU, DIE DEN ATLANTIK ÜBERFLIEGT

Im Jahr darauf wird Amelia von einem sensationellen Angebot des Verlegers George P. Putnam überrascht. Dessen auf Bücher über Abenteuer- und Forschungsreisen spezialisierter Verlag in New York hatte den Bestseller „We" veröffentlicht, die Autobiografie von Charles A. Lindbergh, des Mannes, der am 20./21. Mai 1927 in dreiunddreißigeinhalb Stunden von New York nach Paris geflogen war und damit als Erster im Alleinflug den Atlantik überquert hatte. Jetzt möchte Putnam an das spektakuläre Ereignis und den Bucherfolg anknüpfen und plant deshalb die Beteiligung einer Frau an einer Atlantiküberquerung im Flugzeug. Zuerst versucht er eine in London verheiratete amerikanische Fliegerin für das Vorhaben zu gewinnen, aber deren Familie lässt es nicht zu, weil es ihr zu gefährlich erscheint. Dann stößt sein Anwalt David T. Layman auf Amelia Earhart. Am 27. April 1928 ruft er sie an und fragt, ob sie gern die erste Frau sein wolle, die über den Atlantik fliegt. Bei einer Besprechung mit George Putnam in New York erfährt Amelia Näheres: An Bord einer von dem Piloten Wilmer Stultz und dem Bordmechaniker Louis Gordon gesteuerten Maschine soll sie den Atlantik überqueren und anschließend Berichte für eine PR-Kampagne des Verlags schreiben. Natürlich weiß Amelia, wie riskant so ein Unternehmen ist, aber ihr Ehrgeiz ist stärker als ihre Angst: Sie überlegt nicht lang und sagt zu.

Die Räder des auf den Namen „Friendship" getauften Flugzeugs werden durch Pontons ersetzt, damit während der Ozeanüberquerung die Chance einer Notlandung auf dem Wasser besteht. Anfang Mai sind die Vorbereitungen abgeschlossen, und die Maschine, die wegen der Pontons vom Wasser aus gestartet werden muss, wird in der Bucht vor Boston startklar verankert, doch ungünstige Wetterprognosen erzwingen eine nervenaufreibende Wartezeit. Endlich: Am 1. Juni wird Amelia Earhart von den Organisatoren in ein Hotel am Hafen bestellt. Um 3.30 Uhr klingelt der Wecker. Die schlanke, große Frau, die ihr Haar unkonventionell kurz geschnitten trägt, zieht eine weiße Seidenbluse an, schlüpft in eine knielange braune Fliegerhose und schnürt die hohen Stiefel; dann streift sie eine Lederjacke über und nimmt einen pelzgefütterten Overall mit. Ein Schlepper bringt die Crew – zu der auch der Ersatzpilot Louis Gower gehört – zum Flugzeug.

Der Mechaniker Louis Gordon steigt über die Pontons, um die Rotorblätter anzuwerfen, dann setzt er sich neben Stultz ins Cockpit, während Amelia und Gower zwischen Benzinkanistern im Heck kauern. Vom Schlepper aus beobachtet Putnam, wie Stultz das Flugzeug mehrmals mit Vollgas übers Wasser jagt, die schwer beladene Maschine aber nicht hochkriegt. Man entschließt sich, einige Reservetanks auszuladen und auf den Ersatzpiloten zu verzichten: Gower geht von Bord. Um 6.30 Uhr hebt die „Friendship" endlich ab. Weil durch das Rütteln auf den Wellen ein Riegel im Schloss der Kabinentür zerbrach, droht sie nach außen aufzuklappen. Amelia packt zu und hält die Tür, bis Gordon sie mit einem Seil an einem schweren Benzinkanister befestigen kann.

Stultz, Gordon und Amelia Earhart wollen zunächst Trepassey in Neufundland anfliegen, dort noch einmal volltanken und dann mit der Atlantiküberquerung beginnen. Doch wegen dichten Nebels entschließen sie sich zur Landung in Halifax. Bald darauf starten sie erneut, aber die Sichtverhältnisse verschlechtern sich dermaßen, dass sie umkehren und auf besseres Wetter warten müssen.

Inzwischen hat Putnam die Presse informiert. Die „New York Times" macht die Ausgabe vom 3. Juni mit einem Artikel über die geplante Atlantiküberquerung auf: „Boston Girl Starts Atlantic Hop. Reaches Halifax. May Go On Today".

Tatsächlich setzen Amelia und die beiden Männer an diesem Vormittag ihren Flug nach Trepassey fort. Dort warten sie ungeduldig auf günstigere Wetterverhältnisse. Einige Journalisten zweifeln bereits, ob eine Frau psychisch in der Lage sei, den Stress einer Atlantiküberquerung im Flugzeug auszuhalten. Amelia und Gordon spielen Karten oder gehen am Strand spazieren. Stultz trinkt mehr als ihm gut tut. Entsetzt erinnert Amelia sich an ihren Vater und erschaudert bei dem Gedanken, ihr Leben einem alkoholisierten Piloten anvertrauen zu müssen. Die Spannungen zwischen den drei Teammitgliedern nehmen zu. Zwei Wochen vergehen. Am 17. Juni treibt Gordon seinen Kollegen aus dem Bett, und Amelia telegrafiert an Putnam: „Violet. Cheerio! A. E." „Violet" ist das Codewort für den Beginn der Atlantiküberquerung. Um 10 Uhr unternimmt Stultz den ersten Startversuch. Der vierte gelingt: Kurz vor Mittag hebt die „Friendship" ab. In vierundzwanzig Stunden, so hoffen die Flieger, werden sie die englische Westküste erreichen.

Nach 550 Kilometern geraten sie in dichten Nebel. Stultz überlässt Gordon das Steuer, nimmt einen kräftigen Schluck aus seiner Whiskey-Flasche und schläft ein. Auch Amelia döst. Die Funkverbindungen mit Kanada sind längst abgerissen, und Europa ist noch zu weit weg. Vergeblich versucht Gordon, mit Schiffen auf dem Atlantik Kontakt aufzunehmen. Stultz hat wieder das Steuer übernommen, als sie Fischerboote bemerken. Dann kommt Land in Sicht. „Zwanzig Stunden und vierzig Minuten seit Trepassey, Friendship sicher im Hafen gelandet", notiert Amelia im Bordbuch. Drei Hafenarbeiter winken, kümmern sich jedoch nicht weiter um das Flugzeug in der Bucht. Erst nach einer Stunde nähert sich ein Fischkutter, und die Flieger erfahren, dass sie sich in Burry Port an der walisischen Küste befinden. Amelia klettert aus der Maschine: Sie ist die erste Frau, die den Atlantik an Bord eines Flugzeugs überquert hat! Allmählich kommen Schaulustige herbei. Stultz sucht ein Telefon, um Putnams PR-Manager anzurufen, der am eigentlichen Zielort Southampton auf sie wartet und nun mit einem Reporter der „New York Times" herbeieilt.

„Lady Lindy"

Obwohl Stultz und Gordon das Flugzeug gesteuert haben, werden die beiden Männer kaum beachtet. Die Journalisten befragen vor allem Amelia, für die in Anlehnung an Charles Lindbergh der Spitzname „Lady Lindy" aufkommt. Putnam wusste, warum er eine Frau mit an Bord haben wollte! Durch sie wird diese Atlantiküberquerung als Sensation wahrgenommen. In der Aufregung merkt Amelia gar nicht, wie erschöpft sie ist: Sie geht in dem Trubel auf, schwelgt in dem Erfolg und freut sich über die Anerkennung. Auf dem Weiterflug nach Southampton am nächsten Tag übernimmt Amelia das Steuer, doch sie gibt sich damit nicht zufrieden und träumt bereits davon, bei einer weiteren Atlantiküberquerung selbst zu fliegen. „Von Zeit zu Zeit sollen Frauen all das tun, was Männer bereits getan haben", meint sie, „und gelegentlich etwas, das Männer noch nicht getan haben, um sich als Persönlichkeiten zu bestätigen und vielleicht andere Frauen zu größerer Unabhängigkeit in Gedanken und Taten zu ermutigen."

Putnam sorgt dafür, dass die „New York Times" zwei Berichte Amelias über den Flug auf der ersten Seite bringt. Es erscheinen allerdings nicht nur begeisterte Zeitungsartikel, sondern auch abfällige Kommentare, denn es gibt viele, deren Weltbild es widerspricht, dass Frauen in diese Männerdomäne vordringen.

Mit einem Kredit auf das Honorar, das der Verlag für ein Buch über den Atlantikflug in Aussicht gestellt hat, erwirbt Amelia von der englischen Pilotin Mary Heath ein einmotoriges Flugzeug, mit dem diese vor einiger Zeit allein von Südafrika nach England geflogen war. Dann reist sie mit Stultz und Gordon per Schiff in die USA zurück. Am 6. Juli werden sie im Hafen von New York auf einer Polizeibarkasse vom Dampfer zur Yacht des Oberbürgermeisters James J. Walker gebracht, der mit George Putnam und dessen Frau Dorothy auf sie wartet. In Manhattan findet sogar eine Konfettiparade statt! Außerdem hat der Verlag eine Rundreise durch einige amerikanische Städte arrangiert. Stultz ist frustriert, dass nicht er, sondern Amelia im Mittelpunkt der Öffentlichkeit steht.

Als er in Chicago den Beginn der Parade versäumt, nimmt Putnam kurzerhand den für Stultz vorgesehenen Platz neben der Fliegerin im offenen Auto ein und winkt mit ihr gemeinsam der jubelnden Menge zu.

Um mit Amelia Earhart über ihr geplantes Buch „Twenty Hours, Forty Minutes. Our Flight in the ‚Friendship'" zu sprechen, lädt Putnam sie Ende Juli 1928 in sein 16-Zimmer-Landhaus ein. Es steht in Rye, 30 Kilometer nordöstlich von New York. Drei Wochen später legt sie ihm das Manuskript vor. Ab September ist die Neuerscheinung in den Buchhandlungen verfügbar. Kein Wunder, dass einige Rezensenten das hastig verfasste Elaborat verreißen. Amelia ärgert sich darüber, dass sie sich so unter Zeitdruck setzen ließ und ist selbst unzufrieden mit dem Ergebnis, doch Putnam zeigt ihr zum Trost die hohen Verkaufszahlen und verspricht, dafür zu sorgen, dass sie in den Medien präsent bleibt.

MEDIENSTAR

Ende August 1928 startet Amelia Earhart zu einem Alleinflug über den amerikanischen Kontinent nach Los Angeles. Auf dem Hinweg bleibt sie wegen eines Motorschadens vier Tage lang in Pittsburgh, Pennsylvania, liegen, und als sie von der West- zur Ostküste zurückfliegt, muss sie notlanden und sitzt zehn Tage lang fest, bis die benötigten Ersatzteile eintreffen. Das zerrt an den Nerven, hält Amelia jedoch nicht davon ab, in Dutzenden von Städten mehr als hundert Mal über ihre Erlebnisse zu referieren und unermüdlich Interviews zu geben.

Ein Artikel für die Novemberausgabe des „Cosmopolitan" steht am Anfang ihrer Zusammenarbeit mit dem von William Randolph Hearst herausgegebenen Magazin. Außerdem wirbt Amelia Earhart für Sonnenbrillen, Zigaretten, Filme, Benzin, Einbauküchen und vermarktet ihren Namen für Mode und Reisegepäck. Als Assistentin des Generaldirektors der „Transcontinental Air Transport" (der späteren „TWA"), eines Unternehmens, für das auch Charles Lindbergh als technischer Berater tätig ist, übernimmt sie die Aufgabe, die Zahl speziell der weiblichen Passagiere zu erhöhen. Schließlich gründet sie eine eigene Fluggesellschaft und erwirbt am 3. März 1929 die für Passagiermaschinen erforderliche Fluglizenz auch selbst – doch ihr Unternehmen überdauert die Weltwirtschaftskrise nicht.

Anlässlich ihres zweiunddreißigsten Geburtstags kauft Amelia sich ein neues, mit einem stärkeren Motor ausgestattetes Flugzeug. Damit beteiligt sie sich am ersten inneramerikanischen *air derby* für Frauen, das am 18. August 1929 in Santa Monica, Kalifornien, beginnt und acht Tage später in Cleveland, Ohio, endet. Nach der vorletzten Etappe liegen Amelia Earhart und Ruth Nichols in Führung. Vor ihrem letzten Start beobachtet Amelia von ihrem Cockpit aus, wie ihre schärfste Konkurrentin vor dem Abheben einen am Rand des Flugfelds fahrenden Traktor streift und sich mit ihrer Maschine überschlägt. Ohne lang zu überlegen, rennt sie zu der Verunglückten, um ihr aus den Trümmern zu helfen. Sechzehn von zwanzig gestarteten Pilotinnen erreichen das Ziel. Amelia schafft trotz der Verzögerung durch die Hilfeleistung für Ruth Nichols noch den dritten Platz, und die Lobeshymnen in den Zeitungen über ihr beherztes Eingreifen und fliegerisches Können trösten sie darüber hinweg, dass sie in der offiziellen Wertung schlechter als erwartet abgeschnitten hat.

George Putnam und sein zwölf Jahre jüngerer Medienstar sind sich inzwischen persönlich näher gekommen. Amelia erinnert sich später: „Ich war begeistert vom Fliegen, er auch […], aber es war zunächst nur Freundschaft zwischen uns – zumindest dachte ich anfangs, es sei nicht mehr. Nicht einmal mir selbst gestand ich, dass ich verliebt war." Nachdem Dorothy Putnam sich am 29. Dezember 1929 hat scheiden lassen – vermutlich wegen der Gefühle ihres Mannes für Amelia –, fragt dieser seine Geliebte, ob sie seine neue Ehefrau werden möchte. Sorgt Amelia sich, dass die Führung eines Haushalts sie von ihrer Karriere ablenken könnte? Oder erschreckt sie der Gedanke an die Repräsentationspflichten an der Seite des Verlegers? Wir wissen es nicht. Jedenfalls muss Putnam fünfmal um ihre Hand anhalten, bis sie endlich „ja" sagt. Kurz vor der Hochzeit am 7. Februar 1931 schreibt sie ihm nochmals in einem Brief, wie töricht sie das alles findet. Kinder möchte sie auf keinen Fall haben.

ALLEINFLUG ÜBER DEN ATLANTIK

Ein Jahr später fragt Amelia ihren Mann, ob er etwas dagegen hätte, wenn sie noch einmal über den Atlantik flöge. Putnam begreift sofort, was sie beabsichtigt, denn er kennt seine Frau ebenso wie das Geschäft mit der Publicity und ist sich darüber im Klaren, dass nur ein Alleinflug für neues Aufsehen sorgen kann. Außerdem kursieren Gerüchte von Vorbereitungen anderer Frauen für einen Transatlantikflug. Er weiß auch, dass sechs von acht Männern, die seit Sommer 1928 ein derartiges Abenteuer versuchten, dabei ums Leben kamen. Obwohl er sich um das Leben seiner Frau sorgt, ermutigt er sie zu ihrem neuen Vorhaben.

Amelia – die übrigens in der Öffentlichkeit weiterhin ihren berühmten Mädchennamen benützt – lässt ihr feuerrotes Flugzeug, eine „Lockheed Vega", gründlich überholen und einen neuen, 370 Kilowatt starken Motor einbauen. Trotz des Risikos lehnt sie es ab, die Räder durch Pontons zu ersetzen, weil sie nicht nur allein fliegen, sondern zugleich einen Geschwindigkeitsrekord aufstellen will. Am 20. Mai 1932 startet die bald Fünfunddreißigjährige von Harbor Grace in Neufundland mit Ziel Paris. Kurz nach dem Start fällt der Höhenmesser aus, dann vereisen die Tragflächen in einer Gewitterfront, nachts züngeln Flammen aus einer gerissenen Auspuffnaht, und am Morgen beginnt Benzin aus einer lecken Leitung zu tropfen. Nach dreizehneinhalb Stunden beziehungsweise 5800 Kilometern taucht Land vor ihr auf. Hinter der Küste sucht sie nach einer Eisenbahnstrecke, um sich orientieren und den nächsten Flugplatz ansteuern zu können. Statt über Frankreich befindet sie sich über Irland. Am Ende droht ihr der Treibstoff auszugehen und sie landet auf einer Viehweide in der Nähe von Londonderry. „Wo bin ich?", fragt sie einen Bauern. Der antwortet: „Auf Gallegher's Weide. Kommen Sie von weit her?" – „Aus Amerika", erwidert sie.

Amelia Earhart ist somit nicht nur die erste Frau, die ein Flugzeug über den Atlantik steuerte, sondern auch der erste Mensch, der diesen Ozean zweimal im Flugzeug überquerte.

Als Putnam erfährt, dass Amelia gelandet ist, bucht er eine Schiffspassage nach Europa und trifft sich Anfang Juni in Cherbourg mit ihr. Zwei Wochen lang sehen die beiden sich in Frankreich, Belgien, Italien um, und sie werden von Papst Pius XI. in Privataudienz empfangen. Am Tag nach ihrer Rückkehr in die USA reisen sie nach Washington, wo US-Präsident Herbert C. Hoover der Fliegerin nach einem Dinner die Goldmedaille der „National Geographic Society" überreicht. Für Amelia ist ein Traum in Erfüllung gegangen, und der Erfolg spornt sie zu neuen Pionierleistungen an.

DER ERSTE ALLEINFLUG ÜBER DEN PAZIFIK

Aber zunächst einmal mietet sie im Herbst 1934 ein Haus in der Nähe von Hollywood, um den Winter nicht an der kalten und schneereichen Ostküste verbringen zu müssen. Sie ist bereits in Kalifornien, als am 27. November Putnams Traumvilla in Rye ausbrennt. Ungeachtet des Schreckens reisen die beiden mit zwei befreundeten Ehepaaren im Dezember auf einem Luxusliner von San Francisco nach Honolulu. Es handele sich lediglich um eine Urlaubsreise, behauptet Putnam; Amelias Flugzeug habe man auf dem Dampfer nur mitgenommen, um auch auf andere Inseln fliegen zu können. Die Erklärung verhindert nicht, dass über eine bevorstehende Pazifiküberquerung der tollkühnen Pilotin spekuliert wird.

Knapp drei Wochen vor der Ankunft der prominenten Reisegruppe in Honolulu hatte Charles Ulm versucht, von San Francisco nach Honolulu zu fliegen. Er gilt als verschollen. Amelia lässt sich durch Nachrichten wie diese nicht abschrecken und hebt am 11. Februar 1935 vor hundert Schaulustigen von einem amerikanischen Militärflugfeld bei Honolulu ab. Tausende erwarten sie gut siebzehn Stunden später bei der Landung in Oakland, Kalifornien. Zum ersten Mal wurde der Pazifik im Alleinflug überquert.

AMELIA EARHARTS EHRGEIZIGSTES PROJEKT

Mit einer spektakulären Erdumrundung beabsichtigt Amelia, ihre Karriere 1937 zu beschließen. Sie wählt dafür eine Zick-zack-Route entlang des Äquators, wo der Erdumfang am längsten und die Herausforderung am größten ist. Für einen 47000 Kilometer weiten Flug mit zahlreichen Zwischenlandungen auf vier Kontinenten reichen nicht einmal die finanziellen Mittel ihres Mannes aus. Deshalb verkauft er der „New York Herald Tribune" die Exklusivrechte an den Berichten, die seine Frau von unterwegs schicken soll und behält sich vor, ein Buch daraus zu machen. Während Amelia mit dem Navigator Harry Manning Karten studiert und die Route festlegt, kümmert sich Paul Mantz – der mit dem Ehepaar Putnam befreundet ist und zusammen mit seiner Ehefrau auch in Honolulu dabei war – um den Kauf und Umbau eines geeigneten zweimotorigen Flugzeugs. An Amelias neununddreißigstem Geburtstag wird die silbergraue, 12 Meter lange Maschine übergeben. Um Platz für Zusatztanks zu gewinnen, werden alle Sitze bis auf zwei ausgebaut.

Amelia besteht darauf, dass Manning eine navigatorische Prüfung vor der *Federal Communications Commission* in Los Angeles absolviert und einen Testflug mit ihr durchführt. Weil sie weiterhin an seiner Qualifikation zweifelt, engagiert Putnam vier Tage vor dem Starttermin einen zweiten Navigator: den dreiundvierzigjährigen Frederick J. Noonan aus Oakland. Sobald Amelia herausfindet, dass Noonan wegen Alkoholproblemen von „Pan American Airways" entlassen wurde und erst vor kurzem einen schweren Verkehrsunfall hatte, sträubt sie sich gegen seine Beteiligung an ihrem riskanten Vorhaben, aber ihr Mann will mit der Suche nach einem weiteren Navigator keine Zeit mehr verlieren. Zähneknirschend fügt sie sich, um das aufwändige Projekt nicht zu gefährden, aber sie traut keinem der beiden Navigatoren.

Mit Paul Mantz am Steuer fliegen Amelia, Manning und Noonan am 17. März 1937 von Oakland nach Honolulu. Dort brechen Amelia und Noonan zu ihrer Erdumrundung auf. Amelia beschleunigt das Flugzeug. Plötzlich bricht es nach rechts aus, möglicherweise aufgrund eines geplatzten Reifens. Die Pilotin reißt die Maschine heftig nach links. Das Fahrwerk knickt weg, das Flugzeug schlittert auf dem Rumpf weiter. 4500 Liter Flugbenzin drohen zu explodieren. Die beiden Insassen überleben den Unfall unverletzt. Nachdem Amelia sich von dem Schreck erholt hat, schreibt sie am Strand von Waikiki einen Bericht für die „New York Herald Tribune". Das Flugzeugwrack lässt ihr Mann auf einem Schiff nach Kalifornien zurücktransportieren.

„LADY LINDY LOST!"

Amelia Earhart kann es kaum erwarten, bis die Maschine repariert ist. Dann fliegen sie und Fred Noonan am 21. Mai nach Miami, und am 1. Juni um 5.56 Uhr starten sie erneut zum Flug um die Erde. Fünfhundert Schaulustige jubeln ihnen zu.

Während Amelia im Cockpit sitzt und die Maschine steuert, kauert Noonan am Navigationstisch zwischen den Tanks im Rumpf der Maschine. Informationen schreiben sie auf Zettel und ziehen sie an einer Schnur hin- und her, weil die lauten Motoren eine mündliche Kommunikation unmöglich machen. Wenn sie nach fünf, acht, auch einmal zehn Stunden aussteigen, dröhnt ihnen der Lärm noch lange in den Ohren. Zuerst fliegen sie nach Südwesten, über die Karibik, an der südamerikanischen Küste entlang. Am 7. Juni überqueren sie den Atlantik von Brasilien nach Senegal. Als sie acht Tage später in Karachi landen, haben sie die Hälfte der Route geschafft. Weiter geht es über Indien nach Malaysia. Außer dem Fliegen, das ihre volle Konzentration erfordert, setzen ihnen Sandstürme, Monsunregen und tropisch-heiße Nächte schwer zu. Auf Java fühlt Amelia sich krank und erschöpft. In dieser Verfassung beginnt sie zu zweifeln, ob sich Aufwand, Strapazen und Risiken überhaupt lohnen. Von New York aus drängt Putnam sie zur Weiterreise: Er will, dass sie die Erdumrundung vor dem amerikanischen Nationalfeiertag abschließt, weil die Begeisterung dann besonders groß sein wird. Nach einem

Zwischenstopp an der Nordküste Australiens treffen Amelia und Noonan am 29. Juni – also fünfeinhalb Wochen nach ihrem Start in Kalifornien – in Lae auf Neuguinea ein.

Dort versucht Amelia vergeblich, Harry Balfour, einen Radiomechaniker der „New Guinea Airways" zu überreden, sie auf ihrem Weiterflug zu begleiten. Die nächste, 4740 Kilometer lange Etappe gilt nämlich als besonders gefährlich, weil sie Howland Island finden müssen, eine winzige Insel der Phönix-Gruppe in der Südsee zwischen Hawaii und Australien. In einer Zeit, in der es für den Navigator über der hohen See nur Kompass, Uhr, Geschwindigkeitsmesser, Sterne beziehungsweise Sonnenstand und eventuell Funksignale als Orientierungshilfen gibt, ist das keine einfache Aufgabe. Aber dieses Etappenziel ist ihre einzige Chance, denn die Treibstoffmengen, die sie aufnehmen können, reichen nicht weiter. Noonan hat die zur Verfügung gestellten Karten der US-Regierung sorgfältig studiert. Er kann nicht ahnen, dass die Insel 11 Kilometer zu weit nordwestlich eingezeichnet ist.

Am 2. Juli, um 10.22 Uhr Ortszeit, reden Amelia Earhart und Fred Noonan sich Mut zu und steigen erneut auf. In achtzehn Stunden wollen sie auf Howland Island landen. Der Sprit wird etwa zwanzig Stunden reichen. Neunzehn Stunden und zwölf Minuten nach dem Start empfängt der vor Howland Island kreuzende und auf sie wartende Kutter der amerikanischen Küstenwache einen Funkspruch Amelias: „KHAQQ ruft Itasca. Wir müssen über euch sein, können euch aber nicht sehen. Der Sprit geht zu Ende. Wir sind nicht in der Lage, euch über Funk zu erreichen. Wir fliegen in tausend Fuß." Sechzehn Minuten später heißt es: „Wir kreisen, können euch aber nicht hören." Gleich darauf funkt Amelia: „Wir empfangen eure Signale, können euch aber nicht anpeilen." Zwanzig Stunden und vierzehn Minuten nach dem Start gibt die verzweifelte Pilotin durch, dass sie auf einer Linie, auf der sie und ihr Navigator Howland Island vermuten, hin- und herfliegt: „We are running north and south." Dieser Satz ist das letzte Lebenszeichen von ihr und Fred Noonan.

US-Präsident Franklin D. Roosevelt setzt einen Krisenstab ein und ordnet die größte Suchaktion an, die es jemals für ein einzelnes Flugzeug gegeben hat. Viertausend Männer der US-Marine beteiligen sich daran. Erst nach mehr als zwei Wochen wird die Rettungsaktion eingestellt – ergebnislos. Von den Insassen und der Maschine fehlt jede Spur. Das tragische Ende verschafft dem Unternehmen neue Schlagzeilen: „Lady Lindy Lost!" Ungeachtet seiner Trauer nützt Putnam die Aufmerksamkeit der Öffentlichkeit aus und lanciert rechtzeitig zum Weihnachtsgeschäft ein Buch mit Amelias Berichten über die Etappen ihres letzten Flugs: „Last Flight".

Amy Earhart bleibt bis zu ihrem Tod überzeugt, dass ihre Tochter im Auftrag der US-Regierung militärische Aktivitäten der Japaner in der Südsee ausspionieren sollte. Man habe keine Wrackteile entdeckt, weil Amelia Earhart und Fred Noonan von den Japanern aufgebracht und gefangen genommen wurden, lautet eine der Varianten dieses Erklärungsmodells. Obwohl „The International Group for Historic Aircraft Recovery" (TIGHAR) seit 1988 versucht, den Fall aufzuklären, gibt es bis heute nur Spekulationen über das Schicksal der wagemutigen Fliegerin und ihres Navigators.

Josephine Baker

1906–1975

DIE UNEHELICHE TOCHTER einer schwarzen Waschfrau und eines vagabundierenden Musikers schlug sich in Saint Louis als Hausmädchen und Kellnerin durch, bevor sie sich Wanderkomödianten anschloss, nach New York zog und dort für eine „Revue Nègre" in Paris entdeckt wurde. Die Exotik der halb nackten, wild tanzenden und Hot Jazz singenden Künstlerin zog das Publikum in Scharen an. Josephine Baker avancierte zum höchst bezahlten Revuestar in Europa.

ARM UND SCHWARZ

Carrie McDonald stammt von Indianern und afrikanischen Sklaven ab. Als die achtzehnjährige Kellnerin mit ihrer Mutter und deren Halbschwester 1904 nach Saint Louis, Missouri, zieht, wo in diesem Jahr die Weltausstellung stattfindet, lernt sie den vagabundierenden weißen Schlagzeuger Eddie Carson kennen. Der überredet sie, mit ihm zusammen in Bars zu singen und zu tanzen. Die Bretterwände des Zimmers, in dem sie hausen, stopfen sie mit Zeitungspapier aus, damit es im Winter nicht so eisig durch die Fugen zieht. Am 3. Juni 1906 wird Carrie von einer Tochter entbunden: Freda Josephine. Ihre neue Schwangerschaft hindert Eddie Carson nicht daran, sie und die kleine Tochter zu verlassen. Bald darauf heiratet Carrie den Arbeitslosen Arthur Martin, der auch dann herumlungert, wenn sie als Hilfskraft in einer Wäscherei arbeitet. Das wenige Geld, das sie dabei verdient, reicht kaum zum Leben für sie, Arthur, Josephine, den Säugling Richard

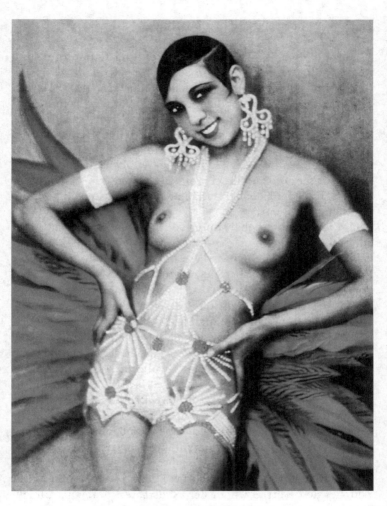

JOSEPHINE BAKER
Foto undatiert

und die zwei später geborenen Kinder Margaret und Willie Mae.

Josephine wohnt die meiste Zeit bei ihrer Großmutter und ihrer Großtante. Im Alter von acht Jahren wird sie als Haushaltshilfe zu einer alleinstehenden Weißen geschickt. Täglich muss sie um 5 Uhr aufstehen, damit sie vor dem Schulunterricht Feuer machen, Zimmer fegen und Treppen scheuern kann. Weil sie beim wöchentlichen Waschtag einmal zu viel Seifenflocken verbraucht, verbrüht ihr die Ma'am die Hände mit kochendem Wasser. Sobald die Wunden abgeheilt sind, kommt Josephine zu einem weißen Ehepaar, wo sie es besser hat. Doch als der Hausherr anfängt, ihr nachzusteigen, wird sie von seiner Frau entlassen.

Um weiter zum Lebensunterhalt ihrer Familie beizutragen, erbettelt Josephine von den Marktfrauen gerade noch genießbare Abfälle, und in den besseren Vierteln klopft sie an jeder Haustür und fragt nach Gelegenheitsarbeiten. Im Güterbahnhof klettert sie auf Waggons und stiehlt Kohlestücke, die sie gegen Reis und Kartoffeln tauscht. Von klein auf erfährt sie, was es bedeutet, arm und auch noch schwarz zu sein. Anfang Juli 1917 erlebt sie, wie weiße Schlägerbanden auf der Jagd nach Schwarzen nachts durch die Stadtviertel ziehen und es zu einem der schlimmsten Rassenkrawalle in Missouri kommt. Später erinnert sie sich: „Eines Tages begriff ich, dass ich in einem Land lebte, in dem ich als Schwarze Angst hatte. Es war ein Land nur für Weiße. Nicht für Schwarze."

Mit zwölf zieht Josephine zu einem siebenundfünfzigjährigen Eisverkäufer. Im Jahr darauf heiratet sie den Gießereiarbeiter Willie Wells, der einige Jahre älter ist als sie. Dass ein Mädchen gleich nach der Pubertät Ehefrau wird, ist zu dieser Zeit bei den Schwarzen in den Südstaaten durchaus üblich. Trotz ihrer Armut trägt Josephine ein weißes Brautkleid, und für die Hochzeitsgesellschaft gibt es Schweinerippchen. Nach ein paar Monaten halten es die beiden aber nicht mehr miteinander aus und lassen sich scheiden.

DIE ERSTEN AUFTRITTE

Im „Old Chauffeur's Club", einem Jazz-Lokal, in dem Josephine als Kellnerin arbeitet, lernt sie die durchs Land tingelnde „The Jones Family Band" kennen: Der Vater spielt Horn, die Mutter Trompete und die Tochter auf der Fiedel. Josephine tanzt gern zu der Musik, das heißt, sie wackelt mit dem Po, denkt sich komische Verrenkungen aus und schneidet Grimassen. Später behauptet sie, ihren Tanzstil schlenkernden Stoffpuppen abgeschaut zu haben. Für ein paar Auftritte zusammen mit der „Family Band" im „Booker T. Washington Theatre" bekommt Josephine schließlich sogar Geld. Danach begleitet sie die Familie Jones nach Philadelphia, wo sie gelegentlich in einem Nachtclub auftritt und vom „Standard Theatre" als Bühnentänzerin engagiert wird.

Trotz der schlechten Erfahrung mit ihrer ersten Ehe heiratet sie nach einem Jahr schon wieder: einen Schwarzen namens William Baker, der seinen Lebensunterhalt als Steward in einem Pullmanwagen verdient. Vermutlich sucht die Vierzehnjährige einfach nur den Schutz eines Mannes.

Bei Noble Sissle und Eubie Blake, zwei populären schwarzen Komikern, die mit dem Musical „Shuffle Along" in Philadelphia gastieren, bewirbt Josephine sich als Tänzerin, wird jedoch nicht genommen. Später behauptet sie, Sissle habe sie abgelehnt, weil er sie zu mager, zu hässlich und zu schwarz fand. Als „Shuffle Along" nach der im Mai 1921 beendeten Tournee am Broadway mit über fünfhundert Vorstellungen zu einem Riesenerfolg wird, lässt Josephine ihren Ehemann in Philadelphia zurück und fährt allein nach New York. Weil sie nach den Gesetzen des Bundesstaates mit sechzehn noch nicht auftreten dürfte, gibt sie sich für ein Jahr älter aus und bewirbt sich erneut bei „Shuffle Along". Diesmal wird sie für dreißig Dollar pro Woche als Ulknudel am Ende der *chorus line* engagiert. Auf die Frage, ob sie sich für attraktiv halte, antwortet sie. „Schön? Es ist alles eine Sache des Glücks. Ich wurde mit guten Beinen geboren. Der Rest, nein, schön ist er nicht. Amüsant schon." Die anderen Tänzerinnen mögen sie nicht, weil sie ihnen bei jeder Gelegenheit die Schau stiehlt, aber es dauert nicht lang, da vergewissern sich die Leute, die Karten für das Musical kaufen möchten, ob in der Vorstellung auch das lustige Revuegirl dabei sei.

Im März 1924 lösen Sissle und Blake „Shuffle Along" durch die Komödie „In Bamville" ab, die sie bald darauf in „Chocolate Dandies" umbenennen. Josephine Baker gehört wieder als Spaßvogel zum Ballett, hat aber auch einige Solo-Auftritte und erhält nun bereits 125 Dollar pro Woche. Dadurch gewinnt Josephine Selbstvertrauen. Sie zögert nicht, sich im Anschluss an „Chocolate Dandies" als Grotesktänzerin in einem renommierten Nachtclub am Broadway zu bewerben, und weil man sie inzwischen kennt, wird sie vom „Plantation Club" auch tatsächlich engagiert.

„LA REVUE NÈGRE"

Eines Abends sind Spencer Williams und Caroline Dudley Reagon unter den Gästen im „Plantation Club". Die amerikanische Theateragentin Caroline Dudley Reagon stellt gerade eine Show für das „Théâtre de Champs-Élysées" in Paris zusammen. Weil Schwarze in Paris en vogue sind, plant die Theaterleitung für die Spätvorstellung eine „Revue Nègre". Der sechsunddreißigjährige Schwarze Spencer Williams komponiert die Musik. Die Agentin lädt Josephine zum Vortanzen ein und engagiert sie für 250 Dollar pro Woche. Das schwarze Mädchen, das sich in Saint Louis nicht einmal eine Busfahrkarte leisten konnte, wird nach Europa reisen! Im September 1925 geht sie mit den anderen Künstlerinnen und Künstlern – darunter auch der achtundzwanzigjährige Klarinettist Sidney Bechet – an Bord eines Überseedampfers. Noch während der Überfahrt beginnen die Proben, und die Truppe gibt bereits je eine Vorstellung in der ersten und zweiten Klasse.

Das Frühstück im Zug nach Paris ist für die neunzehnjährige Josephine Baker ein Erlebnis besonderer Art: Sie kann es kaum glauben, dass hier Schwarze und Weiße im selben Speisewagen bedient werden.

Weil die beiden Direktoren des „Théâtre des Champs-

Élysées" die Revue für zu lang und zu reizlos halten, bitten sie Jacques Charles um Hilfe, einen befreundeten Regisseur, der sich mit Revuen auskennt. Er rückt die grotesken Tanz- und Gesangsnummern mit Josephine Baker stärker in den Vordergrund und setzt eine „danse sauvage" an den Schluss, bei dem die schwarze Amerikanerin und ihr aus Martinique stammender Partner Joe Alex nur ein paar rote und blaue Federn tragen sollen. Josephine ist zuerst entsetzt, aber sie lässt sich schließlich überreden, nicht nur ihre wohlgeformten Beine, sondern auch ihre kleinen festen Brüste auf der Bühne zu zeigen. Für die Plakate steht sie dem jungen Illustrator Paul Colin nackt Modell.

Die Premiere findet am 2. Oktober 1925 statt. Ein Rezensent schreibt darüber: „Und jetzt betritt ein seltsames Wesen die Bühne. In ungeheurer Eile läuft es mit krummen Knien umher. [...] ‚Josephine Baker'. [...] Die ohnedies kurzen Haare eng an den Kopf geklebt – eine Perücke aus Kaviar." Er wundert sich darüber, dass die Musik unmittelbar von Josephine Bakers Bewegungen auszugehen scheint. In „Le Figaro" hingegen entrüstet sich ein Theaterkritiker über „den Exhibitionismus, der uns zum Affen zurückkehren lässt". Die Meinungen sind geteilt, aber schon aus Neugier strömen die Leute ins „Théâtre des Champs-Élysées", um die Show der Schwarzen selbst zu erleben. „La Revue Nègre" wird sogar als Galavorstellung zum Abschluss der Internationalen Ausstellung „Arts Decoratifs" am 7. November gebucht. Später ist die Revue noch im „Théâtre de l'Étoile" in Paris, im „Cirque Royal" in Brüssel und im „Nelson Theater" am Kurfürstendamm in Berlin zu sehen.

„Vom Mississippi zu den Folies Bergère"

Nachdem sich das Ensemble in Berlin aufgelöst hat, erhält Josephine 1926 ein Engagement für die „Folies Bergère", ein Cabaret, das wohlhabende Touristen als eine der Hauptattraktionen des Pariser Nachtlebens schätzen. Lediglich mit einem Röckchen aus sechzehn baumelnden Gummibananen, einem hautfarbenen Slip und einer Halskette „bekleidet", führt sie einen wilden Jazztanz auf, der zur Legende wird.

Jeden Morgen versucht sie, ihr kurzes Kraushaar mit einer selbst erfundenen Lotion zu glätten, und ihren Körper reibt sie mit Zitronensaft ein, in der Hoffnung, ihre Haut damit aufzuhellen. Offenbar schämt sie sich für ihre dunkle Hautfarbe und begreift noch nicht, dass diese in Paris – anders als in den USA – kein Nachteil ist, sondern im Gegenteil zu ihrem Erfolg beiträgt, weil das Publikum ihre exotische Erscheinung faszinierend findet.

Im Herbst 1926 lernt Josephine den Sizilianer Pepito Abatino kennen, der sich als Graf ausgibt. Er rät ihr, ein eigenes Cabaret zu eröffnen: „Chez Joséphine" in der Rue Fontaine. Bald zählt es zu den Geheimtipps in Paris. Die Zeitungen bringen Schlagzeilen darüber, dass Josephine Baker und Pepito Abatino in der Mittsommernacht 1927 ihre Eheschließung ankündigten. Aber es handelte sich um einen PR-Gag: Die Künstlerin lebt zwar getrennt von ihrem Ehemann William Baker, ist aber immer noch mit ihm verheiratet.

Ihre Garderobe lässt sie inzwischen von dem berühmten Pariser Modeschöpfer Paul Poiret anfertigen. 1927 verklagt er sie auf eine Restzahlung von 5000 Francs. Als der Richter erfährt, dass Josephine Baker ihm bereits 280 000 Francs bezahlt hat, weist er die kleinkrämerische Klage ab. Und der Bühnenstar wechselt verärgert zu Poirets Konkurrenten Jean Patou. Im selben Jahr überredet der Journalist Marcel Sauvage die Einundzwanzigjährige, ihre Memoiren von ihm schreiben zu lassen. Das Buch erscheint im September 1927 mit Illustrationen von Paul Colin. Allein bei den „Folies Bergère" verdient Josephine eine Million Francs pro Jahr – weit mehr als alle anderen vergleichbaren Künstler. Trotz ihrer märchenhaften Karriere kommt sie jedoch nie von den Traumata ihrer Kindheit und Jugend los. Später sagt sie: „Selbst als ich schon zu den großen Stars von Paris gehörte, dachte ich noch jahrelang, wenn die Leute mich auf der Straße anstarrten, es sei aufgrund meiner Hautfarbe [...]"

AUFTRITTSVERBOTE

Als der Reiz der Neuheit zu verfliegen beginnt, gibt Josephine im Januar 1928 eine Abschiedsgala in Paris und geht auf eine Europa-Tournee, die mit einer Revue unter dem Titel „Schwarz auf Weiß" in Wien beginnen soll. Aber die Behörden verweigern zunächst die Erlaubnis, und einige österreichische Parlamentsabgeordnete unterzeichnen eine Petition für ein Verbot der „pornografischen Aufführung". Josephine fährt deshalb erst einmal mit Pepito Abatino nach Semmering und lernt Skilaufen. Ihr Debüt in Wien findet am 1. März doch noch statt. In Berlin steht sie neben der Soubrette Lea Seidl auf der Bühne. Aus Protest johlen einige im Publikum, und ein Theaterkritiker wirft den Veranstaltern vor: „Wie können sie es wagen, unsere schöne, blonde Lea Seidl zusammen mit einer Negerin auftreten zu lassen?" Eine Tageszeitung protestiert gegen die „Bordellisierung" und „Verschweinlichung" des öffentlichen Lebens. Wegen dieser Vorfälle gibt Josephine ihre Absicht auf, in Berlin ein Cabaret zu eröffnen und reist vorzeitig nach Paris zurück. Die für München geplanten Vorstellungen werden von der Polizei im Februar 1929 wegen der zu erwartenden „Verletzung des öffentlichen Anstands" verboten.

EIN NEUES IMAGE

Nach einer erfolgreichen Südamerika-Tournee beziehen Pepito Abatino und Josephine Baker eine Villa im eleganten Pariser Vorort Le Vesinet. „Da ich auf der Bühne die Wilde personifiziere, versuche ich im täglichen Leben so zivilisiert wie möglich zu sein", sagt Josephine einmal. Vielleicht stellen sie und Abatino auch deshalb einen Diener ein, der – ungeachtet des Gespötts – beim Einkauf auf dem Markt in Le Vesinet Livree und weiße Handschuhe tragen muss.

Es folgen Auftritte in Barcelona, Madrid, Córdoba, Sevilla und Granada. Im Herbst 1930 soll Josephine Baker die Hauptattraktion einer neuen Show im „Casino de Paris" sein. Die

Proben beginnen im Sommer. Als Werbegag denkt sich Henri Varna, einer der beiden Besitzer des Hauses, etwas Besonderes aus: Er kauft seinem Star einen jungen Gepard, den sie „Chiquita" nennt. Mit dem Raubtier lässt sie sich auf den Champs Élysées fotografieren. Das sorgt für gehöriges Aufsehen.

Josephine Baker sucht neue Herausforderungen. Im Herbst 1931 geht sie erstmals mit einer Jazzband – den „16 Baker Boys" – auf Tournee. Während sie sich bisher vor allem als Tänzerin einen Namen gemacht hat, stellt sie allmählich den Gesang in den Vordergrund und gründet zusammen mit Abatino einen eigenen Musikvertrieb mit Niederlassungen in Paris und Mailand. Nachdem sie bereits 1929 die Hauptrolle in dem Stummfilm „La Sirène des Tropiques" gespielt hatte, dreht sie 1934 unter der Regie von Marc Allegret und als Partnerin von Jean Gabin ihren ersten Tonfilm: „ZouZou". Ab Weihnachten 1934 singt sie im „Théâtre Marigny" in Paris die Titelrolle in Jacques Offenbachs komischer Oper „Die Kreolin". Die Rezensenten sind begeistert von ihrem Gesang, und Josephine Baker legt damit endgültig das Image der „Wilden" ab.

FRANZÖSISCHE STAATSBÜRGERIN

Nach zehn Jahren kehrt sie 1935 erstmals in die USA zurück. In einem Hotel in New York haben sie und Abatino eine Suite reserviert, doch beim Eintreffen weist man sie ab, weil einige weiße Gäste nicht mit einer Schwarzen unter einem Dach übernachten möchten. Offenbar wird die Rassendiskriminierung unverändert praktiziert. „The New York Times" verunglimpft die Künstlerin sogar als „negro wench" (Negerschlampe). Da Josephine sich sehr darauf gefreut hatte, ihren sensationellen Erfolg in Paris bei ihren Landsleuten wiederholen zu können, ist ihre Verstimmung besonders groß, und sie verschafft ihrem Ärger Luft, indem sie sich weigert, Amerikanisch zu sprechen und ihre Chansons ausschließlich in französischer Sprache singt.

Während ihres Aufenthalts in den USA besiegelt Josephine ihre langjährige Trennung von William Baker durch die Ehescheidung – und verlässt nach einem heftigen Streit zugleich auch Pepito Abatino. Allein kehrt er im Januar 1936 nach Paris zurück. Weder Abatino noch Josephine ahnen zu diesem Zeitpunkt, dass er unheilbar krebskrank ist und nur noch wenige Monate leben wird. Als die „Folies Bergère" Josephine Baker einen neuen Vertrag anbieten, steigt sie aus ihren noch bestehenden Verpflichtungen in New York aus und kehrt einen Tag vor ihrem dreißigsten Geburtstag nach Frankreich zurück. Sie trifft Pepito Abatino nicht mehr lebend an. Bestürzt ist sie über seinen Tod und außerdem verblüfft, als sie erfährt, dass er ihr trotz ihres Zerwürfnisses sein beträchtliches Barvermögen hinterlassen hat.

Bei einer der letzten Proben zu der neuen Revue in den „Folies Bergère" taucht unerwartet die berühmte Schriftstellerin Colette auf. Josephine eilt von der Bühne, um die Dreiundsechzigjährige herzlich zu begrüßen, die sie seit den Zwanzigerjahren persönlich kennt. Eine der geprobten Szenen spielt im andalusischen Garten der Kasbah des Oudaïa in Rabat: Die in einen weißen orientalischen Umhang gehüllte Tänzerin wird von vier jungen Männern langsam entkleidet. In ihrer Rezension beschreibt Colette bewundernd den Körper der Dreißigjährigen und fährt fort: „So vollkommen nackt bis auf drei goldene Blumen und verfolgt von ihren vier Angreifern setzt sie die erhabene, ernste Miene einer Schlafwandlerin auf und gibt damit einer gewagten Music-Hall-Nummer Niveau. [...] Auf der Bühne der Folies wird Paris erleben, wie Josephine Baker in ihrer Nacktszene allen anderen Nackttänzerinnen vormacht, was Keuschheit bedeutet."

Einen der vielen Heiratsanträge erhält Josephine Baker von Jean Lion, dem Sohn einer jüdischen Industriellenfamilie. Offenbar denken beide nicht lange nach, sondern vermählen sich kurz entschlossen im November 1937 im Rathaus von Crèvecœur-le-Grand. Bei dieser Gelegenheit tauscht Josephine ihre amerikanische gegen die französische Staatsbürgerschaft. Das Ehepaar sieht sich allerdings nur selten, denn die Entertainerin kommt morgens um 5 oder 6 Uhr nach Hause, und wenn sie wieder ins Theater muss, ist ihr Ehemann oft noch nicht vom Büro zurück. Zu Beginn des Krieges lassen sie sich scheiden. „Die beiden hatten nie Gelegenheit, sich richtig kennen zu lernen", konstatiert der Richter.

KURIERDIENSTE FÜR DIE RÉSISTANCE

Bevor die Deutschen am 14. Juni 1940 in Paris einmarschieren, setzt sich Josephine mit einem Dienstmädchen in das Schloss „Les Milandes" in der Dordogne ab, denn sie weiß, was die Nationalsozialisten von schwarzen Tänzerinnen und Jazz-Sängerinnen halten, gehörte sie doch 1938 zu den Künstlerinnen, die durch eine Ausstellung in Düsseldorf über „entartete" Musik verunglimpft wurden. Ein junger Offizier, der sich in der Résistance engagiert und den sie über den Theaterimpresario Daniel Marouani kennen gelernt hatte, kommt mit. Schließlich folgt sie dem Widerstandskämpfer nach Nordafrika und übernimmt Kurierdienste für die Résistance. In Casablanca erkrankt sie im Juni 1941 an einer Bauchfellentzündung, die sie eineinhalb Jahre lang ans Bett fesselt. Nach ihrer Genesung begleitet sie die im November 1942 in Marokko gelandeten alliierten Truppen auf ihrem Weg nach Osten und tritt in Agadir, Marrakesch, Fes, Algier, Tunis, Tripolis, Benghasi, Alexandria, Kairo, Jerusalem, Haifa, Damaskus und Beirut zur Unterhaltung der Soldaten auf. Für ihre moralische Unterstützung der Freifranzosen wird sie von General Charles de Gaulle, dem Chef der französischen Exilregierung, im Winter 1943/44 mit der „Croix de Guerre" ausgezeichnet, und eine Delegation der französischen Regierung überreicht ihr am 9. Oktober 1946 in einer Klinik in Neuilly, wo sie kurz zuvor wegen erneuter Bauchfell-Beschwerden operiert wurde, die „Medaille de la Résistance avec Rosette". Auf diese Ehrungen ist sie besonders stolz.

FRAU DES JAHRES

Seit Kriegsende tritt Josephine Baker meistens mit dem Orchester des Geigers Jo Bouillon auf. Im Mai 1947 heiraten sie: standesamtlich und vor einem römisch-katholischen Priester in einer Dorfkirche. Nach einer erfolgreichen Tournee in Mexiko und Auftritten in Boston eröffnet das Paar ein eigenes Cabaret auf den Champs-Élysées.

Während eines Gastspiels im Dezember 1950 in Havanna vermittelt ein Impresario Josephine Baker ein Engagement in einem vornehmen, ausschließlich für weiße Gäste zugängigen Nachtclub in Miami. Sie nimmt nur unter der Bedingung an, dass Schwarze zumindest bei ihren Shows nicht diskriminiert werden. Nach fünfzehn Jahren tritt sie auch wieder am Broadway auf, und in mehreren Städten zwischen der Ost- und der Westküste gibt sie Vorstellungen auf Bühnen in Kinopalästen der Warner Bros. Immer wieder wird sie in den USA mit der Rassendiskriminierung konfrontiert und trotz ihrer Prominenz in einigen Restaurants nicht bedient. Als sie am 16. Oktober 1951 im „Stork Club" in Manhattan kein Essen serviert bekommt, zeigt sie den Clubbesitzer wütend an. Ihre Anzeige wird zwar nach einem Vierteljahr von einem Gericht abgewiesen, aber der Skandal hilft den Gegnern der Rassendiskriminierung, ihrem Anliegen in der Öffentlichkeit Gehör zu verschaffen, und Josephine Baker wird dafür von der „National Association for the Advancement of Colored People" zur Frau des Jahres ernannt.

„REGENBOGENFAMILIE"

Im Spätsommer 1951 beginnen sie und Jo Bouillon, aus dem inzwischen gekauften Schloss „Les Milandes" eine Touristenattraktion mit Hotel, Restaurant und Nachtclub zu machen. Nach und nach kommen ihre Mutter, ihr Bruder Richard, ihre Halbschwester Margaret und deren Mann Elmo Wallace aus den USA, um in „Les Milandes" zu wohnen.

Zu Beginn ihrer Karriere und als junger aufstrebender Star wollte Josephine keine Kinder. Später erlitt sie mehrere Fehlgeburten. Von einem Aufenthalt in Japan bringt sie 1953 den kleinen Koreaner Akio und den japanischen Waisenknaben Janot mit. In den beiden folgenden Jahren adoptieren Josephine und Jo Bouillon weitere vier Kinder aus Finnland, Kolumbien, Frankreich und Israel. Das ist eine Geschichte nach dem Geschmack der Boulevardpresse! Josephine steigert sich in die Rolle der Adoptivmutter von Kindern aus den verschiedensten Ländern der Erde hinein: Innerhalb von zehn Jahren adoptiert sie zehn Jungen und zwei Mädchen für ihre „Regenbogenfamilie", mit der sie für ihr Ideal der völkerübergreifenden Brüderlichkeit wirbt.

Mit fünfzig zieht sie sich ermüdet von der Bühne zurück. Ihre Abschiedsvorstellung gibt sie am 10. April 1956 im „Olympia" in Paris. Jean Cocteau hält eine Lobrede auf den einzigartigen Weltstar; dann singen, spielen und tanzen Künstler und Künstlerinnen aus der Oper und der Comédie Française, den „Folies Bergère", dem „Casino de Paris", dem „Lido" und dem „Théâtre Marigny". Dargestellt werden Szenen aus der glamourösen Karriere der Künstlerin, die erst in der zweiten Programmhälfte selbst auftritt.

Obwohl sie keine Tourneen mehr unternimmt, reist Josephine auch weiterhin viel, um sich mit Freunden in aller Welt zu treffen. Währenddessen sorgen ihre amerikanischen Verwandten für die Zöglinge. Das fällt diesen einfachen Menschen nicht leicht, denn die Kinderschar der exaltierten Künstlerin ist verwöhnt und ungezogen.

Solange in „Les Milandes" alles neu war, kamen viele Neugierige in das Hotel, das Restaurant, den Nachtclub und die Wachsfigurenausstellung mit Szenen aus Josephine Bakers Leben. Aber für die Landbevölkerung ist es dort zu teuer, und erlebnishungrige Touristen, die weite Strecken fahren, gibt es noch kaum. Außerdem sind sowohl Jo Bouillon als auch Josephine Baker mehr Künstler als Geschäftsleute. Um wieder Geld zu verdienen, kehrt Josephine zur Bühne zurück. „Ich muss singen", betont sie gegenüber Journalisten, „weil ich das Geld für meine Kinder brauche." Jedenfalls ist ihr Come-back

mit dem autobiografischen Musical „Paris mes Amours" im
Mai 1959 im „Olympia" ein Triumph.

„SALZ UND PFEFFER"

Trotz ihrer Erfolge kommt Josephine Baker nie über das
Trauma der Rassendiskriminierung hinweg, der sie seit frühes-
ter Kindheit immer wieder ausgesetzt gewesen ist. Während
einiger Konzerte in den USA wird sie 1963 Zeugin der eskalie-
renden Rassenunruhen. Der von Martin Luther King ins Leben
gerufenen Bürgerrechtsbewegung war es allmählich gelungen,
die Schwarzen in den USA zu mobilisieren. US-Präsident John
F. Kennedy setzt mehrmals Bundestruppen ein, um schwarze
Demonstranten vor Ausschreitungen zu schützen. 1963 wird
die Nationalgarde von Alabama der Bundesregierung unterstellt, weil der Gouverneur des Bundesstaates sie einsetzte,
um schwarzen Schulkindern und Studenten das Betreten von
Schulen und Universitäten zu verwehren. Josephine Baker beteiligt sich im August 1963 an der Massendemonstration von
250 000 Bürgerrechtlern in Washington, D. C., und ermutigt
die Menge in einer Ansprache an der Seite von Martin Luther
King: „Es ist der Vorabend eines vollständigen Sieges. Ihr
könnt es nicht falsch machen. Die Welt steht hinter euch."
Und sie sagt, die Demonstranten sähen aus „wie Salz und Pfef-
fer. Genau so, wie es sein sollte". Die schockierende Nachricht über die Ermordung John F. Kennedys am 22. November
in Dallas, Texas, erfährt sie noch in New York. Entsetzt und
betroffen sieht sie die Welt zusammenbrechen: „Our world is
toppling."

ZWANGSVERSTEIGERUNG VON „LES MILANDES"

Wieder zurück in „Les Milandes", sieht Josephine sich mit
persönlichen Sorgen konfrontiert, und es ist keine Überraschung für sie, dass sie damit allein fertig werden muss. Jo
Bouillon hatte nämlich in der Dordogne das Großstadtleben

vermisst und sich deshalb schon seit zwei, drei Jahren vorwiegend in Paris aufgehalten. Während der letzten US-Tournee seiner Frau war er nach Argentinien ausgewandert. Wegen der Überschuldung von „Les Milandes" droht inzwischen eine Zwangsversteigerung. Strom, Gas und Wasser werden im Juni 1964 abgedreht. Die bekannte französische Filmschauspielerin Brigitte Bardot ruft im Fernsehen dazu auf, für Josephine Baker zu spenden. König Hassan II. von Marokko lässt ihr einen großzügigen Betrag überweisen. Mit dem Geld kann sie einen Teil ihrer Schulden tilgen und einen Fonds für die Kinder einrichten. Pariser Künstler stiften ihr die Gagen, die sie für eine Vorführung im „Théâtre des Champs-Élysées" erhalten. Aber auch einem Komitee unter dem Vorsitz des Schriftstellers André Maurois gelingt die finanzielle Sanierung von „Les Milandes" nicht. Die Entertainerin gibt eine Vorstellung nach der anderen, um Geld einzunehmen, bis sie am 25. Juli 1964 einen ersten Herzanfall erleidet. (Der zweite folgt im Februar 1966.) Trotz ihrer finanziellen Probleme fährt Josephine vor Weihnachten mit den zwölf Kindern nach Paris und lässt sie in einem der großen Warenhäuser einen Vormittag lang Geschenke aussuchen. Sparsamkeit und freiwillige Einschränkung zählen nicht zu den Tugenden der Frau, die auf eine entbehrungsreiche Kindheit zurückblickt.

„Les Milandes" wird am 16. Februar 1968 endgültig zwangsversteigert. Josephine Baker konnte es nicht verhindern und träumt jetzt davon, das Schloss irgendwann zurückkaufen zu können. An Ostern nimmt sie ein Plattenalbum mit dem Titel „SOS Milandes" auf, aber die Einnahmen reichen bei weitem nicht. Der Termin der Zwangsräumung wird kurzfristig vom 22. September auf den 1. Dezember verschoben. Da aufgrund eines französischen Gesetzes im Winter niemand auf die Straße gesetzt werden darf, gewinnt Josephine sogar noch etwas mehr Zeit. Während Teile der Inneneinrichtung des Schlosses bereits abtransportiert werden, klettert sie durchs Fenster in die Küche und gibt dort Interviews, um die Öffentlichkeit auf ihre Lage aufmerksam zu machen. Es hilft alles nichts: Am 12. März 1969 um 7 Uhr morgens dringen acht kräftige Männer ein und zerren sie aus dem Gebäude. Mit

einer Duschhaube auf dem Kopf und einer abgesteppten Bett-
jacke über dem Nachthemd, die Beine in eine Wolldecke
gehüllt, bleibt sie den ganzen Tag auf der dreistufigen Ein-
gangstreppe sitzen und lässt sich immer wieder fotografieren.
Ein Amtsrichter entscheidet, dass sie sich noch drei Tage in
der Küche aufhalten darf. Sie bricht zusammen und wird nach
Périgueux ins Krankenhaus gebracht.

Nach Josephines Genesung sorgt die monegassische Fürstin
Gracia Patricia dafür, dass sie mit ihrer Schwester und deren
Mann in der Villa „Maryvonne" in Roquebrune wohnen kann.
Die zwölf Adoptivkinder wurden inzwischen von einem Inter-
nat in der Nähe von „Les Milandes" aufgenommen.

LETZTE PLÄNE UND ERFOLGE

Einige Jahre später schöpft Josephine Baker wieder Hoffnung
und beschäftigt sich mit einem neuen Projekt zur Überwindung nationalistischer Vorurteile. Ein „Kolleg der Brüderlichkeit" möchte sie gründen, eine Privatschule, in der Jugendliche verschiedener Nationalitäten zusammen lernen sollen.
Im Februar 1973 laden der jugoslawische Staatspräsident Josip
Tito und seine Frau die sechsundsechzigjährige Künstlerin ein,
um sich über deren Vorstellungen unterrichten zu lassen. Die
Insel Brioni vor der Südwestküste Istriens wäre ein geeigneter
Standort, doch Josephine kann ihren Plan nicht mehr verwirklichen.

Inzwischen hat sie den amerikanischen Maler Robert Brady
kennen gelernt und sich in ihn verliebt. Während einer Reise
nach Acapulco im September 1973 schwören sie sich in einer
leeren Kirche – ohne Geistlichen oder Zeugen – ewige Treue.
Nur wenigen Freunden erzählen sie davon, denn sie befürchten, dass sonst Journalisten davon erfahren könnten und sich
dann über sie lustig machen würden.

Aus Altersgründen beschränkt Josephine sich bei ihren Auftritten mittlerweile darauf, Medleys altbewährter Gesangsnummern vorzutragen, in denen sie die Titel nur jeweils kurz
ansingt. Im Frühjahr 1974 ist sie noch einmal in New York.

Die alljährliche Rot-Kreuz-Gala in Monaco findet in diesem Jahr unter dem Titel „Joséphine" statt und besteht aus einem Rückblick auf die fünfzig Bühnenjahre, die seit der Ankunft der Künstlerin in Paris vergangen sind. Im Sommer tritt sie in London auf, im Herbst in Kapstadt. „Ich liebe es, auf der Bühne zu stehen", gesteht sie. „Ich werde es tun, bis ich sterbe." Den Winter verbringt sie in Paris und bereitet sich auf eine neue Show im „Bobino" vor. Nach der außerordentlich erfolgreichen Premiere am 8. April 1975 feiert die bald Neunundsechzigjährige mit dreihundert Gästen – darunter Fürstin Gracia Patricia und Filmstar Sophia Loren – im Hotel „Bristol" eine Party. Am nächsten Abend steht Josephine Baker wieder auf der Bühne. Nachts erleidet sie in ihrer Wohnung einen weiteren Herzanfall und fällt ins Koma. Man liefert sie in das *Hôpital de la pitié Salpêtrière* ein. Margaret Wallace erfährt in Roquebrune aus den Fernsehnachrichten, dass ihre berühmte Schwester im Sterben liegt und eilt am 12. April nach Paris. Im Krankenhaus begegnet sie der Fürstin von Monaco, die ihre Freundin besuchen wollte. Aber Josephine Baker ist bereits seit 5 Uhr morgens tot.

In einem kilometerlangen Trauerzug begleiten zwanzigtausend Menschen den Sarg auf dem Weg vom Hospital an der Seine entlang zur Kirche *Sainte Marie Madeleine*, wo zu Ehren der 1961 mit dem Kreuz der französischen Ehrenlegion ausgezeichneten Wahlfranzösin einundzwanzig Salutschüsse abgefeuert werden. Es handelt sich um das erste französische Staatsbegräbnis für eine gebürtige Amerikanerin.

„Wenn man all die Dinge in Betracht zieht, die sie getan hat, und wie sie in ihrer Jugend war, und wie wir sie später kennen gelernt haben, ist es schwierig, sie als ein und dieselbe Person zu sehen", resümiert ihr Adoptivsohn Jean-Claude Bouillon-Baker. „Und ich glaube, nur so kann man sie verstehen. Sie betrachtete sich selbst auch nicht einfach nur als Schwarze oder Weiße. Sie war keine Französin, aber eine richtige Amerikanerin war sie auch nicht. Sie empfand sich selbst nicht als schön oder hässlich. Sie war alles und nichts zu gleicher Zeit. Darin liegt für mich die Erklärung, warum sie so viele verschiedene Dinge ausprobieren und verwirklichen konnte."

Indira Gandhi

1917–1984

INDIRA GANDHI war die zweite Regierungschefin einer demokratischen Republik – nach Sirimavo Bandaranaike in Ceylon und noch vor Golda Meïr in Israel. Insgesamt sechzehn Jahre lang führte sie Indien mit starker Hand. 1999 wurde sie von den Benutzern des *BBC-News Online Service* zur „Frau des Jahrtausends" gewählt.

STEAK ODER HIRSEBREI

Jawaharlal Nehru, der 1889 in Allahabad geborene Sohn einer 1716 aus Kaschmir eingewanderten Brahmanen-Familie, besucht die elitäre Highschool in London-Harrow und studiert anschließend in Cambridge Jura. Nachdem er in London drei Jahre lang als Rechtsanwalt Erfahrungen gesammelt hat, kehrt er in seine Heimat zurück. Am 8. Februar 1916 verheiraten die Eltern Motilal und Swarup Rani Nehru den Sechsundzwanzigjährigen mit der zehn Jahre jüngeren Kamala Kaul aus Delhi. Die Familie der Braut entspricht in Ehrwürdigkeit und Reichtum der des Bräutigams, verschließt sich aber westlichen Einflüssen – im Gegensatz zu Motilal Nehru, der europäische Maßanzüge trägt, bei Tisch englisch spricht, speziell für ihn von einem christlichen Koch zubereitete Fleischgerichte bevorzugt, türkische Zigaretten raucht und schottischen Whisky trinkt. Obwohl Swarup Rani dem Beispiel ihres Ehemanns nicht folgt, sondern ausschließlich vegetarische indische Speisen isst, dabei auf dem Boden sitzt, mit den Fingern in die Schüsseln greift und zwar Englisch versteht, aber nur Hindi spricht, spottet sie über die mangelhaften Englischkenntnisse ihrer Schwiegertochter Kamala, deren ungenügende Bildung und vermeintliche Rückständigkeit. Kamala sucht im Hinduismus Zuflucht und zieht sich oft stundenlang in ihr Zimmer zurück.

Am 19. November 1917 bringt sie ihr erstes Kind zur Welt. Es ist ein Mädchen und erhält den Namen Indira. Der Vater freut sich als Einziger darüber; die Mutter ist enttäuscht, keinen Stammhalter geboren zu haben, und die Großmutter nützt Kamalas „Versagen", um sie weiter zu demütigen.

AUTODAFÉ EINER BABYPUPPE

Die atheistischen Sozialisten Motilal und Jawaharlal Nehru schließen sich Mohandas Karamchand Gandhi an, dem tief religiösen Sohn einer vornehmen Hindu-Familie, der nach einundzwanzig Jahren Anwaltstätigkeit in Südafrika 1914 in die Heimat zurückgekehrt ist, seine indischen Landsleute zum gewaltlosen Widerstand gegen die seit 1818 bestehende britische Kolonialherrschaft aufruft und von seinen Anhängern schließlich „Mahatma" – große erleuchtete Seele – genannt wird. 1919 wird Motilal Nehru Präsident des *Indian National Congress*, mit dessen Gründung 1885 die indische Unabhängigkeitsbewegung zaghaft begonnen hatte. Aus Protest gegen die Kolonialmacht lässt er im Jahr darauf seine Anzüge auf der Terrasse seiner 42-Zimmer-Villa *Anand Bhawan* demonstrativ verbrennen und trägt von da an nur noch traditionelle indische Gewänder, zum Beispiel einen bis zu den Knien reichenden weißen Mantel mit einer langen Röhrenhose aus Baumwolle darunter. Er trennt sich von Kristallleuchtern und wertvollen Teppichen, Kutschen und Araberpferden. Auch die übrigen Mitglieder der Familie verzichten auf ihre westlichen Kleidungsstücke. Indira darf einen Rock nicht annehmen, den ihr eine Verwandte aus Paris mitbringt. Die gekränkte Besucherin weist das dreijährige Kind darauf hin, dass es sich dann auch von seiner ausländischen Puppe trennen müsse. Indira kämpft tagelang mit sich, dann trägt sie die Puppe auf die Dachterrasse und zündet sie an. Das geht ihr so zu Herzen, dass sie

INDIRA GANDHI
Foto 1981

anschließend mit Fieber im Bett liegt und sich noch als Erwachsene daran erinnern wird.

„DIE POLITIK GEHÖRTE ZU MEINEM LEBEN"

Im November 1921 kommt der siebenundzwanzigjährige englische Thronfolger, der spätere König Eduard VIII., mit seinem Gefolge nach Allahabad. Aus Protest lassen die Händler ihre Geschäfte geschlossen, und die Bewohner meiden die Straßen, durch die Eduard gefahren wird. Was für ein Affront! Motilal und Jawaharlal Nehru, die zu den Organisatoren des Boykotts gehören, werden am 6. Dezember verhaftet. Während der Verhandlung, in der das Gericht die beiden zu je sechs Monaten Haft verurteilt, sitzt die vierjährige Indira auf dem Schoß ihres Großvaters.

Sechsmal, insgesamt neun Jahre lang, sperren die Briten Jawaharlal Nehru ein. Wenn Indiras Vater, ihr Großvater – später auch Mutter und Großmutter – im Gefängnis sind, fehlen dem Einzelkind wichtige Bezugspersonen. Darunter leidet die Erziehung Indiras; sie wird launenhaft und eigensinnig. Ihr Vater schreibt 1933 in einem Brief: „Von ihrer frühesten Kindheit an musste Indira die durch politische Probleme verursachten häuslichen Unannehmlichkeiten hinnehmen. In ihrer Erziehung gab es keine Kontinuität. Lange Zeit kannte sie zu Hause weder Ruhe noch Stille, weil ihre Eltern und andere Verwandte sich mit öffentlichen Angelegenheiten beschäftigten und häufig im Gefängnis saßen."

Ohne sich mit seinem Sohn abzustimmen, schickt Motilal Nehru seine Enkelin 1924 in die von drei Engländerinnen geleitete Privatschule St. Cecilia's in Allahabad. Jawaharlal ist verärgert über die Eigenmächtigkeit seines Vaters und kann nicht verstehen, dass dieser den Boykottaufruf des *Indian National Congress* gegen britische Einrichtungen missachtet. Nach wenigen Monaten nimmt er seine Tochter von der Schule und stellt einen Hauslehrer ein. Dadurch kommt sie kaum noch mit anderen Kindern zusammen.

Im Elternhaus verkehren vor allem Politiker, die mit

Motilal und Jawaharlal Nehru über die Abschaffung der Fremd-
herrschaft debattieren. Indira greift auf, was sie hört und mimt
in ihren Kinderspielen eine Freiheitskämpferin, Heldin oder
politische Märtyrerin. Später erinnert sie sich: „Alle meine
Spiele waren politischer Natur, für mich war die Politik einfach da. Sie gehörte zu meinem Leben."

EUROPAREISE

Mitte November 1924 bringt Kamala Nehru einen Sohn zur
Welt, der jedoch nur zwei Tage lebt. Einige Zeit später raten
ihr die Ärzte zu einem Aufenthalt in einem Schweizer Lun-
gensanatorium. Kamala, Jawaharlal und die inzwischen achtjährige Indira gehen am 1. März 1926 in Bombay an Bord eines
Schiffs nach Venedig. Dort angekommen, muss Kamala drei
Tage in einem Hotelbett ausruhen, bevor sie in der Lage ist,
mit dem Zug weiter nach Genf zu reisen. Während sie auch in
Europa Saris trägt, kauft ihr Mann sich europäische Anzüge
und staffiert die Tochter mit bunten Blusen, Röcken und
weißen Kniestrümpfen aus. Trotz der hohen Kosten schickt er
Indira zunächst auf die internationale Schule in Genf und
bringt sie dann in einem Internat in Chesières westlich von
Aigle unter. Im Oktober begleiten Jawaharlal und seine inzwi-
schen nachgekommene neunzehnjährige Schwester Krishna
(„Betty") seine lungenkranke Frau in ein Sanatorium im
Wallis.

Als die Rekonvaleszentin sich besser fühlt, reisen alle zusammen am 1. Mai 1927 nach Paris. Während Kamala dort im
Hotel zurückbleiben muss, weil sie wieder unter Kopfschmer-
zen und Herzanfällen leidet, sind Jawaharlal, Betty und Indira
unter den Zuschauern, die Charles A. Lindbergh zujubeln, der
nach seiner spektakulären Alleinüberquerung des Atlantiks
am 21. Mai aus der einmotorigen „Spirit of St. Louis" klettert.
Nach Aufenthalten in verschiedenen europäischen Städten
nehmen die Nehrus im November an der Zehn-Jahres-Feier
der russischen Revolution in Moskau teil, bevor sie sich am
2. Dezember in Marseille nach Indien einschiffen. Gleich nach

der Rückkehr wird Indira auf eine Klosterschule in Allahabad geschickt.

DIE ANFÄNGE EINER DYNASTIE

Mit Unterstützung Gandhis wird Jawaharlal Nehru im Dezember 1928 als Nachfolger seines Vaters Motilal zum Präsidenten des *Indian National Congress* gewählt. Motilal zitiert daraufhin das Sprichwort: „Was der Vater nicht vollenden kann, erreicht der Sohn." 1929 zieht Motilal Nehru mit seiner Großfamilie und Dutzenden von Hausangestellten von dem schlossartigen Anwesen, das er seit 1900 bewohnte, in einen zwar kleineren, aber beinahe noch luxuriöseren Neubau um, der ebenfalls *Anand Bhawan* genannt wird. Indische Besucher bestaunen die europäischen Bäder und WCs sowie die hier noch völlig unbekannten Bidets.

Im Jahr darauf gründet die zwölfjährige Indira eine Kindertruppe, die sich für den *Indian National Congress* nützlich macht, Plakate klebt, Briefe kuvertiert und Kassiber befördert. Während die Kinder unauffällig auf den Straßen spielen, beobachten sie die Polizei und warnen Kongressmitglieder vor geplanten Zugriffen. Bei einer unerwarteten Hausdurchsuchung stecken die in *Anand Bhawan* versammelten Gegner der britischen Kolonialherrschaft Jawaharlal Nehrus Tochter rasch einige politisch brisante Papiere zu. Indira legt sie zwischen ihre Schulsachen und erklärt den Polizeibeamten, sie müsse sich beeilen, um pünktlich zum Unterricht zu kommen. Auf diese Weise gelingt es ihr, unkontrolliert das Haus zu verlassen.

Indira begleitet ihren Vater, als er am 26. Januar 1930 Tausende anführt, die – von Gandhi dazu aufgerufen – am Ravi-Ufer in Lahore geloben, nicht zu ruhen, bis die volle Unabhängigkeit Indiens erreicht ist. Im März marschieren Gandhi und seine Anhänger von Amdabad zur 390 Kilometer entfernten Küste des Arabischen Meeres, um dort Salzkristalle aufzulesen und symbolisch das britische Salzmonopol zu brechen. Jawaharlal Nehru ist unter den ersten, die verhaftet werden.

Am 1. Januar 1931 um 5 Uhr morgens wird auch seine Frau festgenommen. Indira bleibt allein mit dem Personal in *Anand Bhawan* zurück, denn ihr Vater ist noch im Gefängnis und die Großeltern halten sich in Kalkutta auf, wo Motilal Nehru wegen verschiedener Erkrankungen Spezialisten konsultiert. Glücklicherweise lassen die Kolonialherren Indiras Eltern Ende Januar wieder frei. Kurz darauf, am 6. Februar 1931, stirbt Indiras geliebter Großvater Motilal.

IN DER SCHULE EINES NOBELPREISTRÄGERS

Drei Monate später wird die Dreizehnjährige in ein Internat in Poona südöstlich von Bombay gebracht, wo sie zwei Jahre lang bleibt, bis ihr Vater sie abholt, nachdem er eine weitere Haftstrafe verbüßt hat. Ab Juli 1934 besucht Indira die berühmte Schule des Literaturnobelpreisträgers Rabindranath Tagore, die dieser 1901 in Santiniketan bei Bolpur ursprünglich zur repressionsfreien und ganzheitlich ausgerichteten Erziehung seiner eigenen fünf Kinder gegründet hatte.

Vier Wochen nach ihrer Einschulung in Santiniketan erfährt Indira, dass sich der Gesundheitszustand ihrer Mutter wieder verschlechtert hat. Besorgt nimmt sie den nächsten Zug nach Allahabad und kümmert sich zwei Wochen lang um die Lungenkranke. Im Oktober reist Indira noch einmal nach Hause, begleitet Kamala in ein Sanatorium in Bhowali am Südwestrand des Himalaja und leistet ihr dort fast einen ganzen Monat Gesellschaft, bevor sie nach Santiniketan zurückkehrt.

Rabindranath Tagore persönlich bittet Indira am 13. April 1935 in sein Büro, um sie über den Inhalt eines Telegramms ihres Vaters zu informieren, den die Briten erneut eingesperrt haben: Kamala muss so rasch wie möglich zu Fachärzten nach Europa. Am nächsten Tag bricht Indira nach Bhowali auf. Ahnt sie, dass ihr Abschied von Santiniketan endgültig ist?

DAS STERBEN DER MUTTER

Am 23. Mai 1935 geht Indira mit ihrer Mutter und einem mit ihnen verwandten Arzt in Bombay an Bord eines Schiffs nach Triest. Dort bringt ein Sanitätsauto die Kranke und ihre Begleiter zum Bahnhof. Mit dem Zug fahren sie weiter nach Wien. Der dort konsultierte Lungenfacharzt empfiehlt ihnen einen Kollegen in Berlin, der Kamala am 19. Juni operiert und anschließend in das Sanatorium „Haus Waldeck" in Badenweiler verlegen lässt. Am 9. September trifft auch Jawaharlal Nehru ein, den die englischen Kolonialherren nach mehreren Bittgesuchen freigelassen hatten, damit er zu seiner todkranken Frau reisen konnte.

Am Sonntag nach Weihnachten taucht überraschend Feroze Gandhi in Badenweiler auf. Der jüngste Sohn eines parsischen Marine-Ingenieurs gehört einer niedrigen Kaste an und trägt nur zufällig den gleichen Familiennamen wie der berühmte Freiheitskämpfer. Indira hatte den vier Jahre Älteren 1930 in Allahabad kennen gelernt. Im Oktober 1932 hielt er um die Hand der bald Fünfzehnjährigen an. Obwohl er abschlägig beschieden wurde, blieb er in Verbindung mit der Familie Nehru, und als Kamala sich im Sanatorium in Bhowali von ihrer Lungenkrankheit zu erholen versuchte, kümmerte er sich so rührend um sie, dass bald Gerüchte über eine Affäre zwischen ihm und der Patientin auftauchten. – Indira, die sich seit Juli 1935 in der Schweiz aufhält, die Weihnachtstage aber mit ihren Eltern im Schwarzwald verbracht hatte, reiste zwei Tage vor Feroze Gandhis Eintreffen zum Skilaufen nach Wengen südlich von Interlaken. An Silvester folgt er ihr. Die Achtzehnjährige scheint sich über das Wiedersehen nicht besonders gefreut zu haben, denn bereits am Neujahrstag kehrt Feroze nach Badenweiler zurück.

Während Nehru kurz zu politischen Gesprächen nach Paris und London reist, wird Kamala in die „Clinique Sylvana" in Lausanne gebracht. Rechtzeitig zum zwanzigsten Hochzeitstag am 8. Februar 1936 ist ihr Mann zurück. Inzwischen hat er erfahren, dass er wieder zum Präsidenten des *Indian National Congress* gewählt wurde. Wenn er die Wahl annehmen will, muss er nach Indien. Hin- und hergerissen zwischen der politischen Verantwortung und dem Bedürfnis, seiner kranken Frau beizustehen, bucht er einen Flug für den 28. Februar. Doch er bleibt in Lausanne, denn am geplanten Reisetag stirbt Kamala um 5 Uhr früh. Dass Feroze Gandhi Schmerz und Trauer mit Indira und ihrem Vater teilt, wird sie ihm nie vergessen. Nehru tritt seinen Rückflug erst an, als die Leiche eingeäschert ist und er die Urne mitnehmen kann.

OXFORD-STUDENTIN

Ungeachtet des Kummers reist Indira nach Oxford, um am *Somerville College* Geschichte zu studieren. Doch vor allem wegen ihrer ungenügenden Lateinkenntnisse scheitert sie bei der Aufnahmeprüfung und fährt erst einmal nach London – zu Feroze Gandhi, der inzwischen an der *School of Economics* studiert. Der Dreiundzwanzigjährige hat offenbar trotz der Zurückweisung vor vier Jahren seine Heiratsabsichten nicht aufgegeben. Er verrät nämlich einem Freund, er wolle sich mit Indira vermählen, obwohl er beim Gedanken an ihre berühmte Familie beinahe den Mut verliere.

Erst im dritten Anlauf besteht Indira Mitte März 1937 die Aufnahmeprüfung für das *Somerville College.* Da sie ohnehin nicht vor dem Herbst mit dem Studium beginnen kann, steigt sie zum ersten Mal in ein Flugzeug, verbringt den Sommer in Indien und kehrt rechtzeitig vor dem Beginn des Semesters nach Oxford zurück. In der Hochschul-Uniform – weiße Bluse, schwarze Krawatte und schwarzer Rock – nimmt sie an dem Umzug der Studienanfänger teil. Doch das Studium läuft alles andere als gut für sie. Als sie mit Feroze Gandhi und einer indischen Schulfreundin, die inzwischen ebenfalls in London studiert, im Dezember vom Skifahren in Garmisch-Partenkirchen zurückkommt, erfährt Indira, dass sie bei der Zwischenprüfung durchgefallen ist. Der zweite Versuch im März 1938 misslingt ebenfalls. Indira weiß, dass sie nicht weiter studieren kann, wenn sie es beim dritten Mal wieder nicht schafft. Kurz vor dem Prüfungstermin im Juni verlässt sie der

Mut, und sie sagt ihre Teilnahme ab. Ein Vierteljahr später wird sie wegen einer Rippenfellentzündung in ein Krankenhaus in London eingeliefert und kann deshalb auch den nächsten Prüfungstermin im Oktober nicht wahrnehmen.

Nach der Rückkehr von einem Aufenthalt in Indien schlägt ihr die Rektorin des *Somerville College* im April 1939 vor, auf einen akademischen Abschluss in Geschichte zu verzichten und stattdessen ein verwaltungswissenschaftliches Studium zu wählen. Indira befolgt erst einmal den Rat ihres Arztes und reist zur Erholung an den Vierwaldstätter See. Feroze Gandhi besucht sie dort und wandert mit ihr auf den 2209 m hohen Jochpass. Zurück in England, erkrankt Indira wieder an einer Rippenfellentzündung und muss noch einmal ins Hospital. Daraufhin bricht sie ihr Studium endgültig ab. Ihren zweiundzwanzigsten Geburtstag verbringt sie noch in der Klinik. Am 14. Dezember fliegt sie nach Paris, muss sich tagsüber in einem Hotelzimmer ausruhen, fährt mit dem Nachtzug nach Genf und am anderen Morgen mit dem Bus weiter in den bekannten Sommerfrischeort Leysin. Anfang Januar 1940 teilt sie ihrem Vater in einem Brief mit, sie müsse das Bett hüten, weil sie nur noch 38 kg wiege. Auch bei einer Körpergröße von 1,57 m ist das entschieden zu wenig. Erst im März darf sie mit viertelstündigen Spaziergängen beginnen.

Droht Indira wie ihrer verstorbenen Mutter ein Tuberkuloseleiden? Sie befürchtet es und ist besorgt, dass die Krankheit ihre Heiratspläne durchkreuzen könnte. Inzwischen ist sie nämlich auf Feroze Gandhis beharrliches Werben eingegangen und hat seinen Antrag angenommen. Mit ihm zusammen kehrt sie im Frühjahr 1941 nach Indien zurück. Jawaharlal Nehru kann seine Tochter nach ihrer mehr als fünf Wochen langen Reise nicht begrüßen, denn er sitzt seit dem 31. Oktober 1940 wieder im Gefängnis.

Hochzeit

Wie nicht anders zu erwarten, widersetzt Nehru sich Indiras geplanter Eheschließung mit einem tiefer stehenden Parsen, der weder einen Universitätsabschluss noch einen Beruf oder ein festes Einkommen vorweisen kann. Feroze reist zwar eigens nach Dehra, um Nehru umzustimmen, aber die Gefängnisbeamten erlauben ihm nicht, den Häftling zu sehen und so kehrt er unverrichteter Dinge nach Allahabad zurück.

Gegen den Willen ihres Vaters, der am 4. Dezember 1941 unverhofft freigelassen wurde, heiratet Indira am 26. März 1942. Bei der standesamtlichen Zeremonie steht die zarte, schlanke Braut in einem von Mahatma Gandhi im Gefängnis handgewebten pinkfarbenen und silberbestickten Sari neben dem etwa gleich großen, untersetzten Bräutigam, der einen weißen Mantel trägt. Während Indira sich auf der anschließenden Feier eher zurückhaltend gibt, ja fast schüchtern wirkt, zeigt Feroze, dass er sich in Gesellschaft wohl fühlt: Er isst, trinkt und raucht, plaudert laut und lebhaft, lacht ausgelassen und flucht unbekümmert. Nach acht Flitterwochen in Kaschmir mietet das jungvermählte Paar ein Haus in Allahabad, nicht weit von der Villa der Nehrus entfernt.

Im Gefängnis

Weil Mahatma Gandhi einen japanischen Angriff auf die Briten in Indien befürchtet, setzt er sich im *Indian National Congress* für eine „Quit India Resolution" ein und fordert die Briten am 8. August 1942 zum Verlassen des Landes auf. Die aber denken nicht daran, verhaften hingegen ihn, Nehru und andere politische Führer. Auch Feroze und Indira müssen wegen ihrer Teilnahme an der Abstimmung über die „Quit India Resolution" mit ihrer Festnahme rechnen. Als Indira von ihrer bevorstehenden Verhaftung erfährt, macht sie am 11. September mit einer improvisierten Kundgebung darauf aufmerksam. Sobald sie vor den mehr als dreitausend Teilnehmern zu reden beginnt, rücken bewaffnete Polizeieinheiten auf Lastwagen an.

Ihr Ehemann, der unter den Zuhörern ist, wird ebenso wie sie verhaftet und muss für ein Jahr ins Gefängnis. Indira bleibt ohne Gerichtsurteil acht Monate eingesperrt.

Nach ihrer Freilassung ziehen Feroze und Indira Gandhi nach *Anand Bhawan*. Indira kümmert sich mithilfe der Dienstboten um den Haushalt, und Feroze sorgt dafür, dass der Garten gepflegt wird.

DAS ERSTE KIND

Am Neujahrstag 1944 bleibt Indira im Bett, weil sie sich nicht wohl fühlt. Aber sie ist diesmal nicht krank, sondern schwanger. Am 20. August freut sie sich mit Feroze über die komplikationslose Geburt des Stammhalters Rajiv. Jawaharlal Nehru muss dagegen noch ein Jahr warten, bis er seinen Enkel in den Arm nehmen kann, denn er wird erst am 15. Juni 1945 – nach 1041 Tagen Haft – wieder freigelassen.

Den ersten Geburtstag des Kindes feiern die Nehrus auf Einladung von Scheich Abdullah in Kaschmir. Indira, die es von klein auf gewohnt ist, die heißen Sommermonate in den Bergen Kaschmirs zu verbringen, lässt gleich danach ihren Sohn in der Obhut einer Verwandten in Shrinagar zurück und bricht mit ihrem Vater zu einer zehntägigen Trekkingtour in den Himalaja auf.

Nehru verschafft seinem immer noch arbeitslosen Schwiegersohn schließlich eine Stelle als Verlagsleiter bei der von ihm gegründeten englischsprachigen Zeitung „National Herald" in Lakhnau. Feroze bezieht dort mit seiner Familie einen Bungalow und ist froh, *Anand Bhawan* verlassen zu können, denn in der vornehmen Atmosphäre hatte er sich nie wohl gefühlt. Indira wäre lieber in ihrem Elternhaus geblieben, aber es bleibt ihr keine Wahl.

DIE TOCHTER DES REGIERUNGSCHEFS

Im „National Herald" gibt es viel zu berichten, denn der Konflikt zwischen den englischen Kolonialherren und der indischen Unabhängigkeitsbewegung spitzt sich zu, und gleichzeitig eskalieren am 16. August 1946 die Spannungen zwischen Hindu und Moslems in bürgerkriegsähnlichen Kämpfen. Acht Tage später ernennen die Briten notgedrungen Nehru zum Vorsitzenden einer geschäftsführenden Regierung. Nicht von ungefähr haben sie sich für den – neben Gandhi – führenden Politiker des *Indian National Congress* entschieden, denn aus der ehemaligen Honoratiorenpartei ist längst eine über den gesamten Subkontinent verbreitete Sammlungsbewegung geworden. Mit wenigen Ausnahmen deckt die Kongresspartei das gesamte politische Spektrum ab und ist in nahezu jedem Dorf präsent.

Indira Gandhi hat nicht vor, sich in der eher beschaulichen Provinzstadt Lakhnau auf ihre Rolle als Mutter und Ehefrau zu beschränken. Immer wieder sieht sie in der von ihrem Großvater gebauten Villa in Allahabad nach dem Rechten und zieht noch im Herbst 1946 in den Bungalow, den ihr Vater in Neu-Delhi bewohnt. Als Grund nennt Indira ihre erneute Schwangerschaft und die bessere medizinische Versorgung in der Metropole, aber es gibt auch Leute, die behaupten, sie habe Abstand von ihrem angeblich untreuen Mann gewinnen wollen. Möglicherweise haben sie Unrecht, aber als er seine Frau am 13. Dezember im Haus seines Schwiegervaters besucht, muss er jedenfalls allein in einem Zelt im Garten schlafen.

Am folgenden Tag wird Indira von einem zweiten Sohn entbunden, der den Namen Sanjay erhält. Dabei verliert sie so viel Blut, dass die Ärzte um ihr Leben fürchten. Später wird Indira beteuern, ihre Ehe sei glücklich gewesen und auf die Frage nach dem Anlass ihres Umzugs nach Delhi antworten: „Offensichtlich musste ich es tun, weil mein Vater bedeutendere Aufgaben hatte als mein Mann." Sie leitet Nehrus Haushalt, kümmert sich um Küche, Einkäufe, Hausangestellte und steht bei offiziellen Gesellschaften an seiner Seite. Ihre beiden Söhne vertraut sie einem Kindermädchen an.

Wegen des Bürgerkriegs zwischen Hindu und Moslems, in dem Hunderttausende niedergemetzelt werden, sehen die Briten sich schließlich gezwungen, den indischen Subkontinent – die unmittelbar von ihnen beherrschten Gebiete und die 562 Fürstentümer – politisch zu teilen und am 15. August 1947 zwei Staaten als autonome Dominions anzuerkennen: die moslemische Republik Pakistan und die mehrheitlich von Hindu bevölkerte, aber säkulare Indische Union. Indira Gandhi erlebt die Unabhängigkeitsfeier der Indischen Union an der Seite ihres Vaters, des Premierministers.

Mahatma Gandhi hat stets versucht, eine einheitliche, von Hindu und Moslems gleichermaßen unterstützte Front gegen die englische Kolonialmacht aufzubauen, aber nicht vermocht, die beiden Religionsgruppen miteinander zu versöhnen. Am späten Nachmittag des 29. Januar 1948 besucht Indira Gandhi mit ihrem Sohn Rajiv und drei Damen den achtundsiebzigjährigen Asketen, der für die Nehrus wie ein Familienmitglied ist und nicht selten von Jawaharlal und Indira um Rat gefragt wurde. Neun Tage zuvor hat er den Bombenanschlag eines radikalen jungen Hindu überlebt, der eine Verständigung mit den Moslems verhindern wollte. Gandhi schützt sich mit einem Strohhut vor der Sonne, während er mit seinen Besucherinnen im Garten plaudert. Am nächsten Tag erhält Indira einen Telefonanruf: Gandhi ging morgens mit zwei Großnichten in den Garten, wo ihn seine Bewunderer erwarteten. Da trat ein untersetzter junger Brahmane aus der Menge und schoss dreimal auf ihn. Sofort lassen Indira und ihre Cousine Nayantara sich hinfahren, aber der Greis stirbt, ohne das Bewusstsein wiedererlangt zu haben. Indira ist über den Tod des väterlichen Freundes erschüttert und kann es kaum fassen, dass ein Hindu den Mann ermordete, der so erfolgreich und vorbildlich mit gewaltfreien Mitteln für die indische Unabhängigkeit gekämpft hatte.

Erst aufgrund dieses schockierenden Attentats werden für Nehru Leibwächter abgestellt. Widerstrebend befolgt er den Rat der Sicherheitsleute und zieht im August 1948 in die besser zu bewachende ehemalige Residenz des britischen Oberbefehlshabers in Indien, die nach einem Denkmal am Portal *Teen Murti House* genannt wird.

Bei den ersten Wahlen für die *Lok Sabha* – das Zentralparlament in der seit 1950 völlig unabhängigen Republik Indien –, die von Oktober 1951 bis Mai 1952 stattfinden, kandidiert Feroze Gandhi erfolgreich um ein Mandat. Der neue Abgeordnete richtet sich in Neu-Delhi in einem Bungalow ein, wie er allen Parlamentariern für eine niedrige Miete zur Verfügung gestellt wird. Indira bleibt jedoch weiterhin mit den Söhnen bei ihrem Vater.

Da Jawaharlal Nehru gewöhnlich von 7 Uhr morgens bis 2 Uhr nachts beschäftigt ist und bei weitem nicht alle empfangen kann, die mit ihm sprechen möchten, entwickelt sich seine Tochter zu einer wichtigen Vermittlerin. 1955 nimmt die Kongresspartei Indira Gandhi in das „Congress Working Committee" auf, das permanent in Delhi tagende Führungsorgan, und am 2. Februar 1959 wählen die Delegierten des *Indian National Congress* sie zur Präsidentin. Sie gibt dieses Amt allerdings nach einem Jahr aus Frustration über die verkrusteten Strukturen der Organisation wieder ab.

AUSGEBRANNT

Unmittelbar nach ihrem Rücktritt lässt sie sich einen Nierenstein operativ entfernen. Feroze Gandhi besucht sie regelmäßig im Krankenhaus, umsorgt sie während ihrer Genesung im *Teen Murti House* und begleitet sie und die Söhne anschließend nach Kaschmir, wo sie die Ferien gemeinsam auf einem Hausboot verbringen.

Offenbar ist sich das Paar wieder näher gekommen. Umso schockierender ist es für Indira, als sie nach der Rückkehr von einer Dienstreise in der Nacht auf den 8. September 1960 auf dem Flugplatz erfährt, dass ihr Mann wegen eines Herzanfalls im Krankenhaus liegt. Sofort lässt sie sich hinbringen und wacht an seinem Bett. Feroze Gandhi, der bereits im September 1958 zwei Herzattacken erlitten hatte, verspürte am Vortag heftige Schmerzen in der Brust und rief deshalb einen befreundeten Arzt an, der ihm riet, zu ihm in die Klinik zu kommen. Er schleppte sich zu seinem Auto und setzte sich ans Steuer, doch nach der Ankunft im Krankenhaus brach er zusammen. Von dem Herzanfall erholt er sich nicht mehr: In den Morgenstunden – vier Tage vor seinem achtundvierzigsten

Geburtstag – stirbt er im Beisein seiner Frau. Indira Gandhi fühlt sich aufgrund des Verlusts monatelang erschöpft und niedergeschlagen.

Nicht nur durch die Trauer um Feroze, sondern auch durch die dauernde Anspannung und das Fehlen einer Rückzugsmöglichkeit aus der Öffentlichkeit fühlt sie sich zunehmend ausgebrannt. Am 13. Oktober 1963 schreibt sie der Schriftstellerin Dorothy Norman, mit der sie sich während eines Besuches in den USA befreundet hatte: „Mein Bedürfnis nach einem Privatleben hat sich in den letzten drei Jahren ständig vergrößert, bis ich jetzt fühle, dass ich es nicht länger ignorieren kann, ohne das Risiko einzugehen, mich selbst aufzureiben. Unglücklicherweise gibt es für mich nicht einmal im entferntesten Winkel dieses Subkontinents ein Privatleben." Indira Gandhi spielt mit dem Gedanken, sowohl ihren Vater als auch Indien zu verlassen und sich ein Haus in London zu kaufen.

Doch es kommt anders.

DER TOD DES VATERS

Am 8. Januar 1964 beginnt Jawaharlal Nehru seine Rede auf einem Parteitag in der ostindischen Stadt Bhubaneshwar. Plötzlich kippt er nach vorne. Indira springt auf, rennt zu ihrem Vater, greift ihm von hinten unter die Arme und hält ihn fest, bis Sanitäter aufs Podium kommen. Der Vierundsiebzige hat einen Schlaganfall erlitten. Im Rollstuhl bringt man ihn nach Neu-Delhi zurück. Die Ärzte bereiten seine Tochter darauf vor, dass mit seiner Genesung kaum noch zu rechnen sei. Am 27. Mai erwacht er nach einer unruhigen Nacht. Um 6.30 Uhr alarmiert ein Diener Indira und den Arzt Nehrus. Die Aorta scheint geplatzt zu sein. Da Indira dieselbe Blutgruppe wie ihr Vater hat, kann sofort eine Bluttransfusion eingeleitet werden. Aber Nehru fällt ins Koma und stirbt kurz nach Mittag.

Als es um seine Nachfolge geht, verhindert ein Zirkel einflussreicher Parteiführer, der später unter der Bezeichnung „Syndikat" bekannt wird, die Kandidatur von Morarji Desai:

Statt des ehrgeizigen Achtundsechzigjährigen, der als Eigenbrötler gilt und jeden Morgen ein Glas seines Urins trinkt, wird am 2. Juni der acht Jahre jüngere Lal Bahadur Shastri zum Fraktionsvorsitzenden der Kongresspartei und zum Premierminister Indiens gewählt.

KABINETTSMITGLIED

Indira verlässt die Residenz des Regierungschefs und nimmt mit einem Bungalow vorlieb. Obwohl sie sich vor dem Schlaganfall ihres Vaters ins Privatleben zurückziehen und ein Haus in London kaufen wollte, übernimmt sie in Shastris Kabinett das Ministerium für Information und Rundfunk. Der neue Regierungschef überredet sie dazu, weil die Tochter Jawaharlal Nehrus und Enkelin Motilal Nehrus als Symbol der Kontinuität betrachtet wird, und Indira Gandhi geht darauf ein, aus Pflichtbewusstsein, aber auch, weil ihr die Berufung ein regelmäßiges Einkommen verschafft, das sie nach dem Tod ihres Vaters dringend benötigt.

Als die Zentralregierung auch in Südindien Hindi als einzige Amtssprache durchsetzt und mehrere Tamilen sich aus Protest öffentlich verbrennen, fliegt Indira Gandhi im März 1965 kurzentschlossen nach Madras, fährt ins Zentrum der Unruhen und sorgt mit ihren mutigen Ansprachen dafür, dass die Ordnung wiederhergestellt wird. Shastri empört sich über ihre Amtsanmaßung, doch Indira rechtfertig sich damit, nicht nur ein Ministerium zu leiten, sondern als Führungsperson breite Verantwortung für Indien zu tragen.

Weil das ehemalige Himalaja-Fürstentum Kaschmir zwar vorwiegend von Moslems bevölkert ist, 1947 aber von dem damaligen hinduistischen Maharadscha der Indischen Union angegliedert wurde, beanspruchen sowohl Pakistan als auch Indien das Gebiet. Ungeachtet des sich verschärfenden Konflikts beginnt Indira Gandhi im August 1965 wieder einen Urlaub in Kaschmir. Statt auf Freunde und Beamte zu hören, die um ihre Sicherheit besorgt sind und sie deshalb drängen, gleich wieder abzureisen, fliegt Indira an die Front und ermutigt die indischen Soldaten. Am 6. September überschreiten indische Truppen die pakistanische Grenze. Auf Druck der Vereinten Nationen stellen die Kriegsgegner nach drei Wochen das Feuer ein, und die Sowjetunion vermittelt Friedensverhandlungen in Taschkent. Dort stirbt Premierminister Shastri am 11. Januar 1966 an den Folgen eines tags zuvor erlittenen Herzanfalls.

PREMIERMINISTERIN

Anders als der monatelang schwer kranke Nehru starb Shastri völlig unerwartet. Daher gibt es diesmal keine Absprachen über die Nachfolge. Während Morarji Desai wieder lautstark für sich wirbt, gibt Indira Gandhi sich zurückhaltend und beteuert, die Entscheidung der Partei zu überlassen. Am 19. Januar wählt die Kongressfraktion die Achtundvierzigjährige, die zum linken Flügel zählt und einen undogmatischen Sozialismus vertritt, zur Vorsitzenden. Nach der Verkündung des Abstimmungsergebnisses geht Indira Gandhi in ihrem weißen Sari auf den unterlegenen Rivalen zu und verbeugt sich vor ihm mit vor der Brust gefalteten Händen zum ehrerbietigen Gruß. Fünf Tage später wird sie als Regierungschefin vereidigt.

Es handelt sich nicht etwa um den Sieg einer Feministin in einem Land, in dem die Frau gewöhnlich eine untergeordnete Rolle einnimmt, sondern Indira Gandhi behauptet: „Es ist ein Zufall, dass ich eine Frau bin." Weil sich die Delegierten weniger für ihre Person als für die von Motilal und Jawaharlal Nehru begründete Dynastie entscheiden, spielt die Tatsache, dass es sich um eine Frau handelt, keine entscheidende Rolle.

Einer ungeduldigen Macherin wie Indira Gandhi fällt es schwer, Kompromisse zu akzeptieren und politische Meinungsbildungs- beziehungsweise Entscheidungsprozesse abzuwarten. „Manchmal glaube ich, dass selbst unser parlamentarisches System dem Tod geweiht ist", beklagt sie sich. „Über alles wird debattiert und debattiert und nichts wird getan." Anders als ihr Vater schätzt die neue Regierungschefin das Parlament nicht als Forum für eigene Reden und bleibt wichtigen Debatten fern. Das liegt nicht zuletzt daran, das sie ihre rhetorischen Fähigkeiten noch verbessern muss. Sie spricht mit schriller Stimme, wirkt gehemmt und vermag die Zuhörer nicht mitzureißen. Ihr fehlen das Visionäre und der Ideenreichtum ihres Vaters – aber nicht der Mut, auch unbequeme Entscheidungen zu treffen. Sie empfiehlt sich als eine über dem Parteiengezänk stehende Führerin und versucht auf diese Weise, ihren Rückhalt in der Bevölkerung zu stärken, um ihre Popularität gegen die Widersacher in den eigenen Reihen ausspielen zu können.

Die kleine, fast zerbrechlich wirkende Frau regiert eine Republik mit einer halben Milliarde Einwohner. Jedes Jahrzehnt kommen hunderttausend hinzu. Diese vielen Menschen gehören sieben verschiedenen Religionen an, lesen Zeitungen in dreiundfünfzig einheimischen Sprachen und sind in dreitausend Kasten aufgeteilt. Sie in einen Staat zu integrieren, ist eine gewaltige Aufgabe. Dazu wird Indira Gandhi später in einem Zeitungsinterview sagen: „Ich wurde in einer Familie, an einem Ort und zu einer Zeit geboren, die mich von vornherein prägten. Die ganze Atmosphäre war erfüllt von der Frage, wie das Land befreit werden kann. Die Vorstellung der Freiheit lief nicht darauf hinaus, einfach eine ausländische Macht zu vertreiben und unsere eigene Regierung einzusetzen; sie umfasste den Gedanken, dass das Individuum sich entwickeln müsse, dass wir gegen Armut und schlechte Bräuche, Aberglauben und alles, was das Individuum rückständig hält, kämpfen müssten. Niemand hat darum viel Worte gemacht, aber man war von dieser Art des Denkens, der Gespräche und der Atmosphäre umgeben, es wurde einfach ein Teil des eigenen Seins, und das ist ein Weg, der kein Ende hat."

Nach dem Vorbild ihres Vaters steht sie um 6 Uhr morgens auf, macht zwanzig Minuten Joga und überfliegt beim Frühstück die Tageszeitungen. Spätestens um 8 Uhr beginnt sie zu arbeiten, und selten kommt sie vor 1 Uhr nachts ins Bett. Trotz der zahlreichen politischen Kontakte fühlt sie sich einsam, denn ihre Söhne, die exklusive Privatschulen in Indien und in der Schweiz besuchten, halten sich mittlerweile in England auf: Rajiv studiert Maschinenbau in Cambridge und am

Imperial College in London, und Sanjay hat eine Lehre bei Rolls Royce begonnen. Man sagt Indira nach, sie habe 1966 bis 1968 ein Verhältnis mit Dinesh Singh, einem ihrer wichtigsten Ratgeber, gehabt. Aber diese Spekulation ist ebenso unbewiesen wie Gerüchte über andere Affären.

„NACH EINER GEBROCHENEN NASE EIN SCHLAG INS GESICHT"

„Meine Familie ist nicht auf einige wenige Personen beschränkt, sondern besteht aus Millionen von Menschen." Diesen Satz, den Indira Gandhi Anfang 1967 in einer ihrer zahlreichen Wahlreden ausruft, greifen ihre Anhänger auf und stilisieren sie zur „Mutter Indiens". Nicht alle Inder sehen sie als Vorbild: In Bhubaneshwar, einer Hochburg der gegnerischen „Swatantra"-Partei, wird sie von Zwischenrufern gestört, und nachdem ein Wachmann durch einen Steinwurf verletzt worden ist, fordern besorgte politische Freunde sie durch Zeichen auf, den restlichen Teil ihrer Rede zu kürzen. Aber sie lässt sich nicht beirren. Nach ihr beginnt der örtliche Kongressabgeordnete zu reden. Wieder fliegen Steine. Da springt Indira Gandhi auf, ergreift noch einmal das Mikrofon und schreit wütend: „So eine Frechheit! Wollen Sie auf diese Weise das Land aufbauen?" Ein Stein trifft sie im Gesicht. Ohne ein weiteres Wort drückt sie ein Taschentuch auf die blutende Nase und setzt sich. Erst am nächsten Tag sucht sie in Delhi ein Krankenhaus auf. „Nach der gebrochenen Nase ein Schlag ins Gesicht." Mit dieser Schlagzeile kommentiert „The Times" das Wahlergebnis, denn statt 45 Prozent wie bei der letzten Wahl vor fünf Jahren erhält die Kongresspartei bei der Parlamentswahl im Februar 1967 nur noch 41 Prozent. Obwohl aufgrund des geltenden Wahlrechts die Einbuße von 4 Prozent der Stimmen den Verlust von 95 Sitzen zur Folge hat, behauptet der *Indian National Congress* noch immer die Mehrheit, und gerade wegen des Misserfolgs kann Indira Gandhi an die Geschlossenheit ihrer Parteifreunde appellieren. Morarji Desai meldet zwar wie gewohnt seine Ansprüche an, aber die Premierministerin wird in ihrem Amt bestätigt.

Um ihre Gegner innerhalb der Kongresspartei – also im Wesentlichen Desai und seine Anhänger – zu besänftigen, beruft sie ihren unterlegenen Herausforderer als Stellvertreter und Finanzminister ins Kabinett. Doch der vorausgegangene Schlagabtausch zwischen ihr und Desai war so persönlich und verletzend, dass sie ihre gegenseitige Abneigung nicht überbrücken können. Für zusätzlichen Zündstoff sorgt Indira Gandhi durch ein populistisches Zehn-Punkte-Programm, in dem sie die Verstaatlichung von Banken und Versicherungen ankündigt. Bald darauf steigert sich die Spannung, weil die maßgeblichen Politiker darüber streiten, wer nach Ablauf der Amtszeit des greisen Staatspräsidenten Sarvepalli Radhakrishnan gewählt werden soll. Das „Syndikat" propagiert die Wiederwahl des auch im Ausland angesehenen Amtsinhabers. Doch Indira Gandhi setzt ihren Kandidaten durch: Am 6. Mai 1967 wird mit dem siebzigjährigen Zakir Husain erstmals ein Moslem zum indischen Staatspräsidenten gewählt – und der Säkularismus gestärkt. Erzürnt über den Erfolg der Regierungschefin streben Desai und seine Anhänger ihren Sturz an, doch letztendlich schrecken sie vor einem Auseinanderbrechen der Partei zurück.

Statt nun enger mit den anderen Mitgliedern der Parteiführung zusammenzuarbeiten, verärgert Indira Gandhi den Parteivorsitzenden durch ihr Misstrauen. Im Frühjahr 1969 schließt er sich ihren Gegnern an und greift ihre Wirtschaftspolitik auf einem Parteitag scharf an. Empört weist sie die Kritik zurück. Unmittelbar nach ihrer Rede bricht in dem Zelt, in dem die Delegierten versammelt sind, Feuer aus: Die stürmische Sitzung endet mit einer Panik.

Fast auf den Tag genau zwei Jahre nach seiner Wahl zum Staatspräsidenten stirbt Zakir Husain am 3. Mai 1969. Über die Frage der Nachfolge kommt es erneut zum Machtkampf: Das „Syndikat" unterstützt einen entschiedenen Gegner Indira Gandhis. Diesmal gelingt es ihr nicht, ihren Favoriten gegen den mächtigen Zirkel durchzubringen. Um die Wogen zu glätten, kandidiert der knapp fünfundsiebzigjährige, keinem der beiden Lager angehörende Vizepräsident Varahagiri V. Giri ebenfalls für das Amt. Noch vor der Wahl entlässt die Regierungschefin – angeblich wegen unvereinbarer Anschauungen in der Wirtschaftspolitik – ihren Widersacher Desai und übernimmt das Finanzministerium selbst. Desai und seine Anhänger haben sich noch nicht von dem Schreck erholt, da verstaatlicht Indira Gandhi vierzehn führende Banken und lässt sich für diese Maßnahme von der Bevölkerung auf den Straßen bejubeln. Gleich darauf wird der Kompromisskandidat Giri mit knapper Mehrheit zum neuen Staatspräsidenten gewählt.

„Ich bin das Hauptthema"

Der *Indian National Congress* kommt trotzdem nicht zur Ruhe, denn die Spannungen innerhalb der Massenorganisation sind zu groß geworden. Am 1. November 1969 tagen die Mitglieder des *Congress Working Committee* an zwei verschiedenen Orten – die Anhänger der Regierungschefin treffen sich in deren Haus, ihre Gegner im Hauptquartier der Partei. Einige Tage später verkündet der Parteivorsitzende Indira Gandhis Ausschluss wegen parteischädigenden Verhaltens. Obwohl die Parlamentsfraktion ihr das Vertrauen ausspricht, lässt sich die Spaltung der Kongresspartei – und damit der Verlust ihrer Mehrheit in der *Lok Sabha* – nicht mehr verhindern. Ein Jahr lang führt Indira Gandhi eine Minderheitsregierung, dann ruft sie Neuwahlen aus. Von Januar bis März 1971 reist sie mehr als 50 000 Kilometer durchs Land, um auf über vierhundert Wahlveranstaltungen Reden zu halten. Von einem „Newsweek"-Reporter nach den Kernpunkten ihres Wahlkampfes befragt, antwortet sie ohne zu zögern: „Ich bin das Hauptthema." Der von ihr geführte Teil der Kongresspartei gewinnt 352 Sitze – mehr als die ungeteilte Partei vor vier Jahren erhielt! –, und die abgespaltene Gruppe versinkt in der Bedeutungslosigkeit. Nach diesem überwältigenden Erfolg wird Indira Gandhi am 17. März wieder zur Fraktionschefin gewählt und als Premierministerin bestätigt.

KRIEG

Die Handlungsfähigkeit der indischen Regierung ist gerade in den folgenden Monaten von entscheidender Bedeutung, denn vom benachbarten Pakistan droht Gefahr. Der 1947 geschaffene moslemische Staat besteht aus zwei durch die Republik Indien getrennten Teilen, einem größeren im Westen und einem kleineren im Osten. Bei den ersten Parlamentswahlen im Dezember 1970 hatte der ostpakistanische Scheich Mudschib ur-Rahman mit seiner sezessionistischen „Awami-Liga" die Stimmenmehrheit errungen. Am 25. März 1971 werden Anhänger von Mudschib ur-Rahman aus ihren Betten gezerrt und erschossen. Daraufhin ruft er im Rundfunk die unabhängige Republik Bangladesch aus. Das bedeutet Krieg! Aus Angst vor Übergriffen moslemischer Pakistani fliehen bis zu 150 000 Hindu am Tag über die Grenze ins Nachbarland, insgesamt zehn Millionen Menschen. Die wegen Kaschmir ohnehin bestehenden Spannungen zwischen Indien und (West-)Pakistan entladen sich am 3. Dezember in einem Präventivangriff auf neun indische Flugplätze. Indira Gandhi hält zu diesem Zeitpunkt eine Rede in Kalkutta. Sie fliegt noch am Abend nach Neu-Delhi und diskutiert die ganze Nacht hindurch mit Beratern und Ministern. Am nächsten Morgen verkündet sie die Anerkennung des neuen Staates Bangladesch und gibt Befehl, in den Krieg einzugreifen. Gegenüber der weit überlegenen indischen Armee hat das pakistanische Militär keine Chance: Am 16. Dezember ergeben sich die nach Bangladesch eingedrungenen Soldaten, und tags darauf lässt Indira Gandhi auch an der Westfront das Feuer einstellen. Mit diesem klaren Sieg über den Nachbarstaat hat sie Indiens Vormachtstellung auf dem Subkontinent demonstriert. Und dafür wird sie von ihren Landsleuten begeistert gefeiert.

SKANDALE UND KORRUPTIONSVORWÜRFE

Der militärische und außenpolitische Erfolg lenkt die Menschen allerdings nur vorübergehend von Korruptionsvorwürfen ab, die seit Jahren gegen Indira Gandhi und ihre Familie erhoben werden.

Anders als sein älterer Bruder Rajiv, der seit 1968 mit der Italienerin Sonia Maino verheiratet ist, gerät der Playboy Sanjay immer wieder in die Schlagzeilen. Bevor er nach dem vorzeitigen Abbruch seiner Ausbildung bei Rolls Royce 1967 nach Indien zurückkehrte, war er in England mehrmals wegen Überschreitung der Höchstgeschwindigkeit und Fahrens ohne Führerschein aufgefallen. Am 13. November 1968, genau einen Monat vor seinem zweiundzwanzigsten Geburtstag, erwarb der Autonarr von der indischen Regierung überraschend die Lizenz für die Produktion eines indischen „Volkswagens" mit dem Markennamen „Maruti" und setzte sich damit gegen vierzehn Konkurrenten durch – darunter Weltfirmen wie Renault, Citroën, Mazda und Toyota. Zu einem auffallend geringen Preis kaufte Sanjay Gandhi für den Bau seiner Fabrik ein Areal, von dem erst einmal tausend Bewohner vertrieben werden mussten. Viele Zeitzeugen vermuten Korruption hinter diesen Vorgängen, zumal kein einziger „Maruti" jemals vom Band läuft.

Obwohl es dem Ruf und der Autorität der Regierungschefin schadet, verteidigt sie ihren jüngeren Sohn gegen alle Anschuldigungen und bleibt ihm eng verbunden. Dabei soll Sanjay seine Mutter sogar einmal während eines Essens vor den Gästen geohrfeigt haben.

Durch die Annahme von Parteispenden bringt Indira Gandhi sich selbst in Schwierigkeiten: Sie akzeptiert nicht nur Verrechnungsschecks, sondern nimmt auch Bargeld und wirkt so begehrlich, dass ein politischer Gegner behauptet, sie gebe nicht einmal die leeren Koffer zurück. Zu einem Skandal kommt es durch einen Vorfall am 24. Mai 1971. An diesem Tag nimmt der Hauptkassierer der indischen Staatsbank ein Taxi, fährt zu einer verabredeten Straßenecke und übergibt dort einem Herrn einen Koffer voll Geld. Als er sich anschließend von der Premierministerin eine Quittung holen möchte, stellt sich heraus, dass man ihn betrogen hat: Innerhalb von drei Tagen wird ein ehemaliger Hauptmann zu vier Jahren Haft verurteilt; er soll Indira Gandhis Stimme am Telefon nachgeahmt und den Kassierer durch die fingierte Anweisung hereingelegt haben. Abgesehen von der ungewöhnlich raschen Aufklärung des Falls und dem Tod des Verurteilten nach einem dreiviertel Jahr im Gefängnis, wundert man sich darüber, dass der Kassierer einfach so über einen Koffer voll Geld verfügen konnte und sich erst nachträglich um eine Quittung bemühte. Gab es Anweisungen, wie er sich bei telefonischen Aufträgen der Regierungschefin zu verhalten habe? Handelte es sich um eine eingespielte Vorgehensweise?

AUSNAHMEZUSTAND

Immer wieder gibt es Schlagzeilen mit ehrenrührigen Vorwürfen gegen Indira Gandhi. So auch, als der Oberste Gerichtshof in Allahabad sie im Juni 1975 wegen einiger Gesetzesverstöße bei der Parlamentswahl vor vier Jahren ihres Amtes enthebt und dazu verurteilt, sechs Jahre lang keine öffentlichen Ämter auszuüben. Gegen das unangemessene Urteil, das „The Guardian" wie ein Todesurteil wegen Falschparkens vorkommt, legt Indira Gandhi Berufung beim Obersten Gericht der Republik Indien ein. Um bis zu dessen erst in einigen Monaten zu erwartenden Spruch weiterregieren zu können, überredet die Premierministerin den Staatspräsidenten in der Nacht zum 26. Juni, den Ausnahmezustand zu proklamieren. Eine entsprechende Erklärung hat sie bereits vorbereitet. Vorsorglich lässt sie den elektrischen Strom abschalten, damit die Morgenzeitungen nicht gedruckt werden können. Das Kabinett – das sie schon länger zum Abnicken ihrer Entscheidungen missbraucht – stellt sie um 6 Uhr morgens vor vollendete Tatsachen. Zwei Stunden später hält sie eine kurze Rundfunkansprache: „Der Präsident als Staatsoberhaupt hat den Notstand ausgerufen. Das ist kein Grund zur Panik."

Indira Gandhi beschuldigt ihre politischen Gegner der Verschwörung, suspendiert Grundrechte, verhängt eine Pressezensur und lässt um die hunderttausend Menschen verhaften. Am 2. November 1976 verabschiedet das Parlament Verfassungsreformen und überträgt der Premierministerin diktatorische Vollmachten. Sie will mit allen Mitteln Regierungschefin bleiben, denn sie identifiziert sich mit Indien, fühlt sich berufen, das Land zu führen und empfindet politische Gegner als subversiv. Offenbar möchte sie sich aber nicht dem Vorwurf aussetzen, die von ihrem Vater aufgebaute Demokratie zerstört zu haben, denn nach mehreren Verzögerungen ordnet sie am 18. Januar 1977 von sich aus Neuwahlen an. Möglicherweise als Symptom des Stresses, dem sie sich ausgesetzt fühlt, leidet sie während des Wahlkampfs an einer Gürtelrose und verhüllt Teile ihres schmerzenden Gesichts mit einem Schal, damit ihre Gesprächspartner die Rötungen und Bläschen nicht sehen. Am 20. März werden die ersten Wahlergebnisse bekannt gegeben. Die neue oppositionelle Sammlungsbewegung „Janata" (Volkspartei), der sich auch Morarji Desai angeschlossen hat, gewinnt die absolute Mehrheit; nicht einmal Indira Gandhi oder ihr Sohn Sanjay können ihre Wahlkreise halten. Da empfiehlt sie dem Staatspräsidenten, den Ausnahmezustand aufzuheben und tritt am 22. März zurück.

Auszeit und Come-back

Tags darauf wird Indiras ewiger Widersacher Morarji Desai mit der Regierungsbildung beauftragt. Er setzt Untersuchungsausschüsse ein, nicht nur gegen die verhasste Gegnerin, sondern auch gegen ihren Sohn Sanjay. Der wird zu einer kurzen Freiheitsstrafe verurteilt, weil er den Ausnahmezustand nutzte, um seine informelle Machtstellung auszubauen. So hatte er beispielsweise im April 1976 die Häuser, Läden und Baracken eines alten Stadtviertels in Delhi von Bulldozern einebnen und 50 000 Bewohner fortschaffen lassen. Als sich die Menschen am siebten Tag gegen die Zerstörung ihrer Behausungen wehrten, griff die Polizei mit Schusswaffen ein und tötete vermutlich weit mehr als die vierzehn Menschen, die nach offiziellen Angaben ums Leben kamen.

Indira Gandhi, die nach ihrem Rücktritt den Regierungsbungalow verlassen musste, in dem sie dreizehn Jahre lang gewohnt hatte, wird von einem Freund eingeladen, in sein leer stehendes Haus zu ziehen. Dort wird sie am 3. Oktober 1977 frühmorgens festgenommen. Noch während sie sich ankleidet, verbreitet sich die Nachricht unter ihren Anhängern. Diese umstellen das Haus und folgen dem Polizeifahrzeug in einer Wagenkolonne. Die demütigende Verhaftung erweist sich als schwerer Fehler ihrer politischen Gegner, denn am nächsten Morgen ordnet ein Amtsrichter ihre unverzügliche Freilassung an und sie kann sich dadurch zur unschuldig Verfolgten stilisieren. Rajiv Gandhi wird später zu einem ausländischen Korrespondenten sagen: „Nicht einmal meine Mutter hätte sich ein besseres Szenario ausdenken können."

Sie beherrscht die politische Szene wie niemand sonst: Selbst in einer Zeit, in der sie kein Amt ausübt, definieren die Politiker ihre Standpunkte in Bezug auf sie. Am 1. Januar 1978 spaltet die Kongresspartei sich zum zweiten Mal in Gegner und Anhänger Indira Gandhis. Durch einen Sieg bei Nachwahlen im Südindien kehrt sie im November ins Parlament zurück. Desai lässt sie verhaften, um ihre Rückkehr auf die politische Bühne zu verhindern, aber nach einer Woche muss sie wieder aus dem Gefängnis entlassen werden.

Der Kampf um die Macht hatte die in der jetzigen Regierungspartei zusammengefassten politischen Gruppen geeint, doch sobald das Ziel erreicht war, zeigten sich die ersten Risse. Die Uneinigkeit erschwert es Desai, die von ihm für erforderlich gehaltenen Entscheidungen in der *Lok Sabha* durchzusetzen. Dazu kommt, dass die Kriminalität steigt, weil ein Großteil des Polizeiapparats damit beschäftigt ist, gegen Kollegen zu ermitteln, denen Übergriffe während des Ausnahmezustands vorgeworfen werden. Angesichts des wachsenden Unmuts in der Bevölkerung treten Morarji Desai und seine Regierung im Juli 1979 zurück. Der Staatspräsident beauftragt Charan Singh, den starken Mann hinter Desai, mit der Bildung einer neuen Regierung, doch als dessen Versuche scheitern, löst er das Parlament auf und ordnet Neuwahlen an.

Die meisten Wähler trauen Indira Gandhi die Wiederherstellung einer straffen Zentralverwaltung und die Konsolidierung der Wirtschaft zu. Das halten viele jetzt für wichtiger als die Korruptionsvorwürfe gegen sie und ihren Sohn. Bei den

Parlamentswahlen Anfang Januar 1980 triumphiert die charismatische Politikerin über ihre Gegner. Indira Gandhi vergisst nicht, dass viele ihrer früheren politischen Freunde sie im Stich ließen oder sie sogar verrieten. Da sie außer ihrem zum „Kronprinzen" aufgebauten Sohn Sanjay kaum noch jemandem vertraut, gerät sie in immer stärkere Abhängigkeit von ihm.

Die Söhne

Sanjay Gandhi, der seit 1974 mit der Tochter eines Sikh-Offiziers verheiratet ist und einen fünfzehn Monate alten Sohn hat, fährt am 23. Juni 1980 morgens zum „Delhi Flying Club". Als er einen der Fluglehrer einlädt, mit ihm eine Runde in einer aus den USA importierten zweisitzigen Privatmaschine zu fliegen, zögert dieser, weil er weiß, dass der Dreiunddreißigjährige diesen Flugzeugtyp kaum kennt; aber Sanjay überredet ihn, mit in die Kabine zu klettern. Bei einem Looping kommt Sanjay nicht mehr aus dem Sturzflug heraus. Die Maschine zerschellt am Boden. Der Fluglehrer ist sofort tot, und auch für Sanjay besteht kaum mehr Hoffnung.

Als Indira Gandhi um 8.20 Uhr von dem Unfall ihres Sohnes erfährt, lässt sie alles stehen und liegen. Ein Fahrer rast mit ihr zu der inzwischen von Polizisten abgeriegelten Aufschlagstelle. Die Premierministerin besteht darauf, an der Seite ihres bewusstlosen Sohnes zu sitzen, als dieser ins Krankenhaus gefahren wird. Drei Stunden bemühen sich die Ärzte um ihn, aber es ist vergeblich. Indira Gandhi bittet darum, einige Minuten allein bei der Leiche ihres geliebten Sohnes bleiben zu dürfen.

Wird Rajiv Gandhi nun anstelle seines jüngeren Bruders die Mutter politisch unterstützen? – Während Sanjay Macht und Reichtum unbekümmert zur Schau stellte, gibt Rajiv sich höflich und zurückhaltend. Nach dem Abbruch seines Maschinenbaustudiums in Cambridge wurde er 1967 Pilot der „Indian Airlines". Wenn er sich bei den Passagieren aus dem Cockpit meldet, ahnt kaum jemand, wer da spricht, denn er nennt nur seinen Vornamen. Erst nach langem Zögern gibt er dem Drängen seiner Mutter nach, kündigt sein Arbeitsverhältnis und wechselt in die Politik. Er vertauscht die europäischen Anzüge gegen indische Baumwollkleidung, wird im Juni im verwaisten Wahlkreis seines toten Bruders zum Abgeordneten gewählt und steigt innerhalb kurzer Zeit zu einem der fünf Generalsekretäre der Kongresspartei auf.

Nach dem Tod Sanjays hatte Indira Gandhi ihre verwitwete Schwiegertochter Maneka und deren kleinen Sohn Feroze Varun zunächst bei sich aufgenommen. Maneka Gandhi hätte sich gern selbst um Sanjays Abgeordnetenmandat beworben, aber sie war noch zu jung, um gewählt werden zu können. Als Maneka es nicht unterlässt, in Interviews und bei öffentlichen Veranstaltungen gegen ihren Schwager Rajiv zu polemisieren, muss sie im Frühjahr 1982 das Haus verlassen. An der Spitze einer neu gegründeten Partei kämpft sie weiterhin gegen Rajiv und seine Mutter.

WUT UND HASS

Indira Gandhis Sorgen reißen nicht ab. Im Sommer 1983 wird sie wieder einmal mit Forderungen militanter Sikhs nach einem eigenen Staat konfrontiert. Zwar hatte sie ihnen 1966 den Bundesstaat Punjab gewährt, aber ruhig war es dort nie geworden. Nun, im August 1983, haben radikale Sikhs unter ihrem Führer Janail Singh Bhindranwale einen „heiligen Krieg" zur Durchsetzung eines unabhängigen Staates „Khalistan" ausgerufen und sich in ihrem Heiligtum, dem „Goldenen Tempel" von Amritsar, verschanzt. Nachdem alle Vermittlungsversuche gescheitert sind, umstellt die indische Armee am 30. Mai 1984 den Tempel. Auch auf ein im Rundfunk übertragenes Verhandlungsangebot der Premierministerin gehen die Eingeschlossenen nicht ein. Daraufhin kämpfen sich am 5. Juni fünftausend indische Soldaten mit Panzern in die 378 Jahre alte, mit hundert Kilogramm Gold verzierte Tempelanlage vor und schlagen die Revolte blutig nieder. Unter den – nach amtlichen Angaben – 646 Toten ist auch Bhindranwale, der dadurch zum Märtyrer wird. Wut und Hass der Sikhs richten sich gegen Indira Gandhi.

VORAHNUNGEN

Am 12. Oktober 1984 erfährt sie, dass ihre acht Jahre jüngere britische Amtskollegin Margaret Thatcher während eines Parteitags in Brighton nur durch Zufall einen Bombenanschlag überlebt hat.

In Bhubaneshwar sagt sie bei einer Kundgebung am 30. Oktober: „Heute bin ich hier, morgen lebe ich vielleicht nicht mehr [...] Niemand weiß, wieviele Versuche unternommen wurden, mich zu erschießen [...] Ich bin stolz darauf, dass ich mein ganzes Leben damit verbracht habe, meinem Volk zu dienen. [...] Ich werde ihm weiter dienen bis zum letzten Atemzug, und wenn ich sterbe, so kann ich sagen, dass jeder Tropfen meines Blutes Indien beleben und stärken wird." Wegen der zahlreichen Morddrohungen – auf die Indira Gandhi in der Rede anspielt – wird ihre Leibwache von 282 auf 400 Mann verstärkt. Trotz der vielen militanten Gegner unter den Sikhs möchte sie diese Bevölkerungsgruppe aus politischen Gründen nicht von ihrer Seite verbannen, aber es gehört viel Mut dazu, dieses Wagnis einzugehen.

DAS ATTENTAT

Am 31. Oktober 1984 steht Indira Gandhi, wie gewohnt, um 6 Uhr auf. Ihr erster Termin an diesem Tag ist ein BBC-Interview um 8.30 Uhr mit dem berühmten Filmschauspieler Peter Ustinov. Sie wählt einen handgewebten safrangelben Sari mit schwarzen Bordüren und verzichtet wegen der Fernsehkamera aus Eitelkeit auf die kugelsichere Weste, die sie immer häufiger unter der Kleidung trägt. Aufgrund technischer Schwierigkeiten wird das Interview um fünfzig Minuten verschoben. Um 9.10 Uhr verlässt Indira Gandhi mit zwei Mitarbeitern und zwei Leibwächtern das Haus, um auf einem von Bougainvillea gesäumten Gartenweg zu ihrem Büro hinüberzugehen.

Die Sonne scheint bereits so intensiv, dass einer der Begleiter einen Schirm über sie hält. Zwei Sikhs bewachen die Pforte am gegenüberliegenden Gebäude. Der ältere der beiden zieht seine Pistole. Indira Gandhi ruft: „Was machen Sie da?" Fünf Schüsse treffen sie in den Unterleib und in die Brust. Der zweite Sikh steht wie gelähmt zwei Schritte daneben, bis der andere ihn anbrüllt. Erst dann feuert er fünfundzwanzig Schuss aus seiner Maschinenpistole ab. Einer der Männer, die mit der Premierministerin gekommen sind, stürzt sich auf die Attentäter, wird aber zu Boden gestreckt. Die anderen starren Indira Gandhi an, wie sie unter den Schüssen zuckt und sich ruckartig dreht, bevor sie zusammenbricht.

Die Attentäter Beant Singh und Satwant Singh leisten keinen Widerstand, als sie von herbeigeeilten Polizisten überwältigt und in eine nahe gelegene Dienstbaracke gezerrt werden. Dort kommt es jedoch zu einem Handgemenge und einer Schießerei. Dabei stirbt der ältere der beiden Sikhs. (Der andere überlebt schwer verletzt und wird im Januar 1989 hingerichtet.)

Ein Arzt kniet sich neben die am Boden liegende, aus zahlreichen Schusswunden blutende Premierministerin und versucht sie durch Mund-zu-Mund-Beatmung wieder zu beleben. Während sie zu einem Auto gebracht wird, kommt ihre Schwiegertochter Sonia schreiend angerannt. In der Aufregung hat niemand daran gedacht, das Krankenhaus telefonisch zu alarmieren. Die junge, diensthabende Ärztin gerät in Panik, als sie begreift, dass die Regierungschefin vor ihr liegt. Die knapp Siebenundsechzigjährige wird in den Operationssaal gebracht. Obwohl sie bereits klinisch tot ist, bemühen sich die Ärzte vier Stunden lang, ein Wunder zu vollbringen. Vergeblich. Um 14.23 Uhr wird ihr Tod bekannt gegeben.

Rajiv Gandhi kehrt sofort von einer Wahlveranstaltung in einem Vorort von Kalkutta nach Neu-Delhi zurück, und Staatspräsident Giani Zail Singh – selbst ein Sikh – bricht einen Staatsbesuch in Sana ab. Als Folge des Attentats kommt es in Delhi zu blutigen Auseinandersetzungen zwischen Hindu und Sikhs, denen nach amtlichen Angaben 1100 Menschen zum Opfer fallen.

Indira Gandhis Leichnam wird am 3. November kurz vor Sonnenuntergang auf einen mit zerlassener Butter getränkten Scheiterhaufen am Jamuna-Fluss gelegt. Siebenmal umrundet ihr Sohn die aufgebahrte Leiche, dann entzündet er das Feuer. Einige Trauergäste schüren die Flammen, während Hindupriester Honig hineingießen, und nach einiger Zeit zerschlägt Rajiv mit einem Bambusstock den Schädel der Toten, damit ihre Seele entweichen kann. Zwei Tage lang schwelt das Feuer; dann wird die Asche in eine Kupferurne gefüllt. Rajiv verstreut sie von einer Transportmaschine der indischen Luftwaffe aus über dem Himalaja.

DAS ENDE DER DYNASTIE NEHRU-GANDHI

Rajiv Gandhi wurde noch am Todestag seiner Mutter ohne eingehende Konsultationen und ungeachtet der vorgeschriebenen Entscheidungsprozeduren als neuer Premierminister vereidigt und am 12. November auch zum Präsidenten der Kongresspartei gewählt. Das zeigt, wie stark die offiziell gar nicht existierende Nehru-Gandhi-Dynastie inzwischen im politischen Leben Indiens verankert ist. Unter seiner Führung erringt der *Indian National Congress* bei den Parlamentswahlen im Dezember 1984 den größten Sieg seiner Geschichte. Weil der Regierungschef jedoch die hoch gesteckten Erwartungen nicht erfüllt, büßt die Kongresspartei fünf Jahre später die Hälfte der Mandate ein und kann erstmals nicht mehr ohne Koalitionspartner regieren. Gandhi tritt zurück. Um sein Come-back zu verhindern, drängt sich bei einer Wahlveranstaltung am 21. Mai 1991 eine Frau zu ihm durch, legt ihm die traditionelle Blumengirlande um den Hals, kniet sich vor ihn hin und zündet eine Sprengladung, die sie am Körper trägt. Sie reißt ihn und sechzehn weitere Menschen mit in den Tod. Damit endet die Ära der Familie Nehru-Gandhi, die Indien jahrzehntelang beherrschte.

Beate Uhse

1919–2001

DIE FLIEGERIN BEATE UHSE überführte im Zweiten Weltkrieg Militärmaschinen an die Front. In der Nachkriegszeit verfasste sie eine dreiseitige Erläuterung der Knaus-Ogino-Methode zur Geburtenkontrolle, ließ sie für fünf Pfund Butter drucken und legte damit die Fundamente eines Versandhandels, der im Lauf der Jahrzehnte zum größten Erotik-Konzern Europas heranwuchs. Erst durch den geschäftlichen Erfolg wurde die „Orgasmuse" gesellschaftsfähig: Die Stadt Flensburg ernannte sie kurz nach ihrem achtzigsten Geburtstag zur Ehrenbürgerin.

EIN SCHWABE IN OSTPREUSSEN

Bei Otto Köstlins männlichen Vorfahren handelt es sich vorwiegend um Juristen und Pastoren. Sein Vater ist allerdings Bauer in Ochsenhausen, 20 Kilometer nordwestlich von Memmingen. Er selbst studiert Landwirtschaft und heiratet die Tochter eines Berliner Brauereibesitzers, die gerade ihr Medizinstudium abgeschlossen hat. Margarete Köstlin bleibt nicht, wie üblich, nach der Hochzeit zu Hause, sondern arbeitet als Kinderärztin, bis sie 1907 ihren Sohn Ulrich zur Welt bringt. Zwei Jahre danach kommt sie mit einer Tochter nieder, die den Namen Elisabeth („Etti") erhält. Weil Otto Köstlin eines der jüngsten von acht Geschwistern ist und deshalb nicht damit rechnen kann, einmal den Hof des Vaters zu erben, erwirbt er 1917 40 Kilometer außerhalb von Königsberg das ehemalige Rittergut Wargenau: ein Schwabe in Ostpreußen! Dort wird seine Frau am 25. Oktober 1919 von ihrem dritten und letzten Kind Beate entbunden.

„ICH HÄTTE SCHREIEN KÖNNEN VOR GLÜCK"

Obwohl Beate im Alter von drei Jahren kaum auf einem breiten Pferderücken sitzen kann, lernt sie reiten. Sie ist ein Wildfang, und die Eltern engen sie in ihrem Bewegungsdrang auch nicht ein. In der Grundschule hört sie mit vierzig anderen Kindern aus acht Altersstufen dem einzigen Lehrer zu. Nach einem halben Jahr sorgt Margarete Köstlin dafür, dass ihre jüngere Tochter statt der Zwergschule die drei Kilometer entfernte Volksschule besuchen darf. Den Weg dorthin legt Beate meistens auf einem Trakehnerschimmel zurück.

Die Ikarus-Sage vor Augen, bastelt sie sich Flügel und springt damit von einem Vordach, um zu „fliegen". Zum Glück kommt sie mit ein paar Schrammen davon. Über Charles A. Lindberghs Atlantiküberquerung im Mai 1927 schreibt die Siebenjährige ihr erstes Gedicht. Ein, zwei Jahre später fragen zwei forsche junge Männer bei Otto Köstlin an, ob sie ein abgeerntetes Feld für Starts und Landungen mit ihrem Hochdecker benützen dürfen. Einige Wochen lang bieten sie Rundflüge an. Beate ist begeistert, denn wenn einer der drei Sitze frei bleibt, darf sie mitfliegen.

Mit sechzehn geht sie vorzeitig von der höheren Schule ab, und reist kurz darauf als Aupairmädchen zuerst nach Aberistwyth in Wales und von dort zu einer in Birmingham wohnenden Familie. Die Leidenschaft für das Fliegen hat in diesen Jahren nicht nachgelassen. Am 7. August 1937 sitzt sie in Rangsdorf bei Berlin zum ersten Mal hinter ihrem Fluglehrer in einer offenen Schulmaschine: „Ich hätte schreien können vor Glück." In dem Zimmer in der Reichshauptstadt, das ihr die Eltern gemietet haben, arbeitet sie sich in die theoretischen Grundlagen des Fliegens ein. Am siebzehnten Ausbildungstag startet sie zum ersten Mal allein. Pünktlich zum achtzehnten Geburtstag öffnet sie auf Gut Wargenau einen Einschreibebrief mit dem Pilotenschein.

Im Jahr darauf fängt sie in der Lehrwerkstatt der Bücher-Flugzeugwerke in Rangsdorf eine Mechaniker-Ausbildung an. Als der Chefpilot des Unternehmens mit sechs Monteuren für knapp ein halbes Jahr nach Japan reist, um dort neunzig von

BEATE UHSE
Foto 2000

Bücher per Schiff gelieferte Maschinen zusammenzubauen und einzufliegen, überträgt man ihr die Aufgabe, an seiner Stelle die aus der Fabrik in Rangsdorf rollenden Maschinen zu testen. Nach einigen Monaten wird sie von der kleinen Firma Friedrich in Straußberg bei Berlin als Einfliegerin abgeworben und erhält nun 1500 Mark im Monat – mehr als zehnmal so viel wie in der Lehrwerkstatt.

FAMILIENGRÜNDUNG

Unbemerkt von den anderen Piloten werden Beate Köstlin und ihr elf Jahre älterer Kunstfluglehrer Hans-Jürgen Uhse ein Paar. Im Beisein anderer sprechen sie sich jedoch weiterhin mit Nachnamen an, denn Uhse befürchtet, die Affäre mit einer Schülerin könne seiner Karriere schaden. Sie haben vor, am 10. Oktober 1939 zu heiraten. Doch es kommt anders: Am 1. September überfällt das Deutsche Reich Polen und löst damit den Zweiten Weltkrieg aus. Vier Wochen später erhält Hans-Jürgen Uhse seinen Einberufungsbefehl. Bevor er sich in Magdeburg meldet, lassen er und Beate sich eilig standesamt-lich trauen. Während seines ersten Urlaubs – eine Woche im Oktober – holen sie die kirchliche Zeremonie nach.

Im Sommer 1943 bringt Beate Uhse in Wargenau ihren Sohn Klaus zur Welt. Im folgenden Frühjahr vertraut sie den Säugling einem Kindermädchen an und übernimmt für die Luftwaffe kriegswichtige Überführungsflüge. Sie beginnt mit Schulflugzeugen der Wehrmacht und wechselt nach einigen Monaten zu einer Staffel, die fabrikneue Jagdmaschinen und Stukas zu ihren Einsatzorten an der Front bringt.

Inzwischen zum Hauptmann befördert, startet Hans-Jürgen Uhse fast jede Nacht vom Stützpunkt seiner Staffel bei Magdeburg und fliegt mit einem Jagdflugzeug Angriffe gegen feindliche Bomberflotten, die sich Berlin nähern. Am 30. Mai 1944 ruft er gegen 23 Uhr seine Frau in Rangsdorf an, wo sie ein kleines Haus mit Garten gemietet haben, und teilt ihr mit, dass wegen des schlechten Wetters nicht mit einem Einsatz zu rechnen sei. Beruhigt geht Beate zu Bett. Eine Stunde später:

in Magdeburg Alarmstart! In der Hektik kollidiert Uhse mit einer auf die Piste rollenden Maschine und bricht sich bei dem Aufprall das Genick.

Am nächsten Abend überbringt ein Offizier Beate Uhse die Nachricht vom Tod ihres Mannes. Damit stürzen alle ihre Pläne und Hoffnungen auf ein glückliches Familienleben in sich zusammen. Von Schmerz und Trauer fühlt die vierundzwanzigjährige Witwe sich wie gelähmt; nicht einmal weinen kann sie.

FLUCHT VOR DEN RUSSEN

Als Beate Uhse im Januar 1945 eine Militärmaschine nach Gotenhafen bei Danzig überführt, nutzt sie die Gelegenheit, ihre Eltern zur Flucht vor der nahenden Roten Armee zu drängen. Vergeblich: Ihr fünfundsiebzigjähriger Vater bleibt auf seinem Gut, und ihre Mutter verlässt ihn nicht.

Als die Situation immer bedrohlicher wird, eilt sie nach einem Flug von Leipzig nach Berlin am 21. April zu ihrem Haus in Rangsdorf. „Wir hau'n ab", sagt sie zu dem Kindermädchen Hanna. „Wann?", fragt die Neunzehnjährige erleichtert. „Sofort!" Hastig packen sie ein paar Sachen und schlagen sich dann mit dem noch keine zwei Jahre alten Klaus Richtung Gatow durch. Bloß nicht den Russen in die Hände fallen! Auf dem Flughafen treffen sie einen Mechaniker, dem es gelingt, eine abseits stehende Maschine startklar zu machen. Kurz vor Sonnenaufgang steigt Beate mit ihm, Klaus, Hanna und zwei Verletzten auf. Sie fliegen nach Barth in Pommern, von dort am 30. April weiter nach Lübeck und schließlich nach Leck, 35 Kilometer westlich von Flensburg.

Dort wird Beate Uhse am 8. Mai von britischen Offizieren festgenommen und sechs Wochen lang in einem Kriegsgefangenenlager eingesperrt. Danach schicken die Briten sie mit Klaus und Hanna 15 Kilometer weiter nach Braderup, wo der Bürgermeister sie in der ehemaligen Schulbücherei einquartiert.

Vergewaltigung

Beate Uhse weiß zwar, dass die Sowjets das Familiengut in Wargenau beschlagnahmt haben, aber nicht, was aus ihren Eltern und ihrem Bruder Ulrich geworden ist. (Ihre Schwester erlag bereits vor Jahren einer Lungenentzündung.) Auf der Suche nach ihren Angehörigen fährt Beate mit dem Fahrrad quer durch Deutschland und schleicht sich verbotenerweise über die Grenzen der Besatzungszonen, denn die Listen des Roten Kreuzes können nur in den Meldestellen eingesehen werden. Ihren Bruder findet sie in Hindelang, wo er als Hausdiener in einem Gasthof untergekommen ist. Von den Eltern fehlt zunächst jede Spur. Erst viel später erfährt sie, dass eine Melkerin sah, wie ihr Vater von sowjetischen Soldaten erschossen wurde. Ihre Mutter starb einige Monate später an Entkräftung.

Beim Versuch, im Oktober 1945 nach ihren in Rangsdorf zurückgelassenen Habseligkeiten zu sehen, wird Beate von einem Kommando der Roten Armee aufgegriffen und zusammen mit einem Dutzend anderer Leute in den Keller eines einsamen Gehöfts gesperrt, wo sie lediglich rohe Kartoffeln zu essen bekommen. Nach einigen Tagen poltern plötzlich sechzehn sowjetische Soldaten herein, fast alles Kalmücken, und machen sich über die vier Frauen unter den Gefangenen her. Am nächsten Tag werden alle freigelassen und wanken auf die nur wenige hundert Meter entfernte amerikanische Besatzungszone zu, wo sie mit dampfendem Kaffee empfangen werden.

Zehntausend Werbezettel für fünf Pfund Butter

Immer wieder weinen sich Frauen bei Beate Uhse aus, die von ihren heimgekehrten Männern geschwängert wurden und verzweifelt sind, weil es weder Verdienstmöglichkeiten noch Wohnungen gibt. Mithilfe einer in der Bücherei von Niebüll ausgeliehenen Broschüre über die von dem Österreicher Hermann Hubert Knaus und dem Japaner Kyusako Ogino 1934 veröffentlichte Methode zur Geburtenkontrolle berechnet sie die fruchtbaren beziehungsweise unfruchtbaren Tage für die Nachbarinnen. Sie tippt eine dreiseitige Beschreibung der Vorgehensweise („Schrift X") und einen Begleitbrief, in dem sie für ein Recht auf Sexualität auch ohne die Absicht zur Zeugung eintritt. Für fünf Pfund Butter lässt sie in einer Flensburger Druckerei zehntausend Werbezettel und zweitausend Exemplare der „Schrift X" anfertigen. Nachdem sie die Reklame als Postwurfsendung verschickt hat, wartet sie auf Bestellungen ihrer Aufklärungsschrift, für die sie zwei Mark verlangt. Schon nach kurzer Zeit muss Beate Uhse eine zweite Auflage drucken lassen.

AUFKLÄRUNGSSCHRIFTEN AUS DEM PFARRHAUS

Als sie im Sommer 1947 mit ihrem vierjährigen Sohn Klaus nackt an einem Strand auf Sylt liegt, wird sie von einem Fremden angesprochen. Ernst-Walter („Ewe") Rotermund, der gerade von seiner Frau geschieden wurde, hat zwei Kinder: Bärbel ist zehn, Dirk vier Jahre alt. Aus der Urlaubsbekanntschaft entwickelt sich eine Liebesbeziehung. Rotermund bezieht 1948 mit Beate und den drei Kindern eine Eineinhalb-Zimmer-Wohnung, die ihnen seine Tante Elfriede beschafft – ausgerechnet im evangelischen Pfarramt St. Marien in Flensburg. Von dort aus verschickt Beate Uhse weiterhin ihre „Schrift X". Als Absender gibt sie allerdings ein Postfach an. (Ewe Rotermund betreibt ebenfalls einen Versandhandel, und zwar mit Haarwasser „Ewisin".) Weil Kunden nach Kondomen fragen, beginnt Beate Uhse 1948, auch Verhütungsmittel zu vertreiben. Außerdem erweitert sie ihr Angebot um das zweiundzwanzig Jahre alte Aufklärungsbuch „Die vollkommene Ehe. Eine Studie über ihre Physiologie und Technik" des holländischen Frauenarztes und Sexualforschers Theodor Hendrik van de Velde.

Obwohl es nach wie vor verboten ist, die Britische Besatzungszone zu verlassen, schlägt Rotermund sich im Herbst 1948 nach Argentinien durch, um dort eine neue Existenz aufzubauen. Seine beiden Kinder vertraut er seiner Geliebten an, aber sie werden bald darauf ihrer inzwischen mit einem Bankier verheirateten Mutter zugesprochen. Beate, die erst nach Rotermunds Abreise merkt, dass sie schwanger ist, kommt am 9. Mai 1949 mit einem zweiten Sohn nieder, den sie Ulrich nennt. Ein halbes Jahr später kehrt dessen Vater zurück und nach einem kurzen Gefängnisaufenthalt wegen illegalen Grenzübertritts kann Beate ihn wieder in die Arme schließen. Vor dem Jahresende heiraten die beiden.

Unternehmensgründung

Das „Versandhaus Beate Uhse" wird am 22. Februar 1951 ins Flensburger Handelsregister eingetragen. Obwohl die Unternehmerin mittlerweile Rotermund heißt, hält sie an dem Namen Uhse fest, in den sie bereits viel Werbung investiert hat. Ein Stiefbruder ihres ersten Mannes, der um seinen Ruf besorgt ist, scheitert mit dem Versuch, ihr die Verwendung des Familiennamens gerichtlich verbieten zu lassen.

Für den nunmehr bundesweiten Versand mietet Beate Uhse einen leer stehenden Keller und stellt einen Packer und zwei Bürokräfte ein, von denen eine vor allem Adressen aus Telefonbüchern für die Werbesendungen abschreibt. Es kommt vor, dass Gymnasiasten einem Lehrer einen Streich spielen und in seinem Namen Kondome bestellen. Einige der Betroffenen zeigen das Versandhaus an. Es bleibt auch nicht aus, dass Leute gerichtlich gegen unaufgefordert verschickte Werbezettel vorgehen. Die Diözese Köln lässt in den Kirchen Strafantragsformulare gegen das Unternehmen auslegen. Staatsanwälte fühlen sich als Sittenwächter berufen. Einmal stehen drei Polizeibeamte mit einem Durchsuchungsbefehl vor der Tür und ermitteln aus der Kundenkartei die Adressen von 72 Personen, denen Beate Uhse Kondome geliefert hat. Zum Glück stellt sich heraus, dass alle verheiratet sind. (Andernfalls hätte die Polizeiaktion ein gerichtliches Nachspiel gehabt, weil außerehelicher Geschlechtsverkehr bis Ende 1974 als Unzucht unter Strafe stand.)

Beate und Ernst-Walter Rotermund wohnen mit den beiden Söhnen Klaus und Ulrich weiterhin im Pfarramt; offenbar sind die protestantischen Christen gegenüber Geschäften mit Verhütungsmitteln toleranter als die katholischen. Während der Sommermonate zieht die Familie ins Freie; da übernachten sie gern in drei kleinen Zelten bei Glücksburg. Während der Ferien kommen auch Bärbel und Dirk Rotermund, die sonst bei ihrer Mutter und ihrem Stiefvater in Frankfurt am Main leben. Beate verheimlicht den Kindern nicht, wie sie ihr Geld verdient, und erklärt ihnen die Doppelmoral der Gesellschaft, damit sie sich in Gesprächen mit anderen vor brüskierenden Äußerungen hüten. Ulrich muss auch verkraften, dass einer seiner Freunde wegen der „schmutzigen Geschäfte" seiner Mutter nicht mehr mit ihm spielen darf.

Schließlich bemerkt die Unternehmerin, dass ihr Mann sie mit einer Einundzwanzigjährigen betrügt. „Mein Stolz, meine feminine Eitelkeit hatten Prügel bezogen", klagt sie später. Ihre Scheidungsklage nimmt sie trotz allem zurück.

Der Firmenumsatz erreicht 1954 eine halbe Million D-Mark und legt in den beiden folgenden Jahren jeweils um gut 60 Prozent zu. Weil ein Ortsbrief halb so viel Porto wie ein Fernbrief kostet, bepackt Beate Uhse regelmäßig ihren Kombi mit zigtausend nach Städten geordneten Werbesendungen, steckt ein Bündel Hundertmarkscheine ein und fährt damit übers Land, um die Post vor Ort aufzugeben. Unterwegs schläft sie im Zelt und bei Regen im Auto. 280 000 frankierte Katalogsendungen werden 1957 am Tag vor Christi Himmelfahrt beschlagnahmt. Die Maßnahme droht die Unternehmerin finanziell zu ruinieren, denn sie hat mehr als 400 000 D-Mark für das Porto ausgegeben und fünfunddreißig Heimarbeiterfamilien fürs Kuvertieren und Adressieren bezahlt. In einer Nacht-und-Nebel-Aktion verladen die Firmenchefin und ihre Familienangehörigen das mehr als zehn Tonnen wiegende beschlagnahmte Material auf zwei Lastwagen und fahren nach Hamburg zur Post. Am Dienstag nach Pfingsten wird sie wegen Dienstsiegelbruchs verhaftet, aber sie kann sich auf einen Irrtum herausreden und kommt nach einigen Stunden wieder frei.

1957 übersteigt der Umsatz zwei, im Jahr darauf drei Mil-

lionen D-Mark. Auf der Gehaltsliste stehen inzwischen neun-
undfünfzig Mitarbeiterinnen und Mitarbeiter; die Kundenkartei enthält sechshunderttausend Namen. Längst beschränkt
sich das Angebot nicht mehr nur auf Aufklärungsschriften
und Verhütungsmittel, sondern umfasst alle Arten sexueller
Stimulantien, dazu Reizwäsche, Bücher, Broschüren und
Nacktfotos. Von einer „Wunderwelt des Schweinkrams" wird
gesprochen, und es heißt: „,Beate Uhse' steht für Sex wie
‚Weck' fürs Einmachen." Weil das inzwischen auf drei Orte
in Flensburg verteilte Unternehmen aus den Nähten platzt,
erwirbt Beate Uhse ein 7000-Quadratmeter-Grundstück im
Industriegebiet Süd und gibt einen Neubau in Auftrag. Der
ist Ende 1961 bezugsfertig. Im Jahr darauf eröffnet sie in
Flensburg zwischen einer Bäckerei und einer Metzgerei ein
„Fachgeschäft für Ehehygiene", das die Presse als „ersten Sex-
shop der Welt" herausstellt. Ihr Ehemann hat sich zu diesem
Zeitpunkt völlig aus der Firmenleitung zurückgezogen, kümmert sich kaum noch um die Familie und geht seine eigenen
Wege.

Aufgrund des rasanten Firmenwachstums ist der Neubau
von 1961 auch bald wieder zu klein. Am 13. August 1969
weiht Beate Uhse ihre neue Firmenzentrale ein: das „Sex-
Eck". Der Umsatz beträgt inzwischen 35 Millionen D-Mark.

LIEBE

Zwei Jahre später fliegt die Unternehmerin mit ihrem Sohn
Ulrich zur Erholung auf die Bahamas. Dort beginnt die Ein-
undfünfzigjährige ein Verhältnis mit John Holland, einem
athletisch gebauten schwarzen Schullehrer, der so alt wie ihr
älterer Sohn ist. Nach ihrem Urlaub nimmt er ein halbes Jahr
unbezahlt frei für eine Europareise und wohnt drei Wochen
mit seiner Geliebten in einer ausgebauten ehemaligen Wehr-
machtsbaracke am Rüder See. Daraufhin leitet Rotermund die
Scheidung ein und verlangt 12 Millionen D-Mark Abfindung
von seiner Frau. Am Ende einigen sich die beiden auf eine
monatliche Zahlung von 30 000 D-Mark. Auf dieser Grundlage

erfolgt am 9. Mai 1972 – dem dreiundzwanzigsten Geburtstag ihres Sohnes Ulrich – die Scheidung.

Beate lebt mit John Holland abwechselnd in Rüde, in seiner Wohnung im New Yorker Stadtteil Bronx und in ihrem neu erworbenen Ferienhaus in Fort Myers auf der Halbinsel Florida. Weil sie sich im Spiegel „wie ein trauriger Boxerhund" vorkommt, lässt sie sich liften. Einige Tage nach der vierstündigen Operation hält ihr der Schönheitschirurg die „Bild"-Zeitung hin und deutet auf die Schlagzeile „Das neue Gesicht von Beate Uhse. Sexkönigin zahlte 6000 DM". Doch das Lifting kann nicht verhindern, dass sie und John Holland sich trennen, weil sie sich nach zehn Jahren auseinandergelebt haben.

ALTER

Im Alter von dreiundsechzig Jahren werden Beate Uhse in Aachen fünf gutartige Zysten von einer Niere entfernt. Einige Zeit später zeigt ihr ein Arzt in der Universitätsklinik Kiel auf einer Röntgenaufnahme ihres Kopfes einen sieben mal drei Zentimeter großen Glomustumor. Ein Eingriff ist zu riskant. Im Spätsommer wird ihrem Sohn Klaus wegen eines Siegelringkarzinoms der Magen entfernt. Erschrocken unterzieht sie sich einer prophylaktischen Magenspiegelung. Mitten in einer Geschäftsbesprechung ruft der Arzt an, um ihr die Diagnose mitzuteilen: Siegelringkarzinom! Anders als ihr Sohn – der 1984 mit einundvierzig Jahren daran stirbt – wird sie noch rechtzeitig operiert.

Beate Uhse, die sich inzwischen aus der Firmenleitung zurückgezogen hat, erfüllt sich 1995 einen lang gehegten Wunsch: Die Sechsundsiebzigjährige fliegt auf die Malediven und lernt tauchen. Wenige Wochen nach ihrem achtzigsten Geburtstag nimmt sie am 25. November 1999 die Ehrenbürgerurkunde der Stadt Flensburg entgegen. Mit Genugtuung stellt sie fest, dass sie aufgrund ihres geschäftlichen Erfolgs inzwischen als gesellschaftsfähig gilt. Vorbei sind die Zeiten, als man die „Orgasmuse" nicht einmal in den örtlichen Tennisclub aufnehmen wollte.

Am 18. Juli 2001 stirbt Beate Uhse in einem Schweizer Krankenhaus an einer Lungenentzündung.

In dem von ihr gegründeten Konzern – dem größten und bekanntesten Erotik-Unternehmen Europas – erwirtschafteten 2003 rund 1250 Mitarbeiter einen Umsatz von 260 Millionen Euro.

Mit dem 2002 erstmals verliehenen Beate-Uhse-Unternehmerinnen-Preis will die Beate Uhse AG alle drei Jahre Frauen auszeichnen, die im Geschäftsleben soziales Engagement mit Mut, Kreativität und Geschäftssinn verbinden und dabei auch Führungsstärke und Durchsetzungskraft zeigen.

Barbara Schock-Werner

*1947

DIE TOCHTER EINES SCHWÄBISCHEN HANDWERKEREHEPAARS durchlief das deutsche Bildungssystem „diagonal" und habilitierte sich, ohne jemals Abitur gemacht zu haben. Ihre handwerkliche Ausbildung qualifizierte sie neben ihrer Lehr- und Forschungstätigkeit auf dem Gebiet gotischer Architektur für die Leitung der traditionsreichen Bauhütte des Kölner Doms: Erstmals entschieden sich die Herren des Metropolitandomkapitels für eine Frau als Dombaumeisterin.

SCHWÄBISCHE HANDWERKERFAMILIE

Im Alter von zweiunddreißig Jahren kehrt der Gebirgsjäger Reinhold Werner 1946 aus russischer Kriegsgefangenschaft zu seiner zwei Jahre jüngeren Frau Anneliese und der fünfjährigen Tochter Suse in den Stuttgarter Stadtteil Bad Cannstatt zurück. Als Symbol dafür, dass er den Krieg überlebte, betrachtet er seine am 23. Juli 1947 in der Klinik von Ludwigsburg geborene zweite Tochter Barbara.

Seine tatkräftige Frau wäre gern Ingenieurin geworden, aber in den Dreißigerjahren galten ein technisches Studium im Allgemeinen und der Ingenieurberuf im Besonderen als Männerdomäne. Stattdessen erlernte sie das Schneiderhandwerk und machte die Meisterprüfung, obwohl sie ausschließlich für die Familie und Bekannte nähte und auch gar nicht vorhatte, einen Betrieb zu eröffnen. Sie suchte einfach die Herausforderung und sah in dem Meisterbrief wohl auch eine Kompensation für den unerreichbaren Ingenieurtitel.

Mit schwäbischem Fleiß und Freude am Austüfteln von technischen Verbesserungen bringt es Reinhold Werner zum Feinmechanikermeister. In seiner Freizeit arbeitet er am liebsten im Garten. Untätig in der Stube zu sitzen liegt ihm nicht; da wird er unruhig und prüft zum Beispiel, ob nicht vielleicht irgendwelche Schrauben nachzuziehen sind. Sobald er an den Zimmerwänden auch nur die Spur einer Verschmutzung entdeckt, besorgt er Farbe. Einen Maler kann er sich sparen, denn Anstreichen und Tapezieren hat ihm sein Vater beigebracht, der ein Malergeschäft besitzt. Sobald Reinhold Werner sich Ferien leisten kann, fährt er mit seiner Familie in die Alpen und bringt Barbara das Skifahren bei. Er freut sich, dass das lebhafte Mädchen sich ebenso gern wie er an der frischen Luft bewegt.

KUNST UND MATHEMATIK

Barbara besucht von 1953 bis 1957 die Volksschule in Bad Cannstatt, danach sechs Jahre lang die Mädchenmittelschule (heute: Realschule). Der Besuch eines Gymnasiums ist vor allem etwas für die Söhne großbürgerlicher oder arrivierter Familien. Mädchen kommen dafür kaum in Frage. Es ist schon ungewöhnlich, dass ein Handwerkerehepaar seinen beiden Töchtern die mittlere Reife ermöglicht.

Dabei ist Barbara nur eine durchschnittliche Schülerin, die von Eltern und Lehrern immer wieder auf die vorbildlichen Leistungen ihrer eher introvertierten älteren Schwester hingewiesen wird. Zwar macht es ihr keine besondere Mühe, Englisch zu verstehen und zu sprechen, aber mit der englischen Rechtschreibung hat sie ebenso Schwierigkeiten wie bei einem deutschen Diktat. Für eine Sekretärinnentätigkeit fühlt sie sich also nicht besonders geeignet, zumal sie auch nicht den ganzen Tag am Schreibtisch sitzen möchte. Lieber würde sie einen Beruf erlernen, der eine handwerkliche Tätigkeit mit einer künstlerischen Formgebung verbindet: Goldschmiedin vielleicht. Da sie sich von Kunst und Mathematik gleichermaßen angezogen fühlt, wäre auch Architektur etwas für sie –

BARBARA SCHOCK-WERNER
NACH IHREM AMTSANTRITT
ALS DOMBAUMEISTERIN IN KÖLN
Foto 1999

aber für ein Hochschulstudium fehlt ihr das Abitur. Deshalb beschließt sie, sich nach der mittleren Reife durch eine Bauzeichnerlehre für ein Architekturstudium an einer Fachhochschule zu qualifizieren.

Mit neunzehn hält Barbara ihren Gesellenbrief in der Hand und beginnt ein Zimmermanns-Praktikum. Den Umgang mit Senklot, Kelle und Ziegelsteinen hat sie bereits bei einem Maurerpraktikum gelernt. Die Arbeiter auf der Baustelle warten erst einmal ab, ob die junge Frau es wagt, auf ein Gerüst zu klettern. Aber damit hat sie keine Probleme. Der letzte Test ist das erste Richtfest, bei dem die Männer der Praktikantin immer wieder zuprosten. Doch sie hält mit und lässt sich nicht anmerken, wie ihr der ungewohnte Alkohol in den Kopf steigt. „So bin ich ziemlich trinkfest geworden", erinnert sie sich später.

STUDIUM

Im Herbst 1967 beginnt sie an der Staatlichen Ingenieurschule für das Bauwesen in Stuttgart zu studieren. Zwischendurch sammelt sie im Rahmen eines dritten Praktikums Erfahrungen am Institut für leichte Flächentragwerke der Universität Stuttgart. Dessen Leiter, der Architekt Frei Otto, experimentiert seit den Fünfzigerjahren mit zeltförmigen Dachkonstruktionen. Ende 1969, als Barbara Werner in seinem Institut beschäftigt ist, berät er gerade den Architekten Günter Behnisch und das Ingenieurbüro Leonhardt & Andrä, die im Norden von München das Stadion sowie die Sport- und Schwimmhalle für die Olympischen Sommerspiele 1972 mit einem fast 75 000 Quadratmeter großen, an zwölf bis zu 80 Meter hohen Pylonen aufgehängten Plexiglasdach überspannen. Nicht zuletzt angesichts dieser genialen Architektur merkt die Zweiundzwanzigjährige, dass ihre Stärken mehr im Analytischen als im Kreativen liegen. Da sie nicht darauf erpicht ist, jahrzehntelang Wohnhäuser zu bauen, sucht sie sich nach dem Studienabschluss im Frühjahr 1971 ein anderes Aufgabengebiet und konzentriert sich als Mitarbeiterin eines Architekturbüros in Stuttgart auf die Arbeit an denkmalgeschützten Objekten.

In ihrer Freizeit befasst Barbara sich mit Kunstgeschichte. Einige Wochen nach ihrem Diplom – und parallel zu ihrer Tätigkeit in dem Architekturbüro – immatrikuliert sie sich an der Universität Stuttgart für das Studium der Kunstgeschichte. Zu Beginn des fünften Semesters wechselt sie nach Bonn. Mit einem Stipendium des österreichischen Staates, für das sie sich beim Deutschen Akademischen Austausch Dienst bewarb, verbringt sie das sechste und siebte Semester in Wien. Die Wiener Mentalität bleibt ihr fremd, und sie gewöhnt sich nicht an den Umgangston, etwa wenn sie aus Versehen jemanden stößt und gar nicht dazu kommt, sich zu entschuldigen, weil ihr Gegenüber sofort schimpft: „Können S' nicht aufpassen, Sie Trampel?!" Gern kehrt sie im Herbst 1975 wieder nach Bonn zurück – zumal eine halbe Autostunde weiter nördlich jemand auf sie wartet ...

Die lebenslustige Studentin, die Konfektion langweilig findet und froh ist, dass ihr die Mutter die gewünschten extravaganten Kleider schneidert, hatte während der ersten Semester in Stuttgart auf einer Party den fünfzehn Jahre älteren Kunsthistoriker Dr. Kurt Löcher kennen gelernt. Der Kustos der Staatsgalerie Stuttgart war bereits mit einigen Buchveröffentlichungen hervorgetreten. An diesem Abend fiel ihr der „gereifte Junggeselle" (Barbara Schock-Werner) vor allem deshalb auf, weil er nach einiger Zeit auf einer Couch einschlief. Ungefähr zu der Zeit, als sie an die Universität Bonn wechselte, folgte er einem Ruf nach Köln und avancierte dort zum Hauptkustos am Wallraf-Richartz-Museum. Bei einem gemeinsamen Freund in Stuttgart trafen sich die beiden noch einige Male – und schließlich verliebten sie sich.

Mittelalterliche Bauzeichnungen faszinieren die Kunststudentin. Darüber will sie ihre Doktorarbeit schreiben. Für eine wissenschaftliche Arbeit geeignete Risse existieren nur vom Stephansdom in Wien und vom Straßburger Münster. Aufgrund ihrer Erfahrungen mit den Wienern zieht sie 1977 einen neunmonatigen Aufenthalt im Elsass vor. Im Archiv des Straßburger Münsters entdeckt sie neben den Rissen des 1420 bis

1439 errichteten Turms die beinahe vollständig erhaltenen
Rechnungen der damaligen Bauhütte. Ein weniger zupacken-
der Charakter würde sich wohl auf ein Thema beschränken;
sie aber stürzt sich auf die unerwartete Informationsquelle
und erforscht, wie so ein mittelalterlicher Betrieb funktio-
nierte. Ihr erweitertes Thema lautet: „Das Straßburger Münster im fünfzehnten Jahrhundert. Stilistische Entwicklung und
Hüttenorganisation eines Bürger-Doms".

FAMILIENGRÜNDUNG UND PROMOTION

Die Doktorandin, die seit einer nur standesamtlich geschlossenen und bald wieder beendeten ersten Ehe Schock-Werner
heißt, vermählt sich 1978 mit Kurt Löcher. Weil sie unter
ihrem bisherigen Doppelnamen bereits wissenschaftliche Arbeiten veröffentlicht hat, behält sie diesen als Autorin bei. Als
dabei allerdings unerwartete Schwierigkeiten auftreten – etwa,
wenn ihr der Briefträger die Aushändigung eines Einschreibe-
briefs verweigert –, lässt sie in ihrem Reisepass neben dem
offiziellen Namen Barbara Löcher als Künstlernamen Schock-
Werner eintragen.

Im selben Jahr wird Kurt Löcher Direktor des Germanischen
Nationalmuseums in Nürnberg und zieht mit seiner Ehefrau
vom Rheinland nach Franken. Er erweist sich als „leiden-
schaftlicher Vater" (Barbara Schock-Werner) des einige Monate nach der Hochzeit geborenen Sohnes Gregor Sebaldus.
Während seine Frau an ihrer Dissertation schreibt, kommt er
so häufig wie möglich am frühen Nachmittag vom Museum
nach Hause. Wenn er dann das Jackett auszieht, die Krawatte
abnimmt und in Jeans schlüpft, freut sich der kleine Gregor
schon: „Vati, neue Hose an!" Das heißt nämlich, dass Vater
und Sohn stundenlang spazieren gehen, damit Barbara ungestört arbeiten kann.

Da ihr Doktorvater inzwischen einem Ruf an das kunst-
historische Institut der Universität Kiel folgte, gilt Barbara
Schock-Werner zwar offiziell als Doktorandin dieser Hoch-
schule, aber sie muss nur hin und wieder nach Schleswig-Hol-

stein. Hochschwanger fährt die Vierunddreißigjährige im Sommer 1981 zum Rigorosum. Einige Wochen nach der Promotion wird sie von ihrer Tochter Antonia entbunden.

„Ich durchlief das deutsche Bildungssystem diagonal", schmunzelt Barbara Schock-Werner. Tatsächlich hat sie die mittlere Reife, eine Berufsausbildung, einen Fachhochschulabschluss und einen Doktortitel. Nur kein Abitur. Das war ein zeitraubender Weg, dem sie jedoch praktische Erfahrungen verdankt, um die andere Akademiker sie beneiden, die nur Gymnasium und Universität kennen.

PROFESSORIN

Ebenso zielstrebig wie unaufdringlich sorgt die kontaktfreudige Ehefrau des Museumsdirektors dafür, dass es sich herumspricht, über welche Qualifikationen sie verfügt. So kommt es, dass die Akademie der bildenden Künste in Nürnberg sie 1982 als Dozentin für Kunst-, Architektur- und Designgeschichte beruft. Sieben Jahre später ernennt das Bayerische Staatsministerium für Wissenschaft und Kunst die inzwischen Zweiundvierzigjährige zur Honorarprofessorin. Parallel zu den Vorlesungen in Nürnberg lehrt sie von 1985 bis 1991 auch Architektur an der Fachhochschule für Technik in ihrer Heimatstadt Stuttgart. Und im Herbst 1992 übernimmt sie vertretungsweise eine Professur für Kunstgeschichte an der Universität Erlangen; nur vorübergehend, denkt sie anfangs, aber es werden acht Semester daraus.

Aufgrund ihrer beruflichen Belastung kann sie sich nicht so viel um ihre Familie kümmern, wie sie es gern täte. Glücklicherweise braucht sie sich keine besonderen Sorgen um Gregor und Antonia zu machen, denn die beiden sind gesund und psychisch stabil. Aupairmädchen helfen zwar im Haushalt, aber die Kinder kommen schon früh allein zurecht, und wenn die Eltern mittags nicht zu Hause sind, kocht Gregor für sich und seine Schwester.

Neben ihrer Lehrtätigkeit engagiert Barbara Schock-Werner sich seit 1989 im Wissenschaftlichen Beirat der Deutschen

Burgenvereinigung, der sie nach drei Jahren zur Vorsitzenden wählt. Außerdem übernimmt sie 1995 das Amt der Vizepräsidentin der Deutschen Burgenvereinigung. Dabei geht es ihr darum, deutsche Burgen und Schlösser zu erhalten und ihre Erforschung zu fördern. Natürlich lernt sie auch Burgbesitzer und Schlossherren kennen und erweitert auf diese Weise das Netzwerk ihrer Beziehungen.

BEWERBUNG ALS DOMBAUMEISTERIN

Zu ihren wichtigen Kontaktpersonen zählt Professor Dr. Arnold Wolff, der 1962 in der Kölner Dombauverwaltung angefangen und zehn Jahre später Dombaumeister Willy Weyres abgelöst hatte. Den renommierten Architekten identifiziert sie so mit seinem Amt, dass sie gar nicht auf den Gedanken kommt, er könne es eines Tages aufgeben. Erst als Kölner Freunde, die ihre fachliche Qualifikation kennen, sie darauf ansprechen, dass Arnold Wolff beabsichtige, nach der 750-Jahr-Feier des Kölner Doms (1998) in den Ruhestand zu treten, wird ihr bewusst, welche Möglichkeit sich da bietet.

Vier Frauen und neunundzwanzig Männer bewerben sich 1997 mit ihr um die Nachfolge Professor Wolffs. Sie weiß, dass sie aufgrund ihrer handwerklichen und akademischen Qualifikationen gute Voraussetzungen mitbringt, aber sie fragt sich, ob der als konservativ geltende Kardinal Joachim Meisner eine Frau als Dombaumeisterin akzeptieren würde. Entsprechend aufgeregt sitzt sie vor den Herren der Auswahlkommission und beantwortet deren Fragen. Mit dem Gefühl, einen guten Eindruck gemacht zu haben, fährt sie zurück nach Nürnberg. Wie wird die Entscheidung ausfallen? Hin und wieder ruft jemand aus Köln an und stellt eine Zusatzfrage. Daraus schließt sie, dass sie noch zu den Kandidaten zählt. Eines Tages liegt unvermittelt der Entwurf des Arbeitsvertrags in ihrem Briefkasten. Das Metropolitandomkapitel der Hohen Domkirche zu Köln hat sich für sie entschieden. Am 1. Januar 1999 soll sie ihr neues Amt antreten. Fassungslos überfliegt sie die Paragrafen. Wenn alles gut geht, wird sie die erste Dombaumeisterin!

In Hochstimmung fährt Barbara Schock-Werner erneut nach Köln, wo Dompropst Bernard Henrichs sie Kardinal Meisner vorstellt. Jetzt fehlt nur noch die Unterschrift der Ministerin des Landes Nordrhein-Westfalen für Städtebau und Wohnen, Kultur und Sport, die der Dombaukommission zusammen mit dem Kölner Erzbischof vorsteht. Dass sie sich dem Urteil des Domkapitels anschließen wird, gilt als sicher, aber ohne ihre Zustimmung ist die Entscheidung nicht spruchreif. Trotzdem erfahren Journalisten auf verschlungenen Wegen davon und rufen pausenlos bei Familie Löcher in Nürnberg an, um sich das Gerücht bestätigen zu lassen. Die Kandidatin schärft ihrem neunzehnjährigen Sohn und ihrer sechzehnjährigen Tochter ein, erst einmal nicht mehr ans Telefon zu gehen, bis die Ministerin nach einigen Tagen endlich von einer Dienstreise zurückkehrt und den Vertrag unterschreibt. Im Dezember 1997 wird Barbara Schock-Werner schließlich der Presse vorgestellt. In den folgenden Monaten bitten Dutzende von Presseleuten die zukünftige Dombaumeisterin um Interviews. Fast alle wundern sich darüber, dass die katholischen Würdenträger eine Frau für das traditionsreiche Amt ausgewählt haben. Doch die Geschlechterfrage spielte bei der Entscheidung weniger eine Rolle als die Frage, ob der Schwerpunkt auf praktische Erfahrungen oder akademisches Wissen gelegt werden sollte.

Barbara Schock-Werner muss sich erst daran gewöhnen, dass sie durch ihr neues Amt so ins Blickfeld der Öffentlichkeit geraten ist. Dabei hält sie Public Relations für wichtig, weil der 1842 gegründete Zentral-Dombau-Verein noch immer 60 Prozent des Sechs-Millionen-Euro-Etats der Dombauverwaltung aus Spenden und Mitgliedsbeiträgen aufbringt.

In die Freude über die erfolgreiche Bewerbung mischt sich das Bedauern, dass ihr Vater nicht mehr erlebt, wie sie Dombaumeisterin wird. Reinhold Werner war 1996 gestorben. Während der rechtschaffene Handwerker ihre Lehrtätigkeit nicht als „richtige Arbeit" betrachtete und ihm akademische Titel nichts bedeuteten, hätte er die praxisnahen Aufgaben einer Dombaumeisterin respektiert.

„ERHALTEN UND BEWAHREN, DAS IST DER SINN UNSERER ARBEIT"

Es kommt zwar vor, dass freie Architektinnen sich um den Erhalt bestimmter Kirchen kümmern, am 1. Juli 1996 wurde Ingrid Rommel *Münster*baumeisterin in Ulm, aber eine *Dom*baumeisterin gab es vor Barbara Schock-Werner noch nicht. Zudem ist der Kölner Dom die Amtskirche eines der bedeutendsten deutschen Erzbistümer und eine der wichtigsten Kathedralen in Europa. Die 1996 von der UNESCO zum Weltkulturerbe erklärte Kathedrale beeindruckt durch ihre schiere Größe, mehr aber noch aufgrund der Proportionen: „Es handelt sich um eine rationale, logisch geplante, im Grunde mathematische Angelegenheit mit stark emotionaler Wirkung." (Barbara Schock-Werner)

Im Zweiten Weltkrieg wurde der Dom durch vierzehn Bomben schwer beschädigt. Sechzig Jahre später arbeiten die Steinmetze der Domhauhütte immer noch daran, eine Ziegelplombe an der nordwestlichen Ecke durch präzise behauene Trachytquader zu ersetzen. Gleichzeitig sind die etwa sechzig Handwerkerinnen und Handwerker – Restauratoren, Glasmaler und Goldschmiede, Bildhauer und Steinmetze, Maler, Dachdecker, Zimmerleute, Schmiede, Schlosser und Gerüstbauer – damit beschäftigt, die durch Verwitterung, sauren Regen und Abgase entstandenen Schäden zu beheben. Während die Bildhauer in den Fünfziger- und Sechzigerjahren einer Figurengruppe schon einmal spaßeshalber die Gesichtszüge von John F. Kennedy, Nikita Chruschtschow, Charles de Gaulle und Harold Macmillan verliehen, werden seit Arnold Wolffs Amtsantritt defekte Figuren und Fassadenteile selbst in versteckten Ecken ausschließlich gegen originalgetreu bearbeitete Steine ausgetauscht. Obwohl kein Besucher des Doms eine fünf Zentimeter große Krabbe in 70 Meter Höhe wahrnehmen kann, achtet der Steinmetz, der eine verwitterte Fiale ersetzt, auf einen fast messerscharfen Kantenverlauf. Allein mit den dringendsten Arbeiten hat die Dombauhütte auf Jahre hinaus zu tun; und es kommen ständig neue hinzu. „Der Dom gibt das Programm vor", kommentiert Barbara Schock-Werner.

„Erhalten und bewahren, das ist der Sinn unserer Arbeit",
erläutert sie, und fährt fort: „Die Dombaumeisterin vertritt
neben dem Dompropst die Dombauverwaltung nach außen
und ist für Organisation, Arbeitsplanung, Haushaltsführung
und Öffentlichkeitsarbeit der Dombauverwaltung im Allgemeinen und der Dombauhütte im Besonderen verantwortlich.
Auch über die Schwerpunkte der Forschung entscheidet sie
nach Diskussionen mit den Archivaren, Archäologen, Kunst-
historikern und Kirchengeschichtlern."

„MAN MUSS SCHON KLARSTELLEN, WER LETZTLICH DAS SAGEN HAT"

Noch bevor die neue Dombaumeisterin ihr Amt offiziell übernimmt, lässt sie sich von ihrem Vorgänger durch den Dom
führen, besorgt sich auch mehrmals den Schlüssel und streift
stundenlang allein durch das riesige Bauwerk, um sich damit
vertraut zu machen. Außerdem merkt sie sich die Namen und
Gesichter ihrer Mitarbeiterinnen und Mitarbeiter. Drei Monate lang arbeitet Arnold Wolff sie ein. Auch später kommt er
alle paar Tage vorbei, um zum Beispiel für ein Buchprojekt
etwas nachzuschlagen. Das von Barbara Schock-Werner in der
Dombauverwaltung angebotene Büro lehnt er zwar dankend
ab, aber er steht ihr gern mit seinem Rat zur Verfügung. Kenntnisse über Mathematik und Geometrie, Kunst- und Architek-
turgeschichte, Akustik, Lichtführung und Farbharmonie, Bau-
materialien und Korrosionsvorgänge bringt sie ebenso mit wie
handwerkliche Fertigkeiten. Mit liturgischen Fragen macht sie
sich rasch vertraut, und sie eignet sich das betriebswirtschaft-
liche Wissen an, das zum Beispiel für die Erstellung des Etats
erforderlich ist. Elan und Durchsetzungsvermögen gehören
ohnehin zu ihrem Charakter. „Ich halte mich nicht für auto-
ritär", sagt sie mit resoluter Stimme. „Aber man muss schon
klarstellen, wer letztlich das Sagen hat."

Obwohl sie besonders während der Einarbeitungsphase mehr
als genug zu tun hat und deshalb auch monatelang keine Interviews mehr gibt, bringt Barbara Schock-Werner die Energie

auf, sich – wie vor der Anstellung abgesprochen – ein halbes Jahr nach der Übernahme ihres Amts mit einer Arbeit über die Bautätigkeit des Würzburger Fürstbischofs Julius Echter von Mespelbrunn zu habilitieren.

Im Sommer 1999 bezieht die Zweiundfünfzigjährige mit ihrem Mann die neue Dienstwohnung, ein Penthouse über den Büros der Kölner Dombauverwaltung am Südrand der Domplatte. Da Kurt Löcher seit zwei Jahren im Ruhestand ist, stört ihn der Ortswechsel beruflich nicht; sein Buch über den Renaissance-Maler Barthel Beham, an dem er gerade arbeitet, kann er auch in Köln schreiben. Die achtzehnjährige Tochter bleibt allerdings in Nürnberg zurück, um dort ihr Abitur zu machen. Dem drei Jahre älteren Sohn, der die Reifeprüfung bereits bestanden hat, gefällt es im Rheinland so gut, dass er nach einem Besuch bei den Eltern beschließt, sein Jurastudium in Bonn zu beginnen.

„DAS AMT DER DOMBAUMEISTERIN IST NICHT EINFACH NUR EIN JOB"

Als die Dombaumeisterin am 26. Oktober 2002 zum ersten Mal in ihrer Amtszeit eine Orkanwarnung im Rundfunk hört, alarmiert sie die Feuerwehr. Nur mit Mühe kann sie die zuständigen Herren davon überzeugen, Absperrgitter aufzustellen. „Typisch Frau!", heißt es. Am folgenden Tag, einem Sonntag, bricht nachmittags am Nordturm in 100 Meter Höhe ein Steinbrocken ab und reißt Zierteile mit. Da verstummen die Spötter. Nicht nur Sturmböen bereiten ihr Sorgen, sondern zum Beispiel auch die unglaublichen Mengen Urin, die besonders im Karneval jede Nacht in die Domfundamente sickern. Dagegen kann sie kaum etwas anderes unternehmen, als dunkle Ecken mit zusätzlichen Bodenstrahlern auszuleuchten. Zornig wird sie, wenn sie vor einer noch nicht versiegelten Bronzetür mit feuerroten Graffiti steht. Ihre Mitarbeiter müssen die monumentalen Türflügel dann ausbauen und säubern – soweit dies ohne vollständige Abtragung der Patina möglich ist. Die Reste der Acrylsprühfarbe können sie nur mit einer grünlichen Wachsschicht abdecken: Zwei mehr als hundert Jahre alte Portale bleiben trotz des enormen Aufwands beschädigt.

Vierzig Jahre nach Abschluss des deutsch-französischen Vertrags vom 22. Januar 1963 sieht Barbara Schock-Werner den Zeitpunkt gekommen, mit Unterstützung französischer Behörden nach dem 1794 von den Revolutionstruppen geraubten und seither verschollenen Domarchiv zu suchen. Sie wäre glücklich, wenn sie wenigstens Teile davon wiederfände.

Das Amt der Dombaumeisterin fordert Barbara Schock-Werner voll und ganz. Chick gekleidet, fährt sie spätestens um 8 Uhr im Aufzug von ihrer Wohnung in den ersten Stock hinunter, betritt ihr Büro und orientiert sich auf dem mit der konservativen Einrichtung kontrastierenden Flachbildschirm über die anstehenden Termine. Wenn es ein Montag ist, findet sie sich um 9 Uhr bei ihrem Chef ein, Dompropst Bernard Henrichs, um ihn über geplante Baumaßnahmen zu unterrichten. Einmal pro Woche besichtigt die Dombaumeisterin die Baustellen. Da sich die meisten davon naturgemäß nicht am Boden befinden, muss sie auch bei Wind und Regen mit dem rappelnden Außenaufzug an der Nordfassade 45 Meter hoch hinauf und steigt dann in Stiefeln mit rutschfesten Sohlen über die Dächer. Die meiste Zeit verbringt sie allerdings mit Besprechungen in Büros und Konferenzräumen. Da legt ihr ein Grafiker sein Konzept für eine neue Beschilderung vor, Kollegen von einer anderen Dombauhütte beraten sich mit ihr über ein Projekt, ein Praktikant stellt sich vor, ein Dokumentarfilmer erläutert ihr sein Filmprojekt über den Dom, und eine Künstlerin zeigt ihr Entwürfe für ein neues Glasfenster. In der Regel kehrt Barbara Schock-Werner gegen 18 Uhr in ihre Wohnung zurück. Zwei oder drei Mal in der Woche besucht sie dann noch eine Abendveranstaltung, bei der sie einen Vortrag hält oder die Dombauverwaltung repräsentiert. Nicht selten endet ihr Arbeitstag erst gegen Mitternacht. Trotzdem klingelt am nächsten Morgen um 6.20 Uhr der Wecker. Sie gehört allerdings nicht zu den Menschen, die frühmorgens noch rasch Sport treiben. Um diese Zeit aufstehen zu müssen, findet sie hart genug.

Für Schwimmen und Radfahren findet sie nur am Wochenende Zeit. Am Samstagnachmittag setzt sie sich häufig an den Schreibtisch und erledigt Arbeiten, die mit dem Amt der Dombaumeisterin verbunden sind. Da erstellt sie beispielsweise ein Gutachten über eine Doktorarbeit zum Thema Denkmalschutz oder sie erledigt die in ihrer Funktion als Schatzmeisterin des Dombaumeister-Vereins anfallende Korrespondenz. Erst nach der Sonntagsmesse ist Zeit zum Entspannen. „Ich kann sehr gut faulenzen", beteuert sie. In den Mußestunden hat sie es gern, wenn ihr Mann eine seiner weit mehr als tausend Opernschallplatten auflegt.

Wohnung und Büro im selben Gebäude zu haben, scheint praktisch zu sein. Barbara Schock-Werner spart sich unproduktive Fahrzeiten und nervenaufreibende Staus, aber hin und wieder findet sie es doch belastend, nicht nur im, am und neben dem Dom zu arbeiten, sondern zudem von ihren Wohnungsfenstern auf das ihr anvertraute Objekt zu blicken. Deshalb überlegen sie und ihr Mann, ob sie sich ein Wochenendhäuschen in der Eifel anschaffen sollen. Die Sechsundfünfzigjährige weiß, dass es wegen ihrer beruflichen Verpflichtungen nicht möglich sein wird, jede Woche hinzufahren, aber sie wünscht sich, wenigstens ein Wochenende im Monat außerhalb der Stadt zu verbringen.

Auch wenn wenig Zeit fürs Privatleben bleibt, hat Barbara Schock-Werner die für sie optimale Beschäftigung gefunden. „Das Amt der Dombaumeisterin ist eine richtige Aufgabe und nicht einfach nur ein Job", betont sie. „Gerade das reizt mich daran."

Cristina Sánchez

* 1972

DIE TOCHTER EINES SPANISCHEN BANDERILLEROS setzte sich schon als Kind in den Kopf, eine Torera zu werden. In der berühmten Stierkampfschule von Madrid erlernte sie den Umgang mit der *muleta*. Als Zwanzigjährige nahm sie es mit ausgewachsenen Stieren auf, aber wegen ihrer kleinen und zierlichen Figur fiel es ihr nicht leicht, die zehnmal so schweren Tiere mit einem einzigen Degenstoß zu töten. Zweimal rammte ihr ein Stier ein Horn in den Leib. Doch Cristina Sánchez gab nicht auf und schaffte es als erste Frau, zur *confirmación* in der Arena von Madrid zugelassen und damit offiziell als Matadora anerkannt zu werden.

DER VATER, EIN BEGEISTERTER BANDERILLERO

Als junger Mann verlässt Antonio Sánchez de Pablos sein Elternhaus in Quero (Provinz Toledo). In Villaverde bei Madrid heiratet er ein blutjunges Mädchen und zieht zu ihr ins Haus seiner Schwiegermutter. Die junge Ehefrau bringt am 20. Februar 1972, elf Monate nach ihrer ersten Niederkunft, eine zweite Tochter zur Welt, die auf den Namen Cristina getauft wird. Der Vater leistet gerade seinen Militärdienst ab. Danach erhält er eine Stelle bei der Feuerwehr in Parla und zieht mit seiner Familie in die südlich von Madrid gelegene Kleinstadt. Dort wird seine Frau noch einmal von zwei Mädchen entbunden.

In seiner Freizeit treibt Antonio Sánchez am liebsten Sport, und an den Wochenenden im Sommer beteiligt er sich als Banderillero an den Corridas in der Umgebung. Seine Begeisterung für körperliche Bewegung im Allgemeinen und den Stierkampf im Besonderen überträgt sich auf Cristina. Sie langweilt sich in der Schule und wartet nur darauf, ihren Vater zur *plaza de toros* in Parla begleiten zu dürfen.

FRISEUSE, BÜROKRAFT – ODER STIERKÄMPFERIN?

1982 besucht Antonio Sánchez mit seiner Familie eine Fiesta auf einem Landgut bei Talamanca de Jarama nördlich von Madrid. Zum Programm gehört auch die Auswahl von Kühen für die Kampfstierzucht. Um festzustellen, welche sich durch Mut und Angriffslust besonders gut eignen, dürfen die anwesenden Burschen ihren Mut beweisen. Als einziges Mädchen wagt sich die zehnjährige Cristina in die Arena. Die Mischung aus Angst und Erregung reizt sie ungemein, und um sie zu steigern, widersteht sie immer länger dem Reflex, vor der Gefahr wegzulaufen. Ein Mädchen, das an einer *tienta* teilnimmt, amüsiert die Erwachsenen, aber niemand nimmt es ernst, wenn Cristina davon schwärmt, eine Torera zu werden. Genau das hat sie sich in den Kopf gesetzt: Sie besucht den Gymnastikunterricht in der Stierkampfschule von Parla – und trainiert bei dieser Gelegenheit auch die Grundfiguren der Matadore. Bei einem weiteren Besuch auf dem Landgut bei Talamanca de Jarama bettelt Cristina, bei einer *becerrada* – einem Kampf gegen Stierkälber – mitmachen zu dürfen, aber ihr Vater hält das für zu riskant und erlaubt es nicht. Sie darf nur beim traditionellen Einzug in die Arena – dem *paseillo* – dabei sein.

Wie gefährlich der Stierkampf ist, zeigt sich beispielsweise am 30. August 1985. Ein Matador, der zwar nicht mit Cristina verwandt ist, aber den gleichen Namen trägt, José Cubero Sánchez („El Yiyo"), nimmt nach dem Todesstoß den Applaus des Publikums entgegen und dreht dem verendenden Stier den Rücken zu. Da bäumt sich das Tier noch einmal auf, durchbohrt den Matador mit einem Horn und zerfetzt sein Herz.

Cristina lässt sich davon nicht beirren. Bei einer weiteren Fiesta auf dem Landgut bei Talamanca de Jarama staunen die Mitglieder eines Stierkampfclubs über das Mädchen, das die Kühe mutig reizt und dann geschickt den Hornstößen aus-

CRISTINA SÁNCHEZ BEIM STIERKAMPF
IN CASTELLÓN DE LA PLANA
Foto 1997

weicht. Sie überreden deshalb Antonio Sánchez, seine Tochter bei einer *becerrada* mitmachen zu lassen. So eine Veranstaltung findet am 17. Juni 1986 statt. Die Vierzehnjährige borgt sich das Kostüm eines Stiertreibers – kurze Jacke und traditionelle Kniehose –, und kommt nach einigen Burschen an die Reihe. Bisher hat sie immer nur spielerisch „gekämpft", jetzt tritt sie zum ersten Mal ernsthaft gegen ein Stierkalb (*becerro*) an und tötet es am Ende. Obwohl ihr der Degenstich (*estocada*) nicht auf Anhieb gelungen ist, erhält sie in Anerkennung ihres Mutes beide Ohren und den Schwanz des Tieres als besondere Auszeichnung.

Ungeachtet der Begeisterung Cristinas für Stierkämpfe bestehen die Eltern darauf, dass sie nach der Grundschule als Aushilfe bei einem Friseur in Parla arbeitet. Freunde der Familie verhelfen ihr dann zu einer Lehrstelle in einem Friseursalon in Madrid. Um 6 Uhr morgens fährt sie mit dem Bus in die Hauptstadt und dort mit der Metro zu ihrem Arbeitsplatz. Gegen 21.30 Uhr ist sie wieder zu Hause. Spaß machen ihr diese langen Arbeitstage nicht. Sie ist deshalb froh, als sich herausstellt, dass sie auf Substanzen in Haarfärbemitteln und Lösungen für Dauerwellen allergisch reagiert. Nach fünf Monaten hat sie ihre Eltern überzeugt, dass sie diesen Beruf nicht ausüben kann. Aber sie kommt vom Regen in die Traufe: Eine Schwester ihrer Mutter, die ein Geschäft für Feuerlöscher betreibt, stellt sie als Bürokraft ein. Diesmal kommt ihr der Vater zu Hilfe. Am vierten Arbeitstag entschuldigt er Cristina für den Nachmittag bei seiner Schwägerin und nimmt sie mit zu einer Fiesta in Brunete, westlich von Madrid. Eigentlich wollte er das Mädchen nur für einen halben Tag von der Schreibtischarbeit befreien, doch es kommt anders. Cristina läuft zu den Kühen. In einem Augenblick der Unachtsamkeit wird sie von einem der Tiere gestoßen, stürzt und bricht sich einen Finger. Mit der eingegipsten Hand erscheint sie am nächsten Morgen bei der Tante. Es dauert nicht lang, bis diese Cristinas Eltern klarmacht, dass Büroarbeit nicht das Richtige für ihre sportliche Nichte ist, die in den Pausen begeistert in Stierkampfzeitschriften blättert und später von sich sagen wird: „Ich konnte mein Leben nicht im Sitzen verbringen."

Ihr Vorhaben, sich in der Stierkampfschule von Madrid einzuschreiben, gibt sie trotz des Widerstands ihrer Eltern nicht
auf. Die Mutter spricht aus Protest zwei Wochen lang nicht
mit ihr. Aber ihren Vater kann Cristina schließlich überreden,
die erforderliche Einverständniserklärung zu unterschreiben.
Er begleitet sie sogar, weil sie am Ende zu schüchtern ist, um
sich allein anzumelden.

STIERKAMPFSCHÜLERIN

Unter den hundert Schülern gibt es außer Cristina noch vier
andere Mädchen, die aber auf verschiedene Gruppen aufgeteilt
werden. Der Unterricht findet am Nachmittag statt. Vor-
mittags treibt Cristina Sport: Sie reitet, joggt und macht Gymnastik. Zwar versucht sie nicht, sich wie ein Mann zu benehmen, verzichtet jedoch auf Schminke, enge Pullover und
hochhackige Schuhe. Nach dem täglichen Training in Madrid
nimmt sie den Bus nach Parla und übt dort in der Arena noch
einmal ein bis zwei Stunden bevor sie nach Hause geht.

Schließlich kauft Antonio Sánchez seiner Tochter eine Stier-
kämpferausrüstung. Dazu gehören neben dem über und über
mit Gold- und Silbergarnen bestickten engen Kostüm (*traje de
luche*), das allein um die 3000 $ kostet, die *muleta* und der
Degen (*estoque*). Er ruft Bürgermeister von kleineren Ort-
schaften und Veranstalter von Corridas an und vereinbart für
Cristina Auftritte bei *becerradas*, für die sie bereits Gagen bekommt. Allerdings muss sie davon die Kampfstiere bezahlen
und ihren Degenknecht sowie zwei Banderilleros entlohnen.

Die Corrida zum Abschluss der Stierkampfschule wird jeweils von den drei Besten eines Jahrgangs ausgetragen. Cristina ist die erste Frau, die in Madrid daran teilnimmt. Damit
nicht genug: Die Achtzehnjährige gewinnt gegen ihre beiden
Konkurrenten und darf ihre Stierkampfschule bei einem internationalen Wettbewerb in der kolumbianischen Stadt Cali vertreten. Stolz und aufgeregt sitzt sie erstmals in einem Flugzeug. Ihr Vater begleitet sie. Da der Wettbewerb nach der
eigentlichen Corrida angesetzt wurde, sind viele Zuschauer

bereits gegangen, bevor der erste Repräsentant einer Stierkampfschule die Arena betritt. Deshalb zeigt auch Cristina
Sánchez ihr Können vor halb leeren Rängen, doch am Ende
wird sie auf Schultern hinausgetragen, und sie stimmt in den
Jubel des Publikums ein.

VERLETZUNGEN

Am 13. August 1992 kämpft Cristina Sánchez in Miraflores de
la Sierra, 40 Kilometer nördlich von Madrid, gegen einen Jung-
stier. Da sie klein und zierlich ist, fällt es ihr immer wieder
schwer, die 75 Zentimeter lange Degenklinge an einer nur
briefmarkengroßen Stelle (*rubio*) in den Nacken des mit ge-
senkten Hörnern vor ihr stehenden Stieres zu stoßen. Auch in
diesem Fall hat sie es bereits zweimal vergeblich versucht.
Plötzlich greift der Stier noch einmal an und stößt ihr ein
Horn in den rechten Oberschenkel. Ein paar Männer tragen
die Zwanzigjährige in die Erste-Hilfe-Station der Arena. Vor
Schmerzen bäumt Cristina sich auf, als der Arzt die beiden
Wundkanäle mit einem Finger abtastet. Er versorgt die klaf-
fende Wunde so gut wie möglich, um das Risiko einer Infek-
tion durch das Horn des Stiers zu minimieren. Danach muss
die Torera für einige Zeit ins Krankenhaus.

Bis zu diesem Unfall konnte Cristina den Gedanken an das
Risiko verdrängen. Jetzt hat sie erlebt, dass auch sie nicht
davor gefeit ist, von einem Stier schwer verletzt oder sogar
getötet zu werden. Bei den nächsten Kämpfen spannt die
Narbe; Cristina fühlt sich geschwächt und fürchtet sich vor
der eigenen Angst. Am 13. September tritt sie in einer Arena
in der Nähe von Saragossa auf, die nicht mit einer Holzwand,
sondern nur mit einem eisernen Geländer von den Rängen ab-
getrennt ist. Außerdem fehlt der *callejón*, die Gasse zwischen
Arena und Tribüne. Als sie mit dem Rücken zum Publikum
steht und den gerade erst hereingestürmten Stier mit der *capa*
nach links dirigieren will, wird das Tier durch die heftige
Bewegung eines Zuschauers hinter ihr abgelenkt: Der Stier
rammt Cristina ein Horn in den Unterleib. Diesmal kann der

Notarzt das Ende der Wunde nicht mit den Fingern ertasten. Bei der Operation im Krankenhaus zeigt sich, dass zum Glück keine inneren Organe verletzt sind. Nach vierzehn Tagen darf sie wieder nach Hause.

Wie stark, entschlossen und begeistert muss jemand sein, um trotz solcher Verletzungen weiterzumachen? Unbeirrt hält Cristina an ihrem Ziel fest: Sie will eine gefeierte Stierkämpferin werden. Acht Wochen nach ihrer Entlassung aus der Klinik fliegt sie zum zweiten Mal mit ihrem Vater nach Südamerika. Bei einer Corrida am 29. November in Quito nimmt sie es nach 129 *becerradas* und *novilladas* – also Kämpfen gegen junge Tiere – erstmals mit ausgewachsenen Stieren auf, die eine halbe Tonne wiegen, zehnmal so viel wie sie selbst. Deshalb benötigt sie nun auch Picadores in ihrer *cuadrilla*. Für ihren ersten Kampf erhält sie ein Ohr, aber der zweite Stier rennt sie bei einem seiner Angriffe um. Während sie in der Erste-Hilfe-Station aus ihrer Ohnmacht erwacht, tötet ein anderer Matador das Tier.

Die erste Hälfte einer Corrida in Bogotá verläuft ohne Zwischenfälle. Im vierten Kampf jedoch werden der Matador und ein Banderillero verwundet. Das Gleiche geschieht beim nächsten Stier. Die Torera, die schon befürchtet, für den Matador einspringen zu müssen, ist froh, als dieser aus der Notfallstation zurückkommt und seinen Kampf selbst zu Ende führt. Cristinas zweiter Stier verletzt einen Banderillero, und sie selbst kann sich einmal nur in Sicherheit bringen, indem sie sich über die Holzwand in den *callejón* wirft. Unzufrieden mit ihren Leistungen, fliegt Cristina mit ihrem Vater nach Spanien zurück und nimmt sich vor, noch weit besser zu werden.

Die erste professionelle Saison

Eine Woche vor ihrem einundzwanzigsten Geburtstag kämpft Cristina Sánchez in Valdemorillo, nordwestlich von Madrid, erstmals auch in Spanien mit Picadores in ihrer *cuadrilla*. Vom Erfolg bei diesem Debüt hängen die Verträge für ihre erste professionelle Saison ab. Ihre Mutter, ihre drei Schwestern sowie Onkel und Tanten fiebern auf der Tribüne mit. Für ihren guten Auftritt erhält Cristina ein Ohr. Überglücklich lässt sie sich von ihren Verwandten beglückwünschen. Nach diesem Erfolg stellt sie eine feste *cuadrilla* zusammen, mit der sie im Kleinbus zu den Corridas fährt. Die Truppe besteht aus einem Degenknecht, zwei Picadores, drei Banderilleros, einem Assistenten und einem Fahrer. Ihr Vater ist natürlich einer der Banderilleros.

Eine Corrida besteht gewöhnlich aus sechs Kämpfen, die von drei Matadoren abwechselnd durchgeführt werden. Da jeder Kampf die volle Anspannung des Matadors erfordert und er bei der kleinsten Unaufmerksamkeit den Tod riskiert, kommt es nur sehr selten vor, dass ein einziger Matador eine komplette Corrida übernimmt. So ein Auftritt ist nicht nur eine unglaubliche physische und psychische Herausforderung, sondern stellt zugleich hohe Anforderungen an die Kunst des Toreros, denn das Publikum wünscht Abwechslung und erwartet von ihm, dass er seine Taktik und die Passagenfolgen ständig variiert. Cristina Sánchez bestreitet 1993 in Toledo eine Corrida allein. Das hat noch keine Frau vor ihr gewagt. Wird sie die nervliche Belastung aushalten? Nachdem sie den letzten der sechs Stiere getötet hat, wird sie von den *aficionados* auf Schultern aus der Arena getragen. In dem Jubel merkt sie zunächst gar nicht, wie erschöpft sie ist. Die Körperwaage zeigt dreieinhalb Kilogramm weniger als vor der Corrida.

In ihrer ersten professionellen Saison tötet Cristina Sánchez vierunddreißig Stiere und erhält dafür insgesamt einundfünfzig der achtundsechzig Ohren als Auszeichnungen zuerkannt. Ein außergewöhnlicher Erfolg! (Was für den Fußballfan die Tortreffer bedeuten, ist für den *aficionado* die in allen Stierkampfzeitschriften veröffentlichte Statistik der als Trophäen abgeschnittenen Stierohren.)

Anfangs hat Cristina Sánchez Wert darauf gelegt, nicht als Torera oder Matadora, sondern als Torero beziehungsweise Matador – also in der maskulinen Form – angesprochen zu werden. Als einmal jemand sagt: „Ich dachte, ich bekomme eine Frau zu sehen – und habe einen richtigen Torero gesehen!", freut sie sich besonders. Sie möchte nicht als Frau behandelt werden und lehnt jede Bevorzugung ab, weil sie weiß, dass sie sich damit selbst diskriminieren würde.

Einige Toreros weigern sich jedoch, mit einer Frau in einer Corrida aufzutreten. Immer wieder gehen ihr dadurch geplante Auftritte verloren. Antonio Sánchez macht seiner Tochter klar, dass sie in den drei wichtigsten Arenen der Welt – in Madrid, Sevilla und Mexiko Stadt – Erfolg haben muss, um weiterzukommen. Das anspruchsvolle Publikum in diesen Städten erwartet allerdings besondere Leistungen und buht bereits bei Stierkämpfern, die man in einer Provinzarena feiern würde.

Bewährungsproben

Mehrmals trifft Antonio Sánchez sich mit den Veranstaltern der Corridas in der „Plaza de las Ventas" in Madrid, aber sie zögern mit einer Entscheidung. Jedes Wochenende läuft Cristina erwartungsvoll zum Kiosk, um sich die Stierkampfzeitung „Aplauso" zu besorgen und nachzusehen, ob ihr Name im Programm von „Las Ventas" auftaucht. Dann endlich ist es soweit: Am 8. Juli 1995 soll sie bei einer Sonderveranstaltung am Abend auftreten. Cristina ist so aufgeregt, dass sie sich in der Woche davor zur Beruhigung in das kleine Dorf zurückzieht, aus dem ihre Mutter stammt. Den neuen violetten Stierkampfanzug hat sie dabei und zieht ihn jeden Tag an, denn dieses überaus enge Kostüm ist nicht zuletzt wegen der verschwenderischen Stickereien steif und muss erst eingetragen werden, damit es sich dem Körper anschmiegt.

Für die Nacht vor ihrem Auftritt nimmt sie sich ein Hotelzimmer in der Nähe der Arena in Madrid. Während der letzten Stunden blickt sie immer wieder aus dem Fenster, denn es regnet und sie befürchtet, es könne Wind aufkommen. Ein unkontrolliertes Flattern der *muleta* ist nämlich lebensgefährlich! Cristina Sánchez hat keinen tragbaren Hausaltar dabei, wie einige andere Toreros, aber sie betet vor dem Verlassen des Hotelzimmers ein Vaterunser und noch eines in der Kapelle der *plaza*. Wie gewohnt, bindet der Vater ihr den *capote de paseo* um – den traditionellen Umhang für den Einzug – und küsst sie auf die Wangen. Aus dem Publikum ruft jemand: „Frauen gehören in den Nachtclub!" Aber sie lässt sich nicht beirren. Ihr Blick schweift über die Stierkampfschüler, die in der ersten Reihe sitzen und hoffen, eines Tages selbst an der Spitze einer eigenen *cuadrilla* hier einzuziehen – genauso, wie Cristina es sich vor ein paar Jahren gewünscht hatte.

Die Dreiundzwanzigjährige kämpft gegen den zweiten und den fünften Stier; die anderen vier Kämpfe bestreiten die beiden ebenso jungen und unerfahrenen Toreros Pepe Luis Gallego Arroyo und Carlos Pacheco. Für Cristina fordert das Publikum beide Male vom Präsidenten der Corrida ein Ohr des toten Stiers als Auszeichnung. Und das in Madrid! Nachdem auch Carlos Pacheco seinen zweiten Stier getötet hat, drängt das Publikum von den Rängen in die Arena. Zwei Männer nehmen Cristina Sánchez auf die Schultern und tragen sie unter dem Jubel begeisterter Zuschauer durch das „große Tor" hinaus. Es heißt, dass unter der *Puerta Grande de Las Ventas* die Schlüssel der Bank von Spanien hängen: Wer durch das für die Stierkämpfer wichtigste Tor der Welt getragen wird, kann hohe Gagen verlangen.

Am Tag darauf ruft der angesehene Stierkampfmanager Simón Casas bei Cristina an. Vor einigen Jahren hatte er Marie Sara, einer blonden französischen Stierkämpferin zu Pferd (*rejoneadora*), noch davon abgeraten, sich mit dem ehrgeizigen, aber unbekannten spanischen Mädchen zusammen fotografieren zu lassen. Jetzt verschafft er Cristina einen Auftritt am 3. September 1995 in der zweitwichtigsten Stierkampfarena der Welt, der „Plaza de la Maestranza" in Sevilla.

Diese Anerkennung stärkt Cristinas Selbstvertrauen. Drei Wochen nach der ebenfalls erfolgreichen Corrida in Sevilla fliegt sie nach Mexiko. Bei einer *novillada* in San Miguel de Allende streift ihr zweiter Stier sie im Gesicht. Im Erste-Hilfe-Raum kommt sie wieder zu sich. Anhand einer Röntgenaufnahme beruhigen die Ärzte Cristina: Es sei nichts gebrochen. Aber sie kann vor Schmerzen kaum schlafen, und nach einer Woche lässt sie sich noch einmal untersuchen. Es stellt sich heraus, dass der Trigeminus gequetscht wurde und der Kiefer einen Haarriss aufweist. Trotz der Verletzung bereitet sie sich auf den entscheidenden Kampf am 24. September in der für 45 000 Zuschauer ausgelegten Arena von Mexiko Stadt vor. Weil ihr die *estocada* missrät, hat sie keinen Anspruch auf eine Trophäe, trotzdem feuert das Publikum sie an, sich einen dritten Stier „schenken" zu lassen, und nachdem sie diesen getötet hat, wird ihr doch noch ein Ohr zugesprochen.

Innerhalb einer einzigen Saison hat sie sich in den drei bedeutendsten Stierkampfarenen der Welt bewährt.

OFFIZIELLE ANERKENNUNG ALS MATADORA

Simón Casas gewinnt die bekannten Stierkämpfer Curro Romero und José María Manzanares dafür, Cristina Sánchez am 25. Mai 1996 mit einer feierlichen Zeremonie, der so genannten *alternativa*, als Matadora in Nîmes einzuführen. Der Schritt vom *matador de novillos,* kurz: *novillero,* zum *matador de toros* ist in der Karriere eines Stierkämpfers ein Meilenstein. Entsprechend nervös und erwartungsvoll reist Cristina in die südfranzösische Stadt. Dort zieht sie sich gleich nach ihrer Ankunft auf das Landgut „La Quinta" der mit ihr befreundeten Stierzüchterin Silvia Camacho zurück. Als die beiden Frauen bei einem Spaziergang von einem aggressiven Ziegenbock verfolgt werden und sie sich die Schlagzeilen für den Fall ausmalen, dass Cristina von dem Tier so verletzt wird, dass sie den Stierkampf absagen muss, biegen sie sich vor Lachen. Und dann findet Silvia Camacho auch noch heraus, dass die gefeierte Torera Angst vor Spinnen hat!

Für eine *alternativa* kleiden sich viele Stierkämpfer in festliches Weiß. Cristina wählt ein pastellblaues Kostüm. Während des *paseillo* weint sie vor Erregung. Zu Beginn erhält sie von dem zweiundsechzig Jahre alten Curro Romero, der als Pate fungiert, feierlich *capa* und *muleta* überreicht, und der dreiundvierzigjährige José María Manzanares tritt als Zeuge auf. Die vom spanischen Fernsehen übertragene Corrida ist ein voller Erfolg: Curro Romero bekommt für einen seiner beiden Kämpfe ein Ohr des getöteten Stiers als Trophäe; José María Manzanares und Cristina Sánchez halten nach jedem ihrer

Kämpfe triumphierend ein abgeschnittenes Stierohr hoch, während sie vor dem tobenden Publikum die Ehrenrunde abschreiten. Am Ende werden die beiden auf Schultern aus der Arena getragen.

Im Mai stehen gewöhnlich die Teilnehmer der Corridas der gesamten Saison fest, doch Simón Casas gelingt es, noch eine Reihe zusätzlicher Verträge für Cristina Sánchez abzuschließen. Achtundsechzig Stierkämpfe stehen 1996 auf ihrem Programm. Einer der ersten findet in Dax nordöstlich von Bayonne statt. Dort stößt einer der Stiere Antonio Sánchez, der wieder als Banderillo auftritt, ein Horn unter seinen Gürtel und schleift ihn durch die Arena. Panisch vor Angst rennt Cristina hin, greift sich die nächste *capa* und lenkt den Stier ab. Ihr Vater liegt blutüberströmt im Sand. Während er auf der Nothilfe-Station untersucht wird und sie um ihn bangt, muss sie in den Kampf. Zum Glück sind seine Verletzungen nicht so ernst wie befürchtet. Aber nach diesem Schock überredet Cristina ihren Vater, als Banderillero aufzuhören.

Im Herbst 1996 fliegt sie erneut nach Südamerika. Auch in Mexiko Stadt wird sie nun offiziell als Matadora eingeführt. Zwei populäre mexikanische Matadore – Miguel Espinosa („Armillita") und Alejandro Silveti – fungieren als Pate und Zeuge. Beide Stiere Cristinas erweisen sich als plump und wenig angriffslustig. Wieder einmal versagt sie im „Augenblick der Wahrheit" und wird ausgepfiffen. In San Cristóbal (Venezuela) läuft ein Stier während der *suerte supreme* im Kreis, und es gelingt ihr nicht, ihn zu töten. Nach drei Ermahnungen wird der Kampf abgebrochen und der Stier mithilfe eigens dafür abgerichteter Ochsen aus der Arena geholt. Das ist eine ungeheure Blamage für Cristina Sánchez. Frustriert und erschöpft fliegt sie nach Miami, um sich zu erholen.

Trotz der Misserfolge in Südamerika kann Cristina Sánchez Ende 1996 auf eine erfolgreiche Saison zurückblicken: In hundertzwanzig Stierkämpfen wurden ihr insgesamt hundert Ohren der von ihr getöteten Tiere zugesprochen. Im Jahr darauf erhält sie nur sechsundachtzigmal die begehrte Trophäe.

Ihren größten Erfolg feiert sie 1998: Am 12. Mai wird sie in der „Plaza de las Ventas" in Madrid als Matadora offiziell bestätigt. Für die Zeremonie haben sich ihre zwanzig beziehungsweise vier Jahre älteren Kollegen Curro Vázquez und David Luguillano zur Verfügung gestellt. Erst die *confirmación* in der spanischen Hauptstadt verleiht einem Matador die höheren Weihen. Stierkämpferinnen hat es zwar bereits vor Cristina Sánchez gegeben, aber keiner von ihnen war es gelungen, in der bedeutendsten Arena der Welt als Matadora anerkannt zu werden. Endlich hat Cristina Sánchez ihr Ziel erreicht und den Traum ihrer Kindheit verwirklicht.

ÜBERRASCHENDER RÜCKZUG

Die Siebenundzwanzigjährige kündigt jedoch am 18. Mai 1999 in der Zeitung „El País" überraschend die Beendigung ihrer Karriere an. Ihr Manager Simón Casas kommentiert die Entscheidung: „Die Fans und die Veranstalter sind auf ihrer Seite, aber nicht die Kollegen. Viele Toreros weigerten sich schlichtweg, mit ihr in der Arena aufzutreten." Tatsächlich ist Cristina für keine der bedeutenden Fiestas mehr vorgesehen und soll stattdessen durch die Provinz tingeln. Vermutlich scheiterte sie nicht nur an den intoleranten Machos, sondern auch daran, dass sie bei der *estocada* nicht immer eine gute Figur gemacht hat. Jedenfalls verabschiedet Cristina Sánchez sich am 12. Oktober mit einem letzten Kampf in Madrid von ihrem Publikum und zieht sich ins Privatleben zurück.

Sie heiratet am 2. Juni 2000 im Kloster San Juan de los Reyes in Toledo den gleichaltrigen portugiesischen Banderillero Alejandro Da Silva, der zu ihrer *cuadrilla* gehört hatte. Am 20. Januar 2001 bringt sie einen Sohn zur Welt, der ein halbes Jahr später in Valdepiélagos bei Madrid auf den Namen seines Vaters getauft wird. Cristina versucht sich als Unternehmerin und errichtet in der Nähe von Lissabon – wo sie inzwischen mit ihrer Familie wohnt – eine Touristenanlage. Anfang Juli 2003 kommt die ehemalige Stierkämpferin in der Klinik San José in Madrid mit ihrem zweiten Sohn nieder, dem sie und Alejandro den Namen Antonio geben.

Anhang

Dank

Danken möchte ich Frau Professor Dr. Barbara Schock-Werner für das ausführliche Gespräch und Herrn Markus Heindl für die Führung durch die Kölner Dombauhütte, Herrn Ulrich Pürschel und Frau Petra Fey für Informationen über den Stierkampf, Frau Christiane Scheiber für die Übersetzung spanischer Zeitungsartikel, Herrn Rudolf Waetzmann für den Hinweis auf den Brief seines Ururgroßvaters aus dem Jahr 1811 mit der Passage über Wilhelmine Reichards erste Ballonfahrt und Frau Gabriele Schöning von der Margarete Steiff GmbH in Giengen für das Informationsmaterial über die Firmengründerin.

Mein besonderer Dank gilt der Verlagslektorin Heidi Krinner-Jancsik für ihre konstruktive Kritik und meiner Frau Irene, die wie immer am sprachlichen Schliff des Textes entscheidend beteiligt war.

Kelkheim, Oktober 2003   Dieter Wunderlich
www.dieterwunderlich.de

Literatur

Adams, Jad, und Phillip Whitehead: The Dynasty. The Nehru-Gandhi Story. London 1997

Ali, Tariq: Die Nehrus und die Gandhis. Eine indische Dynastie. Frankfurt/M, Berlin und Wien 1985

Baker, Josephine: Ich tue, was mir passt. Vom Mississippi zu den Folies Bergère. Aufgeschrieben von Marcel Sauvage. Frankfurt/M 1980

Baker, Josephine, und Jo Bouillon: Ich habe zwei Lieben ... Berlin 1980

Bell, Gertrude: Ich war eine Tochter Arabiens. Bern, München und Wien 1993

Benecke, Mark: Ungewollte Strangulation durch ein Fahrzeug. Der Tod von Isadora Duncan. In: Rechtsmedizin. Berlin und Heidelberg 1996

Berger, Renate (Hg.): Camille Claudel. 1864–1943. Skulpturen, Gemälde, Zeichnungen. Berlin und Hamburg 1990

Billig, Andreas H.: Dorothea Christiana Erxleben. Die erste deutsche Ärztin. Dissertation. München 1966

Böhm, Heinz: Dorothea Christiana Erxleben. Ihr Leben und Wirken. Nach Dokumenten zusammengestellt. Quedlinburg 1965

Böhm, Heinz: Zum 250. Geburtstag von Frau Dr. Dorothea Christiana Erxleben. Quedlinburg 1965

Brinker-Gabler, Gisela (Hg.): Bertha von Suttner. Lebenserinnerungen, Briefe und Schriften. Frankfurt/M 1982

Chapman Putnam, Sally, und Stephanie Mansfield: Whistled Like a Bird. The Untold Story of Dorothy Putnam, George Putnam and Amelia Earhart. New York 1997

Delbée, Anne: Der Kuss. Kunst und Leben der Camille Claudel. München 2003

Delfosse, Marianne: Emilie Kempin-Sypri (1853–1901). Das Wirken der ersten Schweizer Juristin. Unter besonderer Berücksichtigung ihres Einsatzes für die Rechte der Frau im schweizerischen und deutschen Privatrecht. Dissertation. Zürich 1994

Duby, Georges, und Michelle Perrot (Hg.): Geschichte der Frauen. 5 Bände. Fischer. Frankfurt/M 1993–1995

Duncan, Isadora: Memoiren. Nach dem englischen Manuskript bearbeitet von C. Zell. Frankfurt/M und Berlin 1988

Earhart, Amelia: Twenty Hours, Forty Minutes. Our Flight in the „Friendship". New York 1929

Earhart, Amelia: Last Flight. Arranged by George Palmer Putnam from Correspondence. New York 1937

Erxleben, Dorothea: Gründliche Untersuchung der Ursachen, die das weibliche Geschlecht vom Studieren abhalten. Bearbeitet von Gudrun Gründken. Zürich und Dortmund 1993

Frank, Katherine: The Life of Indira Nehru Gandhi. London 2001

Gandhi, Indira: Indira Gandhi spricht. Percha und Kempfenhausen 1975

Gebhardt, Manfred: Mathilde Franziska Anneke. Madame, Soldat und Suffragette. Berlin (Ost) 1988

Gerste, Ronald D.: Defining Moments. Amerikas Schicksalstage. Regensburg 2002

Goetze, Dorothea: Der publizistische Kampf um die höhere Frauenbildung in Deutschland von den Anfängen bis zur Zulassung zum Hochschulstudium. Dissertation. München 1957

Grunfeld, Frederic V.: Rodin. Eine Biografie. Berlin 1993

Hamann, Brigitte: Bertha von Suttner. Ein Leben für den Frieden. München 2002

Hammond, Bryan, und Patrick O'Connor: Josephine Baker. Die schwarze Venus. München 1992

283

Hasler, Eveline: Die Wachsflügelfrau. Geschichte der Emilie Kempin-Spyri. Zürich und Frauenfeld 1991

Hastedt, Regina: Dorothea Erxleben. Historischer Roman über die erste deutsche Ärztin. Berlin 2000

Hedinger, Sandra: Frauen über Krieg und Frieden. Bertha von Suttner, Rosa Luxemburg, Hannah Arendt, Betty Reardon, Judith Ann Tickner, Jean Bethke Elshtain. Dissertation. Frankfurt/M 2000

Heger, Wolfgang: Das Tor zur Kindheit. Die Welt der Margarete Steiff. Zum 150. Geburtstag von Margarete Steiff. Hg.: Arbeitskreis für Stadtgeschichte. Giengen an der Brenz 1997

Henkel, Martin, und Rolf Taubert: Das Weib im Conflict mit den socialen Verhältnissen. Mathilde Franziska Anneke und die erste deutsche Frauenzeitung. Bochum 1976

Hockamp, Karin: Von vielem Geist und großer Herzensgüte. Mathilde Franziska Anneke (1817–1884). Hg.: Stadtarchiv Sprockhövel und VHS Hattingen. Stadt Wetter (Ruhr) 1999

Hof, Marion: Amelia Earhart. Als erste Frau über den Atlantik. Trier 1989

Kempf, Beatrix: Bertha von Suttner. Das Lebensbild einer großen Frau, Schriftstellerin, Politikerin, Journalistin. Wien 1964

Keuthen, Monika: „Fliegen heißt, ganz frei zu sein". Amelia Earhart. München 2001

Kidwai, Anser: Indira Gandhi. Charisma and Crisis. Delhi 1996

Kleberger, Ilse: Bertha von Suttner. Die Vision vom Frieden. München 1988

Kraetke-Rumpf, Emmy: Die Ärztin aus Quedlinburg. Das Leben der Dorothea von Erxleben. Marburg 1992

Krause, Barbara: Camille Claudel. Ein Leben in Stein. Berlin 1990

Kühn, Dieter: Josephine. Aus der öffentlichen Biografie der Josephine Baker. Frankfurt/M 1976

Leisner, Barbara: „Ich mache keine Kompromisse". Camille Claudel. München 2001

Lerchner, Gotthard (Hg.): Johann Christoph Gottsched zum 300. Geburtstag. Gelehrter, Theaterreformer und Schriftsteller der Aufklärung. Stuttgart und Leipzig 2000

Long, Elgen M. und Marie K.: Amelia Earhart. The Mystery Solved. New York 1999

Malhotra, Inder: Indira Gandhi. Freiburg und Würzburg 1992

Meixner, Brigitte: Dr. Dorothea Christiana Erxleben. Erste deutsche promovierte Ärztin. Hg.: Städtische Museen Quedlinburg. Halle 1999

Mendelsohn, Jane: Himmelstochter. Berlin 1997

Monjau, Heide: Wilhelmine Reichard. Erste deutsche Ballonfahrerin. 1788–1848. Freital 1998

Niehaus, Max: Isadora Duncan. Triumph und Tragik einer Tänzerin. Wilhelmshaven 1981

O'Brien, Rosemary (Hg.): Gertrude Bell. The Arabian Diaries, 1913–1914. Syracuse, New York, 2000

Oelker, Petra: „Nichts als eine Komödiantin". Die Lebensgeschichte der Friederike Caroline Neuber. Weinheim und Basel 1993

Paris, Reine-Marie: Camille Claudel 1864–1943. Frankfurt/M 1989

Peter, Frank-Manuel (Hg.): Isadora & Elizabeth Duncan in Deutschland. Zur Ausstellung „Isadora und Elizabeth Duncan. Das Land der Griechen mit dem Körper suchend" im Kölner Mediapark vom 26. Mai bis zum 30. Juli 2000. Köln 2000

Rivière, Anne: Camille Claudel. Die Verbannte. Frankfurt/M 1986

Rose, Phyllis: Josephine Baker oder Wie eine Frau die Welt erobert. München 1994

Rösel, Jakob: Aufstieg und Niedergang der Congress-Herrschaft. Die Entwicklung des politischen Systems Indiens. In: „Der Bürger im Staat", Heft 1/1998

Rudin, Bärbel, und Marion Schulz (Hg.): Vernunft und Sinnlichkeit. Beiträge zur Theaterepoche der Neuberin. Ergebnisse der Fachtagung zum 300. Geburtstag der Friederike Caroline Neuber. 8. und 9. März 1997. Reichenbach im Vogtland 1999

Sánchez, Cristina: Matadora. Mein Leben als Stierkämpferin. Aufgezeichnet von Dulce Chacón. Frankfurt/M 1998

Sarin, Ritu: The Assassination of Indira Gandhi. Delhi 1990

Scheffold, Andrea: Dorothea Christiana Erxleben, geb. Leporin (1715–1762). Leben und Legende der ersten deutschen promovierten Ärztin. Dissertation. Münster 1995

Schiebinger, Londa: Schöne Geister. Frauen in den Anfängen der modernen Wissenschaft. Stuttgart 1993

Schlenker, Annette: Kindheitsträume leben weiter. Zum 150. Geburtstag von Frau Margarete Steiff. 1847–1997. Hg.: Margarete Steiff GmbH, Giengen an der Brenz 1997

Schmidt, Jochen: „Ich sehe Amerika tanzen". Isadora Duncan. München 2000

Schmidt, Klaus: Mathilde Franziska und Fritz Anneke. Aus der Pionierzeit von Demokratie und Frauenbewegung. Köln 1999

Schmoll, Josef A., gen. Eisenwerth: Auguste Rodin und Camille Claudel. München 1994

Schorr, Bianca (Hg.): Indira Gandhi. Reden, Schriften, Interviews. Köln 1988

Steffahn, Harald: Bertha von Suttner. Reinbek 1998

Stern, Carola: Isadora Duncan und Sergej Jessenin. Der Dichter und die Tänzerin. Reinbek 2002

Suttner, Bertha von: Das Maschinenzeitalter. Zukunftsvorlesungen über unsere Zeit. Zürich 1889

Suttner, Bertha von: Die Waffen nieder! Eine Lebensgeschichte. Dresden 1889

Uhse, Beate, und Ulrich Pramann: „Ich will Freiheit für die Liebe". Beate Uhse. Die Autobiografie. München 2001

Völker-Kraemer, Sabine: Wie ich zur Teddymutter wurde. Das Leben der Margarete Steiff nach ihren eigenen Aufzeichnungen. Stuttgart 1996

Wagner, Maria: Mathilde Franziska Anneke in Selbstzeugnissen und Dokumenten. Frankfurt/M 1980

Wais, Mathias: Individualität und Biografie. Innere Entwicklungsdynamik und Eigengesetzlichkeit in den Biografien von Camille Claudel, Belá Bartók, Alexej Jawlensky, August Macke. Stuttgart 1994

Wallach, Janet: Königin der Wüste. Das außergewöhnliche Leben der Gertrude Bell. München 1999

Wegner, Eva-Gesine: Bei den Steinen angekommen. Eva-Gesine Wegner als Bildhauerin im Dialog mit Camille Claudel. Rüsselsheim 1998

Weitere Quellen

Camille Claudel (Spielfilm). Regie: Bruno Nuytten; Buch: Bruno Nuytten und Marilyn Goldin; mit Isabelle Adjani als Camille Claudel und Gerard Depardieu als Auguste Rodin. Frankreich 1989

Interview des Autors mit Frau Professor Dr. Barbara Schock-Werner am 27. März 2003 in Köln

Informationsmaterial der Margarete Steiff GmbH

Brief von Benjamin Lebegott Waetzmann vom 26. April 1811 an seine Ehefrau in Großdorf bei Buk

World Wide Web. Von den zahlreichen zu Rate gezogenen Websites seien hier zwei besonders inhaltsreiche als Beispiele aufgeführt:

(1) www.gerty.ncl.ac.uk/home/ (Brief- und Tagebuchtexte von Gertrude Bell)

(2) www.tighar.org (Erkenntnisse der „International Group for Historic Aircraft Recovery" über das Schicksal von Amelia Earhart und Fred Noonan)

Bildnachweis

S. 11:   akg-images, Berlin
S. 27:   akg-images, Berlin (Foto: Schütze/Rodemann)
S. 39:   Stadtarchiv Braunschweig (H XVI: G II 2/Reichard)
S. 51:   akg-images, Berlin
S. 67:   akg-images, Berlin
S. 91:   Margarete Steiff GmbH, Giengen
S. 103: Schweizerisches Sozialarchiv, Zürich
S. 119: akg-images, Berlin (Foto: Cesar)
S. 133: University of Newcastle, Bettman Archive
S. 157: akg-images, Berlin
S. 179: SV-Bilderdienst
S. 195: SV-Bilderdienst (Foto: KPA)
S. 213: SV-Bilderdienst (Foto: Werek)
S. 245: SV-Bilderdienst (Foto: Ulrich Baumgarten/VARIO-PRESS)
S. 257: SV-Bilderdienst (Foto: Bernd Schuller)
S. 271: SV-Bilderdienst (Foto: dpa)

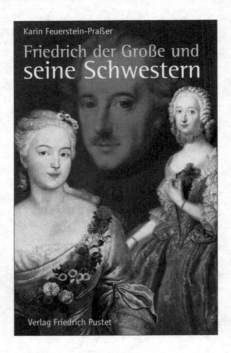

Erstmals in einem Buch: die ereignisreichen Lebenswege der sechs Schwestern Friedrichs des Großen – kurzweilig erzählt von einer Kennerin der „weiblichen Hohenzollerngeschichte".

„Kenntnisreich und in dem gewohnt flüssigen und gut lesbaren Stil!" (DAMALS)

Karin Feuerstein-Praßer
**Friedrich der Große und
seine Schwestern**
264 Seiten, 16 Bildseiten,
Geb. mit Schutzumschlag
ISBN 978-3-7917-2016-6

Verlag Friedrich Pustet